Kristian Kleinke, Elmar Schlüter, Oliver Christ
Strukturgleichungsmodelle mit Mplus

Kristian Kleinke, Elmar Schlüter, Oliver Christ

Strukturgleichungs- modelle mit Mplus

———

Eine praktische Einführung

2., aktualisierte und erweiterte Auflage

DE GRUYTER
OLDENBOURG

ISBN 978-3-486-72419-6
e-ISBN (PDF) 978-3-486-98945-8
e-ISBN (EPUB) 978-3-11-039915-8

Library of Congress Cataloging-in-Publication Data
A CIP catalog record for this book has been applied for at the Library of Congress.

Bibliografische Information der Deutschen Nationalbibliothek
Die Deutsche Nationalbibliothek verzeichnet diese Publikation in der Deutschen
Nationalbibliografie; detaillierte bibliografische Daten sind im Internet über
http://dnb.dnb.de abrufbar.

© 2017 Walter de Gruyter GmbH, Berlin/Boston
Einbandabbildung: akud/iStock/Thinkstock
Druck und Bindung: CPI books GmbH, Leck
♾ Gedruckt auf säurefreiem Papier

Printed in Germany
www.degruyter.com

Vorwort zur zweiten Auflage

Mplus ist eine Software, deren Vorteil neben einer klar strukturierten, einfach zu erlernenden Syntax vor allem in der sehr großen Bandbreite der unterstützten Modelle und Datentypen liegt. Dazu wird Mplus kontinuierlich weiterentwickelt und stets mit neuen, praxisrelevanten Funktionen versehen. Seit Erscheinen der ersten Auflage des Buchs im Jahr 2011 sind mittlerweile fünf Jahre vergangen und somit war es an der Zeit, das vorliegende Buch an den aktuellen Stand anzupassen. Wir wollen an dieser Stelle auf einige Änderungen und Neuerungen gegenüber der ersten Auflage hinweisen:

- Im ersten Kapitel gehen wir auf den Mplus-Diagrammer ein und erläutern, wie hiermit Strukturgleichungsmodelle auf einfache und benutzerfreundliche Weise grafisch veranschaulicht werden können.
- Strukturgleichungsmodelle (in der ersten Auflage des Buchs noch in Kapitel 2 zusammen mit explorativen und konfirmatorischen Faktorenanalysen zu finden) werden nun in einem separaten Kapitel behandelt (Kapitel 3). Neu hinzugekommen sind Abschnitte zur Überprüfung von Moderator-Hypothesen sowie zur Kombination von Moderator- und Mediations-Hypothesen. Die Anwendung dieser Varianten konditionaler indirekter Effekte wird sowohl für manifeste als auch für latente Variablen erläutert.
- Kapitel 4 (in der ersten Auflage Kapitel 3) behandelt multiple Gruppenvergleiche. Ein Fokus des Kapitels ist die Überprüfung von Messinvarianz. Hier gehen wir auch auf die mit Mplus 7.1 eingeführten Neuerungen zur automatisierten Prüfung von Messinvarianz ein.
- Im Fokus von Kapitel 6 stehen Verfahren der Mehrebenenanalyse. Neu hinzugekommen sind hierbei zum einen multiple Gruppenvergleiche für Mehrebenenanalysen. Zum anderen wird auch die Schätzung messfehlerbereinigter Intraklassenkorrelationskoeffizienten demonstriert.
- In der Struktur der Mplus Syntax gab es ferner seit der ersten Auflage des Buchs einige Änderungen, sodass einige Beispiele aus der ersten Auflage nun bei Verwendung der aktuellen Mplus-Version 7.4 mit einer Fehlermeldung abbrechen. Wir haben diese Beispiele entsprechend aktualisiert.

Nach wie vor handelt es sich bei diesem Buch um ein praxisorientiertes Einführungsbuch, das die konkrete Umsetzung von Strukturgleichungsmodellen in Mplus anhand realer (und meist publizierter) forschungspraktischer Beispiele vermitteln möchte. Bewusst werden die mathematisch-statistischen Grundlagen jeweils nur kurz skizziert; stattdessen verweisen wir jeweils auf weiterführende und vertiefende Literatur. Leserinnen und Leser mit nur geringen Vorkenntnissen bezüglich einzelner Themenbereiche können (und sollten) somit wichtige Grundlagen an anderer Stelle nachlesen, um die Angemessenheit von Modellen, Modellannahmen und Modellspezifikationen im Hinblick auf die eigenen Daten kritisch einschätzen und beurteilen zu können.

DOI 10.1515/9783486989458-201

Wir laden alle Leserinnen und Leser ein, die zahlreichen Beispiele nicht nur im Buch zu lesen, sondern anhand des Begleitmaterials[1] auch praktisch in Mplus nachzuvollziehen. Die einzelnen Mplus Input-Files sind im Text detailliert erläutert, sodass das Nachvollziehen der Beispiele einfach sein sollte und ein Transfer dahingehend, eigene Mplus-Syntax zu schreiben, gut gelingen sollte.

Danksagung
Wir möchten uns bei Nicole Dorner bedanken, die uns bei der Erstellung und Überarbeitung der Grafiken, der Literaturrecherche und dem Layout unterstützt hat. Wir danken ebenfalls allen Kolleginnen und Kollegen, die uns freundlicherweise Datenmaterial für die zahlreichen Beispiele zur Verfügung gestellt haben. Ferner bedanken wir uns bei den Mitarbeiterinnen und Mitarbeitern von DeGruyter für die produktive Zusammenarbeit bei der Erstellung des Buchs.

Hagen und Gießen, im Oktober 2016   Kristian Kleinke, Elmar Schlüter und Oliver Christ

---

1 verfügbar unter: http://www.degruyter.com/view/product/221379

Vorwort der ersten Auflage

Strukturgleichungsmodelle eignen sich hervorragend für die empirische Analyse zahlreicher theoretischer Fragestellungen und stellen somit für die Sozialwissenschaften eine unverzichtbare statistische Methode dar. Mit Mplus steht für die praktische Analyse von Strukturgleichungsmodellen seit einiger Zeit ein besonders flexibles und anwenderfreundliches Statistikprogramm zur Verfügung. Im deutschen Sprachraum fehlte es jedoch lange an geeigneten didaktischen Materialien zum Erlernen dieses Programms. Vor diesem Hintergrund besteht das Ziel dieses Lehrbuchs darin, die praktische Durchführung grundlegender und weiterführender Strukturgleichungs-modelle (einschließlich Mehrebenen-Analysen) in Mplus zu veranschaulichen. Dieses Konzept beruht zu einem Großteil auf unseren Erfahrungen in der Leitung zahlreicher Workshops zu Strukturgleichungsmodellen und Mehrebenenanalysen, die wir in den vergangenen Jahren im In- und Ausland durchgeführt haben. In diesem Arbeitskon-text entstanden auch unsere ersten Ideen für ein Lehrbuch, das sich bewusst nicht die Vermittlung der statistischen Grundlagen von Strukturgleichungsmodellen zum Ziel setzt, sondern primär die forschungspraktische Anwendung solcher Kenntnisse anhand des Mplus-Statistikprogramms erleichtern will. Dieses Lehrbuch wendet sich somit an alle quantitativ-empirisch Forschende in den Sozialwissenschaften wie z.B. den Erziehungswissenschaften, Medien- und Kommunikationswissenschaften, Poli-tikwissenschaften, der Psychologie, Soziologie und der Wirtschaftswissenschaften, die bereits über entsprechende Grundlagenkenntnisse der Strukturgleichungsmodel-lierung verfügen. Dies schließt Studierende aus diesen exemplarischen Disziplinen mit ein, die Mplus für eigene Datenanalysen im Rahmen von Bachelor- oder Master-arbeiten verwenden möchten. Auch für Lehrveranstaltungen zu Strukturgleichungs-modellen, die in einem praktischen Teil Mplus als Statistikprogramm verwenden, ist dieser Band als unterstützender Begleittext gut geeignet.

Wir veranschaulichen in diesem Band die praktische Durchführung von Struktur-gleichungsmodellen in Mplus in fünf Kapiteln; in jedem Kapitel verweisen wir zudem auf eine Vielzahl gut geeigneter Einführungs- und Vertiefungstexte. Im einführenden *Kapitel 1* vermitteln wir einen Überblick zum Aufbau der Mplus-Syntax und gehen auf deren zentrale Befehle und Optionen ein. Darüber hinaus zeigen wir, wie Datensätze, die in Statistikprogrammen wie z. B. SPSS oder Stata erstellt wurden, in ein Mplus-kompatibles Format umgewandelt werden. In *Kapitel 2* behandeln wir explorative und konfirmatorische Faktorenanalysen sowie grundlegende Anwendungen von Struk-turgleichungsmodellen. In *Kapitel 3* demonstrieren wir die Durchführung multipler Gruppenvergleiche und die Überprüfung verschiedener Formen von Messinvarianz. In *Kapitel 4* stellen wir mit autoregressiven Modellen und latenten Wachstumskur-venmodellen zwei besonders häufig genutzte Varianten von Strukturgleichungsmo-dellen zur Analyse von Paneldaten vor. Im abschließenden *Kapitel 5* erweitern wir die Anwendung von Strukturgleichungsmodellen auf hierarchische Daten. Ausgehend von der Spezifikation herkömmlicher Mehrebenen-Regressionsmodelle gehen wir in

DOI 10.1515/9783486989458-202

diesem Kapitel auf die Durchführung von Mehrebenen-Pfadanalysen, konfirmatorischen und explorativen Mehrebenen-Faktorenanalysen und von Mehrebenen-Strukturgleichungsmodellen ein.

Im Sinne einer anwendungsorientierten Einführung nutzen wir in allen fünf Kapiteln durchgängig Praxisbeispiele aus veröffentlichten Untersuchungen zu inhaltlichen Forschungsfragestellungen. Nahezu alle hierbei verwendeten Beispieldatensätze stammen aus dem von Prof. Dr. Wilhelm Heitmeyer initiierten Forschungsprojekt „Gruppenbezogene Menschenfeindlichkeit", das an der Universität Bielefeld angesiedelt ist und von der Volkswagen Stiftung und der Freudenberg Stiftung gefördert wird. Unabhängig von dem inhaltlichen Schwerpunkt dieser Datengrundlage lassen sich die entsprechenden methodischen Beispiele problemlos auf alternative inhaltliche Anwendungen übertragen.

Alle in den Praxisbeispielen genutzten Datensätze stehen auf der Homepage des Oldenbourg-Verlags (http://www.oldenbourg-verlag.de/wissenschaftsverlag/sozial-wissenschaften)[2] sowohl als Mplus-kompatible ASCII-Datei wie auch als SPSS-Datendatei zur Verfügung; zusätzlich können hier auch alle in diesem Band verwendeten Mplus-Input- und -Output-Dateien abgerufen werden. Wir möchten alle Leser und Leserinnen dieses Buches ermutigen, von dieser Möglichkeit Gebrauch zu machen und die in den Kapiteln dargestellten Praxisbeispiele eigenständig in Mplus nachzuvollziehen.

Wir hoffen sehr, dass dieses Lehrbuch wie von uns beabsichtigt möglichst vielen Anwenderinnen und Anwendern hilft, Mplus für die Durchführung eigener Strukturgleichungsanalysen zu nutzen. An dieser Stelle möchten wir uns herzlich bei Prof. Dr. Wilhelm Heitmeyer und Prof. Dr. Andreas Zick für die Überlassung der Beispieldatensätze aus dem Forschungsprojekt „Gruppenbezogene Menschenfeindlichkeit" bedanken. Ein großer Dank geht auch an Sabine Manke und Jeanine Schwarz für Korrekturen und vor allem die sprachliche Überarbeitung der Kapitel sowie an Urs Bürcky. Verlagsseitig danken wir Frau Engel-Haas für ihr Entgegenkommen und ihre Unterstützung bei der Realisierung dieses Projektes. Für alle noch bestehenden Fehler sind selbstverständlich ausschließlich die Autoren verantwortlich, die in gleichen Teilen zu diesem Band beigetragen haben.

Marburg und Köln, Oktober 2011   Oliver Christ und Elmar Schlüter

---

2 Das Begleitmaterial zum Buch ist seit der zweiten Auflage unter folgendem Link abrufbar: http://www.degruyter.com/view/product/221379

Inhaltsverzeichnis

Vorwort zur zweiten Auflage —— V

Vorwort der ersten Auflage —— VII

Abbildungsverzeichnis —— XIII

Tabellenverzeichnis —— XV

1   Mplus – Eine Übersicht —— 1
1.1   Die Mplus-Syntax —— 6
1.1.1   Der Befehlsblock TITLE —— 8
1.1.2   Der Befehlsblock DATA —— 8
1.1.3   Der Befehlsblock VARIABLE —— 9
1.1.4   Der Befehlsblock DEFINE —— 11
1.1.5   Der Befehlsblock ANALYSIS —— 12
1.1.6   Der Befehlsblock MODEL —— 13
1.1.7   Der Befehlsblock OUTPUT —— 14
1.1.8   Abschließender Überblick über Befehlsblöcke und wichtige
             Optionen —— 16
1.2   Der Mplus Diagrammer —— 17
1.3   Aufbereitung der Daten für Mplus —— 17
1.4   Einlesen der Daten in Mplus —— 24

2   Explorative Faktorenanalyse und Konfirmatorische
         Faktorenanalyse —— 31
2.1   Explorative und konfirmatorische Faktorenanalyse –
             ein Überblick —— 31
2.2   Explorative Faktorenanalyse in Mplus —— 34
2.3   Konfirmatorische Faktorenanalyse in Mplus —— 41
2.4   Literaturempfehlungen —— 48

3   Strukturgleichungsmodelle —— 49
3.1   Strukturgleichungsmodelle in Mplus —— 49
3.2   Überprüfung von Mediatorhypothesen mit manifesten
             Variablen —— 52
3.3   Moderation und Schätzung konditionaler indirekter Effekte mit
             manifesten Variablen —— 58

3.3.1   Überprüfung von Moderatorhypothesen mit manifesten Variablen —— **60**
3.3.2   Schätzung konditionaler indirekter Effekte —— **66**
3.4   Überprüfung von Moderatorhypothesen mit latenten Variablen —— **69**
3.5   Überprüfung konditionaler indirekter Effekte mit latenten Variablen —— **73**
3.6   Literaturempfehlungen —— **77**

4   **Multiple Gruppenvergleiche —— 78**
4.1   Messinvarianz —— **78**
4.2   Überprüfung von Messinvarianz in Mplus —— **80**
4.2.1   Überprüfung konfiguraler Messinvarianz —— **82**
4.2.2   Schätzung des Baseline-Modells —— **84**
4.2.3   Überprüfung metrischer Messinvarianz —— **90**
4.2.4   Überprüfung skalarer Messinvarianz —— **96**
4.2.5   Automatisierte Prüfung von Messinvarianz —— **98**
4.3   Vergleich latenter Mittelwerte —— **102**
4.4   Vergleich von Beziehungen zwischen latenten Variablen —— **104**
4.5   Multiple Gruppenvergleiche zur Analyse konditionaler indirekter Effekte —— **106**
4.6   Literaturhinweise —— **110**

5   **Strukturgleichungsmodelle für Paneldaten —— 111**
5.1   Das autoregressive Modell —— **111**
5.2   Das latente Wachstumskurvenmodell —— **113**
5.3   Messinvarianz über die Zeit —— **116**
5.4   Das autoregressive Modell in Mplus —— **123**
5.4.1   Überprüfung des Einflusses von Drittvariablen —— **129**
5.5   Das latente Wachstumskurvenmodell in Mplus —— **135**
5.6   Literaturhinweise —— **142**

6   **Mehrebenenanalysen —— 144**
6.1   Überblick —— **144**
6.2   Grundlegende Modelle der Mehrebenenanalyse —— **145**
6.3   Mehrebenenanalyse von Individual- und analytischen Aggregatvariablen —— **160**
6.4   Mehrebenenanalyse von Kontexteffekten —— **167**
6.5   Mehrebenen-Pfadanalyse —— **170**
6.6   Konfirmatorische Mehrebenen-Faktorenanalyse —— **174**
6.7   Explorative Mehrebenen-Faktorenanalyse —— **179**
6.8   Mehrebenen-Strukturgleichungsmodelle —— **183**
6.9   Multiple Gruppenvergleiche bei Mehrebenendaten —— **188**

6.10   Konfirmatorische Mehrebenen-Faktorenanalysen zur Schätzung
            messfehlerbereinigter Intraklassen-Korrelationskoeffizienten —— **197**
6.11   Literaturhinweise —— **203**

Literaturverzeichnis —— **204**

Register —— **208**

Abbildungsverzeichnis

Abbildung 1.1: Grafische Übersicht über die Modellierungsmöglichkeiten in Mplus. Quelle: Muthén & Muthén (1998–2015, S. 3) —— **2**

Abbildung 1.2: Startseite der Mplus-Homepage http://www.statmodel.com vom 06.01.2016 —— **4**

Abbildung 1.3: Die „Mplus Discussion"-Seite —— **5**

Abbildung 1.4: Der Mplus-Editor (Mplus-Input) —— **6**

Abbildung 1.5: Einfaches Messmodell mit vier manifesten Indikatoren —— **14**

Abbildung 1.6: Ausschnitt aus dem Datensatz „GMF05_Querschnitt_CFA.sav" in SPSS —— **18**

Abbildung 1.7: Menüpunkt „Umkodieren in dieselben Variablen" in SPSS —— **19**

Abbildung 1.8: Auswahl der Variablen zur Umkodierung in SPSS —— **20**

Abbildung 1.9: Definition alter und neuer Werte in den ausgewählten Variablen zur Umkodierung in SPSS —— **20**

Abbildung 1.10: Numerische Codes (hier 99) für fehlende Werte in SPSS —— **21**

Abbildung 1.11: Definition fehlender Werte in SPSS —— **21**

Abbildung 1.12: Den „." als Dezimaltrennzeichen definieren —— **22**

Abbildung 1.13: Abspeichern eines Datensatzes in SPSS im ASCII-Format (Tabstoppgetrennt) —— **23**

Abbildung 1.14: Ansicht des in SPSS gespeicherten Datensatzes im ASCII-Format in einem Text-Editor —— **23**

Abbildung 1.15: Deskriptive Statistiken der in Mplus verwendeten Variablen in SPSS —— **30**

Abbildung 2.1: Das Syndrom Gruppenbezogener Menschenfeindlichkeit (GMF) —— **32**

Abbildung 2.2: Schematische Darstellung einer explorativen Faktorenanalyse mit sechs manifesten und zwei latenten Variablen —— **32**

Abbildung 2.3: Schematische Darstellung einer konfirmatorischen Faktorenanalyse mit sechs manifesten und zwei latenten Variablen —— **33**

Abbildung 2.4: Faktorenmodell 2. Ordnung für das Syndrom Gruppenbezogene Menschenfeindlichkeit —— **41**

Abbildung 2.5: Mit dem Mplus Diagrammer erzeugte grafische Darstellung des Beispiels „cfa.inp" —— **44**

Abbildung 3.1: Schematische Darstellung eines Strukturgleichungsmodells (Hinweis: Eckige Klammern stehen für die Messmodelle, die Ellipse für das Strukturmodell) —— **49**

Abbildung 3.2: Theoretisch angenommenes Mediationsmodell für den Zusammenhang zwischen Intergruppenkontakt und Gruppenbezogener Menschenfeindlichkeit —— **53**

Abbildung 3.3: Grafische Darstellung eines Interaktionseffekts in Mplus – Liniendiagramm —— **64**

Abbildung 3.4: Grafische Darstellung eines Interaktionseffekts in Mplus – Johnson-Neyman-Diagramm —— **66**

Abbildung 3.5: Modelldiagramm – konditionaler indirekter Effekt —— **67**

Abbildung 3.6: Statistisches Diagramm – konditionaler indirekter Effekt —— **67**

Abbildung 5.1: Bivariates autoregressives Modell mit manifesten Variablen und drei Wiederholungsmessungen (t1 = Messzeitpunkt 1; t2 = Messzeitpunkt 2; t3 = Messzeitpunkt 3) —— **112**

Abbildung 5.2: Unkonditionales latentes Wachstumskurvenmodell mit manifesten Variablen und drei Wiederholungsmessungen (t1 = Messzeitpunkt 1; t2 = Messzeitpunkt 2; t3 = Messzeitpunkt 3) —— **115**

Abbildung 5.3: Längsschnittliche konfirmatorische Faktorenanalyse für Intergruppenkontakt und Fremdenfeindlichkeit —— **117**

Abbildung 5.4: Latentes ARM für Intergruppenkontakt und Fremdenfeindlichkeit —— **124**

Abbildung 5.5: Beispielhafte Darstellung eines *Common-Factor*-Modells —— **130**

DOI 10.1515/9783486989458-204

Abbildung 5.6: Das Unmeasured-Variable-Modell für Intergruppenkontakt und Fremdenfeindlichkeit. (Hinweis: Zur Vereinfachung der Darstellung sind die Indikatoren und die Autorkorrelationen zwischen den Residuen der Indikatoren nicht dargestellt.) —— 131

Abbildung 5.7: Unkonditionales latentes Wachstumskurvenmodell 2. Ordnung für Fremdenfeindlichkeit unter Annahme einer linearen Veränderung über die Zeit —— 137

Abbildung 5.8: Plot der Wachstumskurve des unkonditionalen LGC für Fremdenfeindlichkeit —— 140

Abbildung 6.1: Intercept-and-Slope-as-Outcome-Modell für die Wirkung von Intergruppenkontakt und des prozentualen Immigrantenanteils auf Fremdenfeindlichkeit —— 149

Abbildung 6.2: Intercept-As-Outcome-Modell für die Wirkung von individuellem und aggregiertem Intergruppenkontakt und des prozentualen Immigrantenanteils auf Fremdenfeindlichkeit —— 163

Abbildung 6.3: Mehrebenen-Pfadanalyse für die Wirkung von individuellem und aggregiertem Intergruppenkontakt und des prozentualen Immigrantenanteils auf Fremdenfeindlichkeit —— 172

Abbildung 6.4: Konfirmatorische Mehrebenen-Faktorenanalyse für Intergruppenkontakt und Fremdenfeindlichkeit —— 177

Abbildung 6.5: Mehrebenen-Strukturgleichungsmodell für die Wirkung von individuellem und aggregiertem Intergruppenkontakt und des prozentualen Immigrantenanteils auf Fremdenfeindlichkeit —— 184

Tabellenverzeichnis

Tabelle 1.1: Aktualisierungen von Mplus —— 3

Tabelle 1.2: Befehlsblöcke und ihre Funktion in Mplus —— 7

Tabelle 1.3: Wichtige Optionen innerhalb der Befehlsblöcke in Mplus —— 16

Tabelle 2.1: Variablennamen und Item-Formulierungen des Datensatzes „GMF05_Querschnitt_CFA.sav" —— 35

Tabelle 2.2: Zuordnung der Indikatoren im Datensatz „GMF05_Querschnitt_CFA.sav" zu den GMF-Elementen —— 36

Tabelle 6.1: Variablen des Datensatzes "GMF02_Querschnitt_MLM.dat" —— 163

Tabelle 6.2: χ^2-Statistiken, Freiheitsgrade (df) und p-Werte unterschiedlicher Faktorlösungen auf der Individual- und Kontextebene —— 181

DOI 10.1515/9783486989458-205

1 Mplus – Eine Übersicht

Es stimmt schon: Die Einarbeitung in ein neues Statistikprogramm stellt immer einen mehr oder minder aufwändigen Prozess dar. Und da es verschiedene Alternativen zur Nutzung von Mplus gibt, ist die Frage nach den Vor- und Nachteilen dieser Analysesoftware alles andere als unerheblich. In dem ersten Teil dieses einleitenden Kapitels geben wir deshalb einen Überblick über die zentralen Merkmale von Mplus. Wir zeigen hierbei verschiedene, nach unserer Meinung besonders positive Aspekte von Mplus auf, gehen aber auch auf die unumgängliche Notwendigkeit des Erlernens der Mplus-Syntax ein. Vor diesem Hintergrund stellen wir im zweiten Teil dieses Kapitels die grundlegende Struktur dieser Syntax vor und gehen auf deren zentralen Befehle und Optionen ein. Und wer weiß? Möglicherweise werden bereits an dieser Stelle viele Leserinnen und Leser dieses Buches unseren Eindruck teilen, dass die Mplus-Syntax gleichermaßen leicht zu erlernen und flexibel einsetzbar ist. Abschließend stellen wir dar, wie die typischerweise zunächst in Formaten anderer statistischer Softwarepakete (wie z. B. SPSS oder Stata) vorliegenden Daten für die Analyse in Mplus aufbereitet werden.

Wir möchten die Vorstellung von Mplus mit einem Zitat der beiden Entwickler dieser statistischen Analysesoftware, Bengt und Linda Muthén, beginnen. Es stammt aus dem Vorwort des Mplus-Manuals (Muthén & Muthén, 1998–2015, Preface):

> We started to develop Mplus seventeen years ago with the goal of providing researchers with powerful new statistical modeling techniques. We saw a wide gap between new statistical methods presented in the statistical literature and the statistical methods used by researchers in substantively-oriented papers. Our goal was to help bridge this gap with easy-to-use but powerful software.

Muthén und Muthén (1998–2015) benennen hier bereits die zentralen Vorteile von Mplus: Mplus ist ein anwenderfreundliches („easy-to-use") und gleichzeitig besonders vielfältig einsetzbares („powerful") Statistikprogramm, das die Anwendung neuerer statistischer Verfahren („new statistical modeling techniques") vereinfachen soll. In methodischer Hinsicht liegt ein besonderer Schwerpunkt von Mplus auf kovarianzbasierten Methoden. Die große Bandbreite der hierbei zur Verfügung stehenden Verfahren veranschaulicht Abbildung 1.1. Von zentraler Bedeutung sind die in Abbildung 1.1 dargestellten Ellipsen A und B.

Ellipse A bezeichnet Beziehungen zwischen manifesten Variablen („x" und „y") und latenten kontinuierlichen Variablen („f"). Hierbei handelt es sich um typische Anwendungen kovarianzbasierter Verfahren, wie z. B. konfirmatorische Faktorenanalyse, Strukturgleichungsmodelle, autoregressive Modelle und latente Wachstumskurvenmodelle. Auf diese Verfahren gehen wir in den folgenden Kapiteln dieses Buches näher ein.

Ellipse B symbolisiert die Berücksichtigung kategorialer manifester Variablen („u") wie auch latenter Variablen („c") in Mplus. Dies erweitert das Anwendungsfeld

DOI 10.1515/9783486989458-001

von Mplus auf eine Vielzahl von Mischverteilungsmodellen („Mixture Models"), wie z. B. latente Klassenanalyse und loglineare Modelle. Auf diese Verfahren gehen wir in diesem Buch allerdings nicht weiter ein; ein guter Überblick über diesen Bereich findet sich in Hancock und Samuelsen (2008).

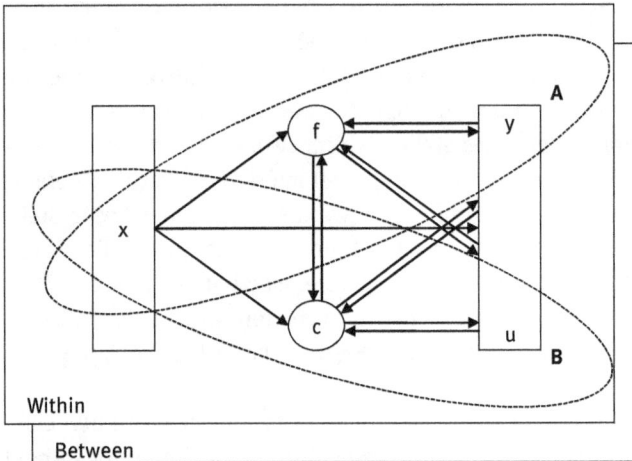

Abbildung 1.1: Grafische Übersicht über die Modellierungsmöglichkeiten in Mplus. Quelle: Muthén & Muthén (1998–2015, S. 3)[3]

Die Unterscheidung von Variablenbeziehungen innerhalb („Within") und zwischen („Between") Beobachtungseinheiten verweist auf die Möglichkeiten der Analyse hierarchischer Daten in Mplus, z. B. anhand klassischer Mehrebenen-Regressionsmodelle oder durch Mehrebenen-Strukturgleichungsmodelle. Diese Verfahren werden im abschließenden Kapitel des Buches behandelt. Bereits dieser stark vereinfachte Überblick zeigt das umfangreiche methodische Spektrum von Mplus. Dabei resultiert die zuvor beschriebene besondere Flexibilität von Mplus aus den nahezu unbegrenzten Kombinationsmöglichkeiten dieser verschiedenen Teilbereiche. Dies ermöglicht den Anwenderinnen und Anwendern die Bearbeitung einer Vielzahl von Fragestellungen mit nur einem einzigen Statistikprogramm.

Eine weitere Stärke von Mplus besteht in den regelmäßigen Aktualisierungen. Tabelle 1.1 gibt einen Überblick hierzu. Zum Zeitpunkt der Fertigstellung dieses Buches lag Mplus in der Version 7.4 vor.

---

3 Sofern bei Abbildungen und Tabellen in diesem Buch nicht explizit eine Quellenangabe genannt wird, handelt es sich um eigene Darstellungen der Autoren.

Tabelle 1.1: Aktualisierungen von Mplus

Datum der Veröffentlichung	Version
November 1998	Mplus 1
Februar 2001	Mplus 2
März 2004	Mplus 3
Februar 2006	Mplus 4
November 2007	Mplus 5
April 2010	Mplus 6
September 2012	Mplus 7
November 2015	Mplus 7.4

Die Aktualisierungen von Mplus beinhalten in der Regel die Aufnahme neuer Leistungsmerkmale. Hierzu zählen innovative statistische Verfahren, verbesserte Schätzmethoden oder eine Steigerung der Analysegeschwindigkeit. Auf der Mplus-Homepage (http://www.statmodel.com) wird eine Übersicht über die Aktualisierungsgeschichte mit Beschreibung der konkreten Neuerungen gegeben. Mit Mplus 7 eingeführte Neuerungen sind beispielsweise der zur grafischen Darstellung von Strukturgleichungsmodellen entwickelte Diagrammer, die Option, Mehrebenendaten für multiple Gruppen zu analysieren oder die mit Version 7.1 eingeführte Option zur automatisierten Prüfung von Messinvarianz.

Ein wesentlicher Vorteil von Mplus ist die umfangreiche Bereitstellung von Informationen, Anwendungsbeispielen und Dokumentationen über die Software auf der Mplus-Homepage (s. Abbildung 1.2).

Unter dem Menüpunkt „Documentation" stehen das aktuelle Mplus-Manual sowie Erläuterungen zu den statistischen Hintergründen der in Mplus implementierten Verfahren zur Verfügung. Der Menüpunkt „Analysis/Research" enthält eine Reihe von Beispielanwendungen. Sie demonstrieren die unterschiedlichen Analyseverfahren in Mplus mit den entsprechenden Mplus-Inputs und -Outputs sowie den dazugehörigen Datensätzen. Darüber hinaus können hier zahlreiche Beispiele zur Anwendung von Mplus im Rahmen wissenschaftlicher Publikationen heruntergeladen werden. Die Mplus-Homepage stellt somit reichhaltige Informationen für die Anwenderinnen und Anwender zur Verfügung.

Eine weitere Stärke der Mplus-Homepage ist das Mplus Diskussionsforum (s. Abbildung 1.3). In diesem Forum können Fragen zu verschiedenen Verfahren in Mplus (z. B. konfirmatorische Faktorenanalyse, Mehrebenenanalyse) gestellt werden. Die Besonderheit dieses Forums besteht darin, dass entsprechende Anfragen direkt von den Entwicklern des Mplus-Programms beantwortet werden. Zur gezielten Recherche nach bestimmten Themen und Problemen steht auf der „Mplus Discussion"-Seite eine effektive Suchfunktion zur Verfügung. Gerade zu Beginn der Einarbeitung

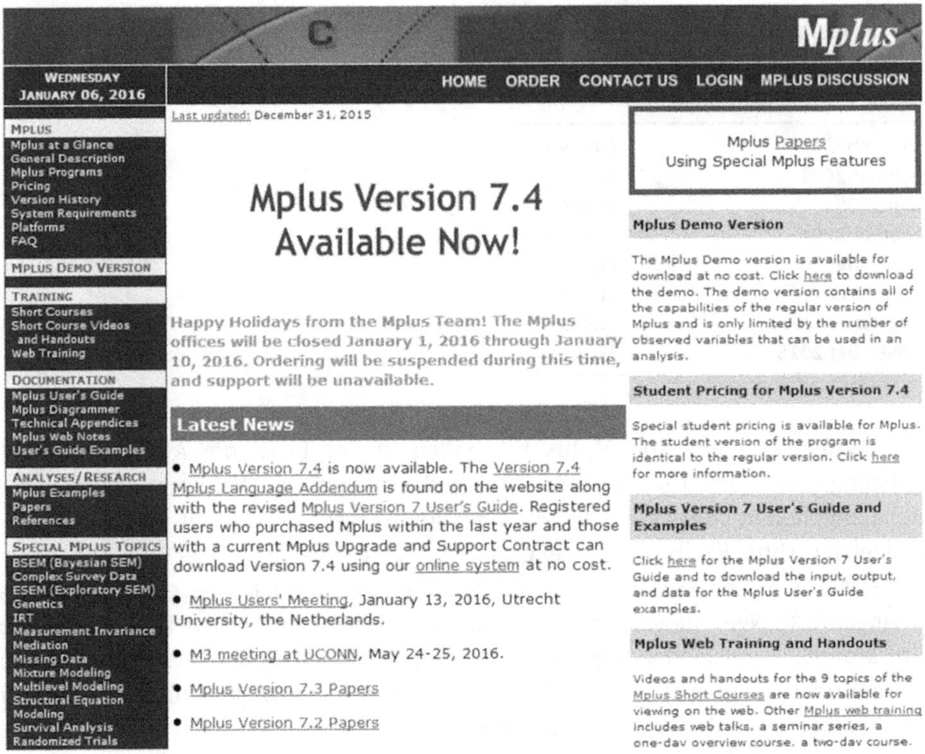

Abbildung 1.2: Startseite der Mplus-Homepage http://www.statmodel.com vom 06.01.2016

in Mplus stellt die „Mplus Discussion"-Seite erfahrungsgemäß eine sehr hilfreiche Informationsquelle dar. Die Nutzung dieser Seite ist kostenlos. Es besteht aber auch die Möglichkeit, einen sogenannten „Mplus Upgrade and Support Contract" abzuschließen. Dieser beinhaltet zum einen Upgrades der Software über die Dauer der Vertragslaufzeit und ermöglicht es, direkte Unterstützung seitens der Mplus-Entwickler zu erhalten. Hilfestellungen werden beispielsweise geboten bei Installationsproblemen, Programmabbrüchen und Fehlermeldungen, bei „Bugs" in der Software oder Problemen bezüglich der Input-Dateien. Dieser Service ist nach Erwerb einer Mplus-Lizenz für den Zeitraum eines Jahres inbegriffen. Nach unserem Eindruck sind viele vermeintlich individuelle Fragen und Probleme zur Nutzung von Mplus bereits bei anderen Anwenderinnen und Anwendern in ähnlicher Weise aufgetreten. Aus diesem Grund sind auf der „Mplus Discussion"-Seite bereits oftmals viele Antworten und Lösungsvorschläge für das eigene Problem zu finden. Daher ist individuell abzuwägen, ob die zusätzliche Investition in einen „Mplus Upgrade and Support Contract" lohnend ist.

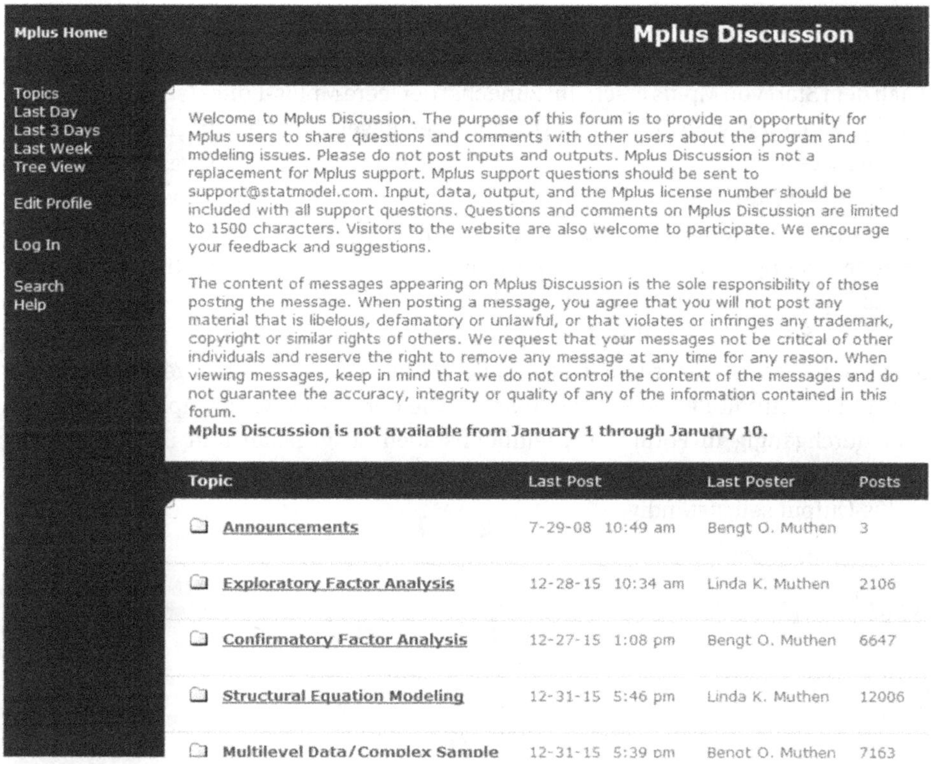

Abbildung 1.3: Die „Mplus Discussion"-Seite

Aus Sicht der Anwenderinnen und Anwender kann ein möglicher Nachteil der Verwendung von Mplus darin bestehen, dass für die Anwendung das Erlernen der Mplus-Syntax unumgänglich ist. Zwar bietet Mplus seit Version 7 in gewisser Weise die Möglichkeit für einen grafischen Input über den Diagrammer (siehe Kapitel 1.2). Allerdings ist unserer Meinung nach die Modellspezifikation über die Syntax um einiges effizienter und rechtfertigt hier eine gewisse Einarbeitungszeit. Einsteigerinnen und Einsteigern mag der „Language Generator" (Menüpunkt „Mplus" → „Language Generator") helfen, die Struktur der Syntax aufzubauen und wichtige Einträge vorzunehmen. Insgesamt finden wir, dass die Syntax von Mplus z. B. auch mit Unterstützung dieses Lehrbuchs relativ einfach zu erlernen ist. Der Zeitaufwand hierfür ist überschaubar und aus unserer Sicht eine sehr lohnende Investition. Wir geben im Folgenden einen Überblick über die Mplus-Syntax. Bewusst gehen wir dabei nur auf die wichtigsten Befehlsblöcke und die am häufigsten verwendeten Optionen ein; zusätzliche Optionen werden im Verlauf der folgenden Kapitel eingeführt. Für eine umfassende Übersicht über sämtliche Befehlsblöcke und Optionen der Mplus-Syntax empfehlen wir die Nutzung des Mplus-Manuals.

1.1 Die Mplus-Syntax

Nach dem Start von Mplus erscheint zunächst der leere Mplus-Editor (s. Abbildung 1.4). Die Spezifikation eines Modells erfolgt in der Regel über die Befehlssprache. Die Befehle werden direkt im Editor in die entsprechende Inputdatei geschrieben (hier ist die Input-Datei benannt mit „Mptext1"). In dem Mplus-Input werden alle für eine Analyse notwendigen Informationen und Spezifikationen mittels der Befehlssprache bereitgestellt. Da jede Analyse einen eigenen Input benötigt, sollte jeder Mplus-Input in einem separaten Datenfile abgespeichert werden (über Mplus-Menü „File" → „Save as" → *.inp). Die Ergebnisse der Analysen werden in Mplus automatisch in einem separaten Output-File (Mplus-Output; *.out) gespeichert. Der Output-File enthält denselben Dateinamen wie der dazugehörige Mplus-Input, wird aber durchgängig in Form von Kleinbuchstaben ausgegeben und ist nun mit der Endung *.out versehen. Nach der Durchführung einer Analyse öffnet sich dieser Mplus-Output selbstständig.

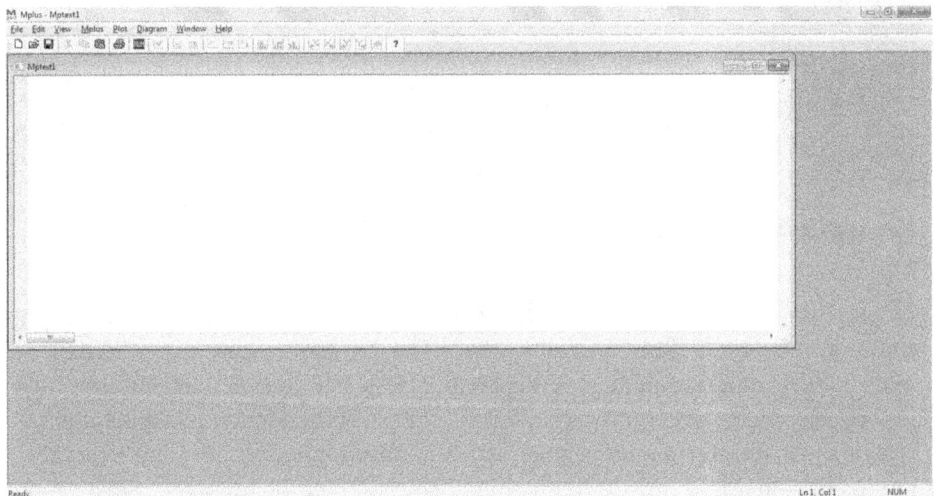

Abbildung 1.4: Der Mplus-Editor (Mplus-Input)

Im Sinne der Entwicklung einer anwenderfreundlichen Statistiksoftware ist die Befehlssprache von Mplus sehr sparsam aufgebaut. Sie basiert auf insgesamt 10 Befehlsblöcken, wobei jeder dieser Befehlsblöcke eine Reihe von Optionen beinhaltet. In Tabelle 1.2 sind diese 10 Befehlsblöcke aufgeführt.

An dieser Stelle möchten wir kurz auf einige generelle Kennzeichen der Befehlssprache von Mplus eingehen. Vorab ist festzuhalten, dass die Reihenfolge der Befehlsblöcke irrelevant ist. Im Mplus-Input kann beispielsweise zunächst der Befehlsblock MODEL verwendet werden, bevor mit den Befehlsblöcken DATA und VARIABLE

Informationen zu den Daten und Variablen folgen. Wir verwenden dennoch die in Tabelle 1.2 aufgeführte Reihenfolge, da sie der logischen Abfolge der Befehle entspricht.

Tabelle 1.2: Befehlsblöcke und ihre Funktion in Mplus

Befehlsblock	Funktion
TITLE	Wahl eines Titels für die Analyse
DATA	Informationen über die Daten, auf denen die Analyse basiert. Dieser Befehlsblock ist immer notwendig
VARIABLE	Informationen über die im Datensatz enthaltenen Variablen. Dieser Befehlsblock ist immer notwendig
DEFINE	Transformation von bestehenden Variablen und Berechnung neuer Variablen
ANALYSIS	Beschreibung technischer Details der Analyse
MODEL	Spezifikation des zu schätzenden Modells
OUTPUT	Bereitstellung zusätzlicher Informationen in dem Mplus-Output
SAVEDATA	Daten und Ergebnisse der Analyse können gespeichert werden
PLOT	Grafische Darstellung der Daten und Ergebnisse der Analyse
MONTECARLO	Spezifikation von Monte-Carlo-Simulationsstudien

Innerhalb jedes Befehlsblocks steht eine Reihe von Optionen zur Verfügung, die immer mit einem Semikolon abgetrennt werden müssen, beispielsweise:

`DATA: FILE IS Beispiel.dat;`

An dieser Stelle haben wir in dem Befehlsblock DATA die Option FILE verwendet, die wir weiter unten näher beschreiben werden.

Das Semikolon am Ende dieses Ausdrucks ist von grundlegender Bedeutung. Unsere Erfahrung ist, dass gerade zu Beginn der Verwendung von Mplus das Fehlen eines (oder mehrerer) Semikolons zu Fehlermeldungen führt.

Die Befehlssprache ist nicht sensitiv für Groß-/Kleinschreibung. Statt FILE IS kann auch file is verwendet werden. Dennoch empfehlen wir, für Befehle und Optionen im Mplus-Input die Großschreibung zu verwenden. Dies ermöglicht eine übersichtlichere Gestaltung des Mplus-Inputs und die schnellere Sichtbarkeit unterschiedlicher Optionen.

Zu beachten ist, dass die Befehlsblöcke wie DATA jeweils in einer neuen Zeile beginnen müssen. Es können mehrere zu einem Befehlsblock gehörige Optionen in einer Zeile aufgeführt werden. Allerdings ist die Beschränkung der Zeilenlänge des Mplus-Inputs auf maximal 90 „Spalten" zu beachten. Hierzu zählen beispielsweise Groß- und Kleinbuchstaben oder Tabulatoren. Jeglicher Text, der über die Länge dieser 90 Spalten hinausreicht, wird von Mplus ignoriert. Dies führt leicht zu Fehlermeldungen. Es empfiehlt sich also, Optionen eines Befehlsblocks auch jeweils in einer neuen Zeile aufzuführen, oder regelmäßig Zeilenumbrüche zu verwenden.

Zur Kommentierung des Mplus-Inputs können Ausrufezeichen („!") verwendet werden:

```
DATA: FILE IS Beispiel.dat; !Verwendeter Daten-File
```

Ausrufezeichen können auch zur Deaktivierung einzelner Optionen in einem Mplus-Input verwendet werden:

```
DATA: !FILE IS Beispiel.dat;
```

In diesem Fall würde Mplus die Option FILE IS ignorieren. Im Mplus-Input erscheint die Schrift nach dem Ausrufezeichen in grüner Farbe. Damit wird in Mplus gekennzeichnet, dass diese Textzeile ignoriert wird.

Im Folgenden stellen wir die ersten sieben der in Tabelle 1.2 aufgeführten Befehlsblöcke näher vor. Der Befehlsblock PLOT wird unter anderem in Kapitel 3 behandelt. Die Befehlsblöcke SAVEDATA und MONTECARLO sind für die in diesem Buch vorgestellten Verfahren nicht notwendig und werden daher nicht weiter besprochen.

1.1.1 Der Befehlsblock TITLE

Im Befehlsblock TITLE wird ein Titel für die Analysen gewählt. Dieser beschreibt die im Mplus-Input spezifizierte Analyse:

```
TITLE: Ein Beispiel-Input
```

In diesem Fall wird kein Semikolon nach Ende des Titels benötigt, da es sich nicht um eine Option handelt.

Der Befehlsblock TITLE ist nicht zwingend erforderlich. Dennoch kann die Betitelung einer Analyse die Zuordnung einer möglicherweise recht komplexen Mplus-Syntax zum eigentlichen Analyseziel sicher vereinfachen. Letztlich bleibt die Nutzung dieser Option aber den individuellen Vorlieben der Anwenderinnen und Anwender überlassen.

1.1.2 Der Befehlsblock DATA

Der Befehlsblock DATA spezifiziert nähere Informationen zu dem Datensatz, der die Grundlage für die eigentlichen Analysen darstellt. Dieser Befehlsblock muss daher immer im Mplus-Input verwendet werden.

Von zentraler Bedeutung ist die Option FILE IS. Mit dieser Option wird der Name und Speicherort des Datenfiles spezifiziert:

```
DATA: FILE IS Beispiel.dat;
```

Mplus liest Daten im ASCII-Format ein. Diese können in einem freien („free") oder festen („fixed") Format vorliegen. Beim freien Format sind die Daten in der Regel so gespeichert, dass eine Zeile in der Datei einen Fall beziehungsweise eine Beobachtungseinheit darstellt und die einzelnen Werte durch ein Komma, Leerzeichen oder Tabulator getrennt sind. Auf das feste Format gehen wir hier nicht weiter ein und verweisen auf das Mplus-Manual. Die Umwandlung von SPSS-Datensätzen in das ASCII-Format demonstrieren wir in Kapitel 1.3.

Ein Beispiel für die Sparsamkeit der Mplus Syntax ist, dass wir in obigem Beispiel keinen genauen Ordnerpfad angegeben haben, beziehungsweise angeben mussten. Eine sehr nützliche Voreinstellung („default") in Mplus besteht darin, dass das Programm die Daten zunächst in dem Ordner sucht, in dem der jeweilige Mplus-Input gespeichert ist. Sollte die Datei allerdings in einem anderen Ordner abgelegt sein, muss der genaue Ordnerpfad angegeben werden, beispielsweise:

```
DATA: FILE IS C:\Daten\Beispiel.dat;
```

Zur Fehlervermeidung empfehlen wir, Datenfile und Mplus-Input immer in dem gleichen Ordner zu speichern.

Mit der Option `FORMAT IS` wird das Format definiert, in dem der Datensatz vorliegt. Wie oben bereits angeführt, können für die in Mplus als „individual data" bezeichneten Rohdaten zwei Formate verwendet werden: „free" oder „fixed". In der Regel wird das „free"-Format verwendet. Da dieses Format die Voreinstellung ist, muss die Option `FORMAT IS FREE` nicht extra aufgeführt werden. Ebenso muss die Anzahl an Variablen im Datensatz an dieser Stelle nicht angegeben werden. Diese geht aus der Option `NAMES ARE` im Befehlsblock `VARIABLE` hervor (s. Kapitel 1.1.3). Die Anzahl an Variablen, die in dieser Option spezifiziert werden, entspricht der Anzahl an Eintragungen, die für jeden individuellen Fall eingelesen werden. Die Anzahl an Variablen ist auf 500 limitiert.

Die nächste wichtige Option ist `TYPE IS`. Mit dieser Option wird spezifiziert, welche Information der Datensatz enthält. Die Voreinstellung ist `TYPE IS INDIVIDUAL`. Bei dieser Einstellung werden Rohdaten verwendet, wobei die Fälle (z. B. die Befragten) in Zeilen und die Variablen in Spalten angeordnet sind. Neben Rohdaten können aber auch zusammengefasste Daten in Form einer Korrelations- (`TYPE IS CORR`) oder Kovarianzmatrix (`TYPE IS COV`) verwendet werden. Der Regelfall ist, dass Rohdaten verwendet werden. Sollten jedoch zusammengefasste Daten vorliegen, muss zusätzlich mit der Option `NOBSERVATIONS` die Anzahl an Beobachtungen spezifiziert werden:

```
DATA: TYPE IS CORR;
      NOBSERVATIONS = 1000;
```

Dies sind die am häufigsten verwendeten Optionen in diesem Befehlsblock. Auf weitere wichtige Optionen werden wir noch im Rahmen unserer Anwendungsbeispiele eingehen.

1.1.3 Der Befehlsblock `VARIABLE`

In diesem Befehlsblock werden Informationen zu den im zuvor definierten Datensatz enthaltenen Variablen gegeben. Der Befehlsblock `VARIABLE` ist immer notwendig, da hier die Benennung und Beschreibung der Variablen vorgenommen wird.

Mit der Option `NAMES ARE` werden die Variablen im Datensatz benannt:

`VARIABLE: NAMES ARE x1 x2 x3;`

Die Verwendung dieser Option ist immer erforderlich. Dabei ist insbesondere die Übereinstimmung der Reihenfolge zwischen den hier spezifizierten Variablen und der Reihenfolge der Variablen im Datensatz zu beachten. Zusätzlich wird die Anzahl eingelesener Variablen pro Fall von der Anzahl der Variablen im Datensatz bestimmt. Fehler in der Festlegung der Reihenfolge und Anzahl an Variablen können drastische Folgen haben, die nicht immer unmittelbar erkennbar sind. Beispielsweise liest Mplus die Daten trotz fehlerhafter Angaben ein; weicht jedoch die Anzahl der in der Syntax definierten Variablen von der Anzahl an Variablen im Datensatz ab, so werden die Daten falsch eingelesen. Wir beschreiben in Kapitel 1.4, wie solche Fehler relativ einfach vermieden werden können.

Zu beachten ist, dass die Länge der Variablennamen auf acht Zeichen beschränkt ist. Alle Namen müssen mit einem Buchstaben beginnen. Die Variablen können durch Komma oder Leerzeichen voneinander separiert werden. Groß-/Kleinschreibung wird ignoriert.

Listen von Variablen können wie folgt spezifiziert werden:

`VARIABLE: NAMES ARE x1-x3;`

In diesem Fall übersetzt Mplus dies in `NAMES ARE x1 x2 x3`.

Eine weitere wichtige Option ist `USEVARIABLES`. Mit dieser Option werden diejenigen Variablen ausgewählt, die für die eigentliche Analyse verwendet werden sollen (in der Regel wird die Analyse im Befehlsblock `MODEL` spezifiziert; s. Kapitel 1.1.6):

`VARIABLE: USEVARIABLES ARE x1 x2;`

In diesem Fall werden nur die Variablen „x1" und „x2" für die Analyse genutzt. Wird die `USEVARIABLES`-Option im Mplus-Input nicht spezifiziert, so gehen alle Variablen in die Analyse ein. Mit Ausnahme neu erzeugter Variablen (Befehlsblock `DEFINE`; s. Kapitel 1.1.4) spielt die Reihenfolge der Variablen in dieser Option keine Rolle.

Soll für eine Analyse nur eine Substichprobe genutzt werden, so können mit der Option `USEOBSERVATIONS` bestimmte Fälle ausgewählt werden. Ist zum Beispiel das Geschlecht mit der kategorialen Variablen „geschl" definiert (1 = männlich, 2 = weiblich) und sollen nur Frauen für eine Analyse verwendet werden, dann würde die genaue Spezifikation folgendermaßen lauten:

`VARIABLE: USEOBSERVATIONS = geschl EQ 2;`

Die Abkürzung `EQ` steht für „equals". Es können in dieser Option nur Variablen verwendet werden, die auch in der Option `NAMES ARE` spezifiziert sind. Für zusammengefasste Daten ist diese Option nicht erhältlich. Neben `EQ` stehen noch weitere logische Operatoren zur Verfügung wie `AND` (logisches „und") und `OR` (logisches „oder"). Zur Fallauswahl können mehrere Variablen und deren logische Verknüpfungen verwendet werden.

Weiterhin kann in diesem Befehlsblock das Skalenniveau der jeweiligen Variablen spezifiziert werden. Für alle manifesten unabhängigen und abhängigen Variablen wird in Mplus als Voreinstellung ein kontinuierliches Skalenniveau angenommen. Weist eine manifeste abhängige Variable ein nicht-kontinuierliches Skalenniveau auf, so muss dies im Mplus-Input zur Auswahl des geeigneten Analyseverfahrens spezifiziert

werden. Dies kann mit den Optionen CENSORED, CATEGORICAL, NOMINAL und/
oder COUNT erfolgen.

Handelt es sich beispielsweise bei „x1" um eine kategoriale Variable, so würde dies
folgende Spezifikation erfordern:

VARIABLE: CATEGORICAL IS x1;

Die Beispiele in den folgenden Kapiteln basieren durchgängig auf kontinuierlichen
Variablen. Somit gehen wir auf die Verwendung kategorialer Variablen nicht weiter
ein. Im Mplus-Manual finden sich in Kapitel 15 weitere Informationen zu den unterschiedlichen Skalenniveaus.

1.1.4 Der Befehlsblock DEFINE

Im Befehlsblock DEFINE können Variablen transformiert oder auch neue Variablen
erzeugt werden. Zu beachten ist hierbei, dass die Variablentransformation sowie
die neu erzeugten Variablen nur für die jeweilige Analyse zur Verfügung stehen. Sie
werden nicht im Rohdatensatz gespeichert. Die Option DEFINE kann für alle in der
Option NAMES aufgelisteten Variablen verwendet werden. Für Transformationen
stehen eine Reihe von Funktionen zur Verfügung wie LOG (natürlicher Logarithmus),
EXP (Exponentialfunktion) und SQRT (Quadratwurzel). Ein Überblick über alle Funktionen wird im Mplus-Manual in Kapitel 15 gegeben. Die transformierte Variable muss
anschließend neu benannt werden:

DEFINE: x1_trans = LOG(x1);

In diesem Beispiel wurde die neue Variable „x1_trans" genannt. Für die Transformation wurde der natürliche Logarithmus verwendet.

Für die Berechnung neuer Variablen steht zusätzlich eine Reihe von logischen
Operatoren zur Verfügung. Beispiele sind AND (logisches „und"), OR (logisches
„oder") oder auch GT („greater than"). Weitere Operationen können dem Mplus-
Manual entnommen werden.

Zur Bildung des arithmetischen Mittels aus einer Reihe von Variablen ist die
Option MEAN hilfreich:

DEFINE: x_mean = MEAN (x1 x2 x3);

Die neu erzeugten Variablen müssen im Befehlsblock VARIABLE in der Option
USEVARIABLES aufgelistet werden. Hierbei sind die Namen der neu erzeugten Variablen am Ende der Variablenliste aufzuführen. Zunächst werden also die im Befehlsblock VARIABLE in der Option NAMES aufgelisteten Variablen angegeben; dann erst
werden die Bezeichnungen der neu erzeugten Variablen hinzugefügt:

VARIABLE: USEVARIABLES ARE x1 x2 x3 x_mean;

Oftmals ist es sinnvoller, die Transformation und Berechnung neuer Variablen in Statistikpaketen wie SPSS durchzuführen. Im Unterschied zu Mplus hat dies den Vorteil,
dass die transformierten oder neu berechneten Variablen im Datensatz selbst vorhanden sind und somit immer zur Verfügung stehen.

Wir möchten an dieser Stelle noch auf eine wichtige Änderung im Vergleich zu früheren Mplus-Versionen hinweisen: Mit Einführung von Version 7 erfolgt die Zentrierung von Variablen nun über den Befehlsblock DEFINE. Ein Beispiel sowie detailliertere Erläuterungen hierzu geben wir in Kapitel 6.2. Die vormals verwendete CENTERING-Option im Befehlsblock VARIABLE ist nicht mehr verfügbar.

1.1.5 Der Befehlsblock ANALYSIS

Der Befehlsblock ANALYSIS dient zur Festlegung verschiedener Einstellungen für die beabsichtigten Analysen. So ermöglicht dieser Befehlsblock neben der Auswahl eines bestimmten Analysetyps (z. B. explorative Faktorenanalyse, Mehrebenenanalyse) auch die Spezifikation unterschiedlicher Schätzmethoden (z. B. robuster *Maximum-Likelihood*-Schätzer) und weiterer technischer Details (z. B. Anzahl der Iterationen). Die unterschiedlichen technischen Einstellungen erfordern eine vertiefte Kenntnis der einzelnen Analyseverfahren. Wir möchten im Folgenden nur auf die Optionen eingehen, welche jede Anwenderin und jeder Anwender in der täglichen Arbeit mit Mplus beherrschen sollte. Im Mplus-Manual sind in Kapitel 16 die übrigen Optionen aufgelistet und beschrieben.

Eine häufig verwendete Option ist TYPE. Insgesamt wird in Mplus zwischen vier generellen Analysetypen unterschieden: GENERAL, MIXTURE, TWOLEVEL und EFA. Die Voreinstellung in Mplus ist TYPE IS GENERAL. Dieser Ausdruck bezieht sich auf alle Analysen, in denen die Beziehungen von manifesten Variablen und kontinuierlichen latenten Variablen analysiert werden sollen. Hierunter fallen die konfirmatorische Faktorenanalyse (Kapitel 2), Strukturgleichungsmodelle (Kapitel 3) wie auch multiple Gruppenvergleiche (Kapitel 4) und Modelle für Längsschnittanalysen (Kapitel 5). TYPE IS MIXTURE ist immer dann zu nutzen, wenn in Modellen auch kategoriale latente Variablen verwendet werden (z. B. latente Klassenanalyse). Solche Modelle sind allerdings nicht Gegenstand dieses Buches. Die Durchführung der in Kapitel 6 erläuterten Mehrebenenanalysen erfordert die Option TYPE IS TWOLEVEL. Für die Berechnung explorativer Faktorenanalysen ist die Option TYPE IS EFA auszuwählen (s. Kapitel 2).

Zum Teil können mehrere Einstellungen innerhalb dieser Option kombiniert werden. Soll beispielsweise eine explorativer Faktorenanalyse auf unterschiedlichen Analyseebenen durchgeführt werden (im Falle hierarchischer Daten; Kapitel 6), so würde dies mit TYPE IS TWOLEVEL EFA spezifiziert werden.

Zusätzliche Einstellungen sind BASIC, RANDOM und COMPLEX. Die Option TYPE IS GENERAL BASIC (oder einfach TYPE IS BASIC, da GENERAL Voreinstellung ist) dient zur Berechnung deskriptiver Statistiken. TYPE IS COMPLEX berechnet korrigierte Standardfehler und einen korrigierten χ^2-Test im Falle von abhängigen Beobachtungen bei hierarchischen Datensätzen (s. Kapitel 6). Die Einstellung TYPE IS RANDOM ermöglicht die Berechnung von Modellen mit sogenannten *random effects* (s. Kapitel 5 und 6). Eine Spezifikation könnte also wie folgt aussehen:

```
ANALYSIS: TYPE IS TWOLEVEL RANDOM;
```
Hiermit würde eine Mehrebenenanalyse mit einem *random intercept* und gegebenenfalls einem oder mehreren *random slopes* durchgeführt werden (s. Kapitel 6).

Eine zweite wichtige Option ist `ESTIMATOR`. In Abhängigkeit von dem mit der
Option `TYPE IS` angeforderten Analysetyp können mit diesem Ausdruck unterschiedliche Schätzverfahren gewählt werden. Auch hier gibt es für alle Verfahren bestimmte
Voreinstellungen. Beispielsweise ist die Voreinstellung für `TYPE IS GENERAL` ein
Maximum-Likelihood-Schätzer (`ESTIMATOR IS ML`). Im Mplus-Manual sind die für
das jeweilige Analyseverfahren zur Verfügung stehenden Voreinstellungen und die
unterschiedlichen Schätzverfahren aufgelistet. Häufig bietet es sich an, statt norma-
ler *Maximum-Likelihood*-Schätzer robuste *Maximum-Likelihood*-Schätzer zu verwenden. Ein robuster *Maximum-Likelihood*-Schätzer kann in Mplus beispielsweise durch
die folgende Befehlssyntax angefordert werden:
```
ANALYSIS: ESTIMATOR IS MLM;
```
MLM ist hierbei die Abkürzung für den Schätzer. Die errechneten Standardfehler
sowie die χ^2-Statistik (auch bezeichnet als Satorra-Bentler-χ^2) sind hier robust gegenüber Verletzungen der Normalverteilungsannahme. Alternative Schätzer sind im
Mplus-Manual in Kapitel 16 beschrieben.

1.1.6 Der Befehlsblock `MODEL`

Die bisher vorgestellten Befehlsblöcke dienen dazu, im Mplus-Input Informationen
zum Datensatz, den Variablen und der eigentlichen Analyse zu spezifizieren. Erst im
Befehlsblock `MODEL` wird das zu analysierende Modell spezifiziert. Dabei verdeutli-
chen die folgenden Kapitel, dass in diesem Befehlsblock bereits mit wenigen Optionen sehr komplexe Modelle definiert werden können. An dieser Stelle konzentrieren
wir uns jedoch erneut zunächst auf die wichtigsten Optionen.[4]

Für die eigentliche Modellspezifikation sind die Statements `BY`, `ON` und `WITH`
zentral. Mit `BY` („measured by") werden latente Variablen definiert:
```
MODEL: x BY x1 x2 x3 x4;
```
Mit dieser einzelnen Befehlszeile wird das in Abbildung 1.5 dargestellte Messmodell
spezifiziert.

Aufgrund der in Mplus implementierten Voreinstellungen werden einige Parameter des Messmodells, wie z. B. die Residualvarianzen der Indikatoren „x1" bis „x4"
oder die Varianz der latenten Variablen „x" nicht gesondert aufgeführt. Die für die
Modellidentifikation notwendigen Restriktion haben wir bei der Modellspezifikation
ebenfalls nicht vornehmen müssen, etwa in Form der Fixierung der Faktorladung des

---

4 Die Verwendung wichtiger Befehle wie `MODEL CONSTRAINT` oder `MODEL INDIRECT` stellen wir
in Kapitel 3, 4 und 6 näher vor.

Indikators „x1" auf den Wert 1 für Identifikationszwecke. Auch hier greifen Voreinstellungen von Mplus. Auf diese Aspekte gehen wir in Kapitel 2 näher ein.

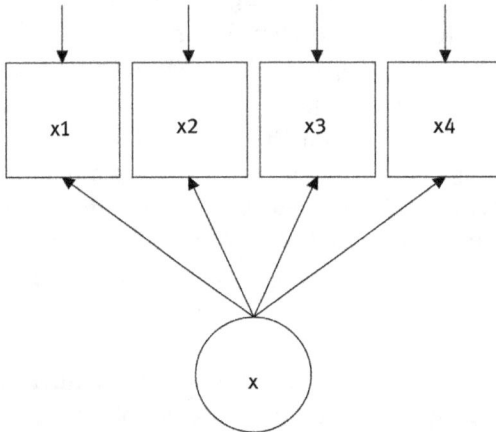

Abbildung 1.5: Einfaches Messmodell mit vier manifesten Indikatoren

ON-Statements dienen zur Schätzung gerichteter Beziehungen (Regressionsparameter) zwischen Modellvariablen, wobei ON für „regressed on" steht. Beispielsweise lautet die Befehlszeile für die Schätzung des Effektes der unabhängigen Variablen „x1" auf die abhängige Variable „x2":

MODEL: x2 ON x1;

WITH steht für „correlated with" und dient zur Spezifikation ungerichteter Beziehungen zwischen Variablen. Somit wird die Korrelation zwischen „x1" und „x2" mit folgender Befehlszeile spezifiziert:

MODEL: x1 WITH x2;

Bereits diese drei grundlegenden Optionen ermöglichen die Spezifikation komplexer Modelle. Darüber hinaus stehen weitere Optionen zur Verfügung, die wir wiederum in den folgenden Kapiteln näher vorstellen werden. So ist es möglich, Modellparameter auf bestimmte Werte zu fixieren, Gleichheitsrestriktionen für Modellparameter vorzunehmen und auf bestimmte Modellparameter zu referieren (z. B. Intercepts, Varianzen, Residualvarianzen).

1.1.7 Der Befehlsblock OUTPUT

Abschließend stellen wir in diesem einleitenden Kapitel den Befehlsblock OUTPUT vor, der zur Anforderung zusätzlicher Informationen im Mplus-Output dient. Der reguläre Mplus-Output enthält immer den ausgeführten Mplus-Input, eine Zusammenfassung der Spezifikationen der Analyse (z. B. Anzahl an Fällen, Anzahl an freien und fixierten

Modellparametern, verwendetes Schätzverfahren) und die verschiedenen Analyseergebnisse. Die Analyseergebnisse umfassen einige Fit-Statistiken sowie die unstandardisierten Parameterschätzer mit Standardfehlern und Signifikanzniveau. Oft interessieren auch die standardisierten Parameterschätzer. Hierzu wird die Option STDYX verwendet:

OUTPUT: STDYX;

Nun werden zusätzlich die standardisierten Parameterschätzer mit dem jeweiligen Standardfehler und Signifikanzniveau ausgegeben. Alternativ kann auch die Option STANDARDIZED verwendet werden. Hierbei stellt Mplus drei Standardisierungsvarianten zur Verfügung (STDYX, STDY, STD). STDYX ist die übliche Standardisierungsvariante, wie sie beispielsweise in der linearen Regression für die standardisierten Regressionsgewichte verwendet wird. Dabei handelt es sich um eine vollständige, die Varianzen der unabhängigen und abhängigen Variablen berücksichtigende Standardisierung. Wird beispielsweise eine Regression der abhängigen Variablen „y" auf die unabhängige Variable „x" berechnet, so zeigt das standardisierte Regressionsgewicht die erwartete Veränderung in „y" in Standardabweichungseinheiten an, wenn „x" sich um eine Standardabweichung ändert.

Bei binären unabhängigen Variablen sollte dagegen die Option STDY verwendet werden. Hierbei wird für die Standardisierung eines Regressionspfads nur die Varianz der abhängigen Variablen genutzt. Dies ist deshalb sinnvoll, da die Änderung in der binären unabhängigen Variablen um eine Standardabweichung nicht sinnvoll interpretierbar ist. Wird die gleiche Regression wie oben geschätzt, wobei die unabhängige Variable „x" aber eine binäre Variable ist, so führt die STDY-Standardisierung zu einer sinnvollen Interpretation des standardisierten Modellparameters. In diesem Fall zeigt der standardisierte Parameter die geschätzte Änderung in „y" in Standardabweichungseinheiten an, wenn „x" sich von 0 auf 1 ändert.

Bei der STD-Standardisierung werden nur die Varianzen der kontinuierlichen latenten Variablen berücksichtigt. Im Regelfall wird auf diese Standardisierung nicht zurückgegriffen.

Weitere wichtige zusätzliche Informationen können mit den Optionen RESIDUAL, MODINDICES und CINTERVAL angefordert werden.

Mit der Option RESIDUAL werden Residuen für die manifesten Variablen der Analyse ausgegeben. Es handelt sich hierbei um die Abweichung zwischen den beobachteten Werten und den modellimplizierten Werten. Diese Information hilft bei der Einschätzung, ob und in welchem Ausmaß ein Modell auf die beobachteten Daten passt oder nicht.

Sollte ein Modell über keine gute Datenanpassung verfügen, können Modifikationsindizes wichtige Hinweise auf die Ursachen der Fehlanpassung liefern. Modifikationsindizes werden mit der Option MODINDICES angefordert. Sie geben an, wie sich der Fit eines Modells ändert, wenn ein zuvor fixierter Modellparameter frei geschätzt werden würde (s. Kapitel 4).

Schließlich stehen mit der Option CINTERVAL verschiedene Konfidenzintervalle für die Modellparameter zur Verfügung.

1.1.8 Abschließender Überblick über Befehlsblöcke und wichtige Optionen

In den vorangegangen Abschnitten haben wir einen Überblick über einige relevante Befehlsblöcke gegeben sowie die wichtigsten Optionen innerhalb dieser Blöcke vorgestellt. In den folgenden Kapiteln kommen wir häufig auf diese Optionen zurück und stellen sie in Teilen ausführlicher vor. Wir führen auch immer wieder neue Optionen ein, die für die Durchführung der vorgestellten Analysen zusätzlich notwendig oder sinnvoll sind. In Tabelle 1.3 haben wir die bislang behandelten Optionen jeweils mit einer kurzen Beschreibung zusammengefasst. Für gängige Analysen sind dies die relevantesten und am häufigsten verwendeten Optionen.

Tabelle 1.3: Wichtige Optionen innerhalb der Befehlsblöcke in Mplus

Befehlsblock	Option	Funktion
DATA	FILE IS	Spezifikation des Namens und Speicherorts des Datenfiles
	FORMAT IS	Spezifikation des Datensatz-Formats (Voreinstellung ist FORMAT IS FREE)
	TYPE IS	Spezifikation, welche Informationen der Datensatz enthält (Voreinstellung ist TYPE IS INDIVIDUAL)
VARIABLE	NAMES ARE	Spezifikation der Reihenfolge und Namen der im Datensatz enthaltenen Variablen
	USEVARIABLES	Auswahl der in der Option NAMES ARE spezifizierten Variablen für eine Analyse
	USEOBSERVATIONS	Auswahl von bestimmten Fällen (Substichprobe) für eine Analyse
	CATEGORICAL, COUNT etc.	Spezifikation des Skalenniveaus von Variablen (Voreinstellung ist kontinuierliches Skalenniveau)
DEFINE		Transformation von Variablen oder Erzeugung neuer Variablen
ANALYSIS	TYPE IS	Spezifikation der Art der Analyse (z. B. TYPE IS GENERAL für Strukturgleichungsmodelle)
	ESTIMATOR IS	Spezifikation des Schätzverfahrens (falls abweichend von den Voreinstellungen von Mplus)
MODEL	BY	Spezifikation einer latenten Variablen
	ON	Spezifikation einer gerichteten Beziehung zwischen Modell-Variablen (Regressionspfade)
	WITH	Spezifikation einer ungerichteten Beziehung zwischen Modell-Variablen (Korrelation)
OUTPUT	STDYX	Ausgabe standardisierter Modellparameter
	RESIDUAL	Ausgabe von Residuen (hilfreich bei der Bewertung der Modellpassung)
	MODINDICES	Ausgabe von Modifikationsindizes (hilfreich für die Modell-Modifikation)
	CINTERVAL	Ausgabe von Konfidenzintervallen für die Modellparameter

1.2 Der Mplus Diagrammer

Der Mplus Diagrammer ist eine Neuerung in Version 7, welche wir kurz vorstellen möchten. Eine ausführliche Beschreibung aller Funktionen findet sich auf der Mplus-Homepage unter dem Menüpunkt „Documentation".[5] Die Hauptfunktion des Mplus-Diagrammers besteht darin, eine grafische Veranschaulichung des geschätzten Modells zu produzieren. Diese kann dann als pdf-Datei exportiert werden und beispielsweise für Publikationen verwendet werden. Andererseits kann der Diagrammer auch dazu verwendet werden, durch die grafische Darstellung eines Strukturgleichungsmodells einen Mplus-Inputfile zu generieren. Dies wollen wir kurz demonstrieren: Nachfolgend skizzieren wir beispielhaft, wie Abbildung 1.5 mit dem Diagrammer erstellt wurde. Der Diagrammer öffnet sich durch einen Klick auf die Schaltflächen „Diagram" → „open Diagrammer" (siehe Abbildung 1.4). In der Menüleiste befindet sich an siebter Stelle das Symbol „Draw factor model", welches wir durch einen Klick aktivieren. Danach ist mit der Maus in das Fenster „Mplus Diagram1" zu klicken, worauf ein Eingabefenster erscheint. Hier ist anzugeben, wie viele beobachtete Variablen das Modell enthält. Das in Abbildung 1.5 dargestellte Modell enthält vier beobachtete Variablen. Wir geben also den Wert „4" ein. Danach werden wir gefragt, ob wir benutzerdefinierte Variablennamen vergeben möchten. Wir bejahen das. Zunächst werden wir nach dem Namen des Faktors, also der latenten Variablen gefragt. Wir nennen sie „x". Im nächsten Eingabefenster können wir nun die Variablennamen der beobachteten Variablen eintragen: x1 x2 x3 x4. Auf der linken Seite des Diagrammer-Fensters erscheint nun das erstellte Diagramm, auf der rechten Seite ist das dazugehörige Input-Fenster zu sehen. Über den Menüpunkt „File" → „Export to PDF" kann das erzeugte Diagramm als pdf-Datei abgespeichert werden. In Kapitel 2.3 werden wir im Rahmen der konfirmatorischen Faktorenanalyse noch einmal auf die Verwendung des Diagrammers zurückkommen.

In den folgenden Abschnitten dieses Kapitels stellen wir vor, wie Datensätze, die nicht bereits in einem von Mplus lesbaren Format vorliegen, für Mplus aufbereitet werden können und demonstrieren das Einlesen dieser Daten in Mplus.

1.3 Aufbereitung der Daten für Mplus

Häufig liegen die für eine Analyse benötigten Daten nicht in einem Mplus-kompatiblen Format vor. Mplus kann lediglich Daten im ASCII-Format einlesen. Entsprechend muss ein Datensatz, wenn er in einem anderen Format vorliegt, zunächst in ein ASCII-Format konvertiert werden. Wir beschreiben im Folgenden, wie Daten, die im *.sav-Format des Statistikpakets SPSS vorliegen, in ein für Mplus lesbares Format

---

5 https://www.statmodel.com/download/Mplus%20Diagrammer.pdf

überführt werden. Die nachfolgend beschriebenen Schritte beziehen sich auf IBM SPSS Statistics Version 23. SPSS gehört (insbesondere in der Psychologie) zu den am weitesten verbreiteten Statistikpaketen im deutschen Sprachraum. Das hier beschriebene Vorgehen kann aber in ähnlicher Art und Weise für andere Statistikpakete wie SAS oder Stata angewendet werden. Häufig finden sich für das jeweilige Statistikprogramm auch Zusatzpakete oder Skripte, die bei der Umwandlung der Daten ins ASCII-Format helfen.[6]

Wir demonstrieren nun die Umwandlung des im SPSS-Format vorliegenden Datensatzes „GMF05_Querschnitt_CFA.sav" in das ASCII-Format. Diesen Datensatz verwenden wir in Kapitel 2 für die Demonstration der explorativen und konfirmatorischen Faktorenanalyse und stellen ihn an dieser Stelle näher vor.

Der Datensatz stammt aus dem Forschungsprojekt „Gruppenbezogene Menschenfeindlichkeit" (Heitmeyer, 2002), in welchem zwischen 2002 und 2011 jährliche repräsentative Telefonsurveys in Deutschland durchgeführt wurden. Das Projekt beinhaltete zusätzlich eine langjährige Panelstudie, auf deren Daten wir in Kapitel 5 zurückgreifen werden. In Abbildung 1.6 ist ein Ausschnitt des Datensatzes in SPSS dargestellt.

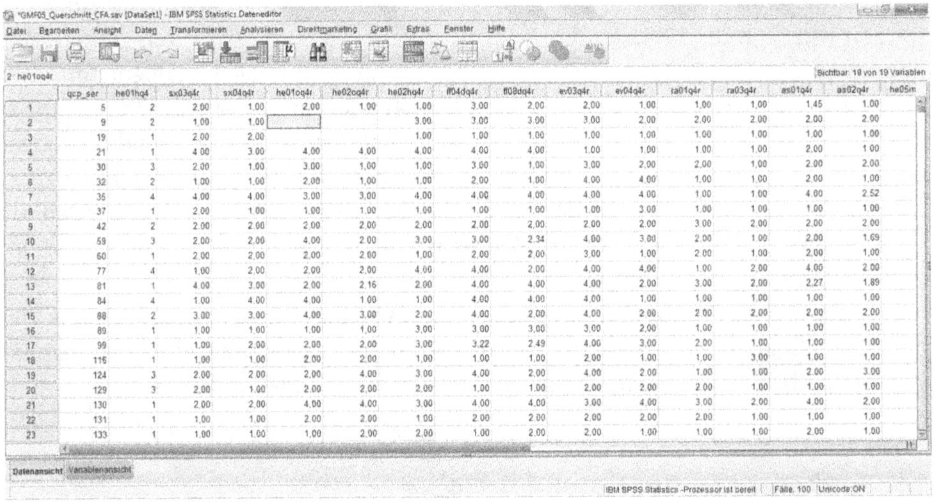

	qcp_ser	he01hq4	sx03q4r	sx04q4r	he01oq4r	he02oq4r	he02hq4r	ff04dq4r	ff08dq4r	ev03q4r	ev04q4r	ra01q4r	ra03q4r	as01q4r	as02q4r	he05m
1	5	2	2,00	1,00	2,00	1,00	1,00	3,00	2,00	2,00	1,00	1,00	1,00	1,45	1,00	
2	9	2	1,00	1,00			3,00	3,00	3,00	3,00	2,00	2,00	2,00	2,00	2,00	
3	19	1	2,00	2,00			1,00	1,00	1,00	1,00	1,00	1,00	1,00	1,00	1,00	
4	21	1	4,00	3,00	4,00	4,00	4,00	4,00	4,00	1,00	1,00	1,00	1,00	2,00	1,00	
5	30	3	2,00	1,00	3,00	1,00	1,00	3,00	1,00	3,00	2,00	2,00	1,00	2,00	2,00	
6	32	2	1,00	1,00	2,00	1,00	1,00	2,00	1,00	4,00	4,00	1,00	1,00	2,00	1,00	
7	36	4	4,00	4,00	3,00	3,00	4,00	4,00	4,00	4,00	4,00	1,00	1,00	4,00	2,52	
8	37	1	2,00	1,00	1,00	1,00	1,00	1,00	1,00	1,00	3,00	1,00	1,00	1,00	1,00	
9	42	2	2,00	2,00	2,00	2,00	2,00	2,00	2,00	2,00	2,00	3,00	2,00	2,00	2,00	
10	59	3	2,00	2,00	4,00	2,00	3,00	3,00	2,34	4,00	3,00	2,00	1,00	2,00	1,69	
11	60	1	2,00	2,00	2,00	2,00	1,00	2,00	2,00	3,00	1,00	2,00	1,00	2,00	1,00	
12	77	4	1,00	2,00	2,00	2,00	4,00	4,00	2,00	4,00	4,00	1,00	2,00	4,00	2,00	
13	81	1	4,00	3,00	2,00	2,16	2,00	4,00	4,00	4,00	2,00	3,00	2,00	2,27	1,89	
14	84	4	1,00	4,00	4,00	1,00	1,00	4,00	4,00	4,00	1,00	1,00	1,00	1,00	1,00	
15	88	2	3,00	3,00	4,00	3,00	2,00	4,00	2,00	4,00	2,00	2,00	2,00	2,00	2,00	
16	89	1	1,00	1,00	1,00	1,00	3,00	3,00	3,00	3,00	2,00	1,00	1,00	1,00	1,00	
17	99	1	1,00	2,00	2,00	2,00	3,00	3,22	2,49	4,00	3,00	2,00	1,00	1,00	1,00	
18	116	1	1,00	1,00	2,00	2,00	1,00	1,00	1,00	2,00	1,00	1,00	3,00	1,00	1,00	
19	124	3	2,00	2,00	2,00	4,00	3,00	4,00	2,00	4,00	2,00	1,00	1,00	2,00	3,00	
20	129	3	2,00	1,00	2,00	2,00	2,00	1,00	1,00	2,00	2,00	2,00	1,00	1,00	1,00	
21	130	1	2,00	2,00	4,00	4,00	3,00	4,00	4,00	3,00	4,00	3,00	2,00	4,00	2,00	
22	131	1	1,00	1,00	2,00	2,00	1,00	2,00	2,00	2,00	2,00	2,00	1,00	1,00	1,00	
23	133	1	1,00	1,00	1,00	2,00	2,00	1,00	2,00	2,00	1,00	1,00	1,00	2,00	1,00	

Abbildung 1.6: Ausschnitt aus dem Datensatz „GMF05_Querschnitt_CFA.sav" in SPSS

Die leeren, nur durch einen Punkt gekennzeichneten Zellen sind „systemdefinierte" fehlende Werte. Darüber hinaus ist in der Abbildung zu erkennen, dass Dezimalstellen

6 Für die Statistik-Software STATA zum Beispiel „stata2mplus" (http://www.ats.ucla.edu/stat/stata/faq/stata2mplus.htm)

mit einem Komma getrennt sind. Genau diese beiden Aspekte bedürfen vor der eigentlichen Umwandlung des SPSS-Datensatzes in ein ASCII-Format besonderer Aufmerksamkeit: Das Vorliegen fehlender Werte und die Trennung von Dezimalstellen durch Kommata. Außerdem gilt, dass Mplus nur numerische Variablen einlesen kann. String-Variablen müssen daher vor der Umwandlung in das ASCII-Format aus dem Datensatz gelöscht werden.

Werden Daten im „free"-Format (s. Kapitel 1.1.2) in Mplus eingelesen, sollten fehlende Werte durch einen besonderen numerischen Wert gekennzeichnet sein. Ein systemdefinierter fehlender Wert in SPSS würde als Leerzeichen in die ASCII-Datei geschrieben werden. Dies könnte zu Fehlern beim Einlesen der Daten führen. Es bietet sich die Verwendung solcher numerischer Codes an, die in keiner Variablen einen beobachteten Wert darstellen und gut erkennbar sind, wie zum Beispiel –999 oder 99.

In SPSS lässt sich die Umwandlung eines systemdefiniert fehlenden Wertes in einen benutzerdefiniert fehlenden Wert über die Menüsteuerung einfach und schnell vornehmen: Über das Menü „Transformieren" → „Umkodieren in dieselben Variablen" (Abbildung 1.7). Dazu werden die Variablen mit fehlenden Werten ausgewählt (hier „he01oq4r" und „he02oq4r"; Abbildung 1.8). Über die Schaltfläche „Alte und neue Werte" können diesen systemdefinierten fehlenden Werte dann numerische Codes (hier 99) zugewiesen werden (Abbildung 1.9).

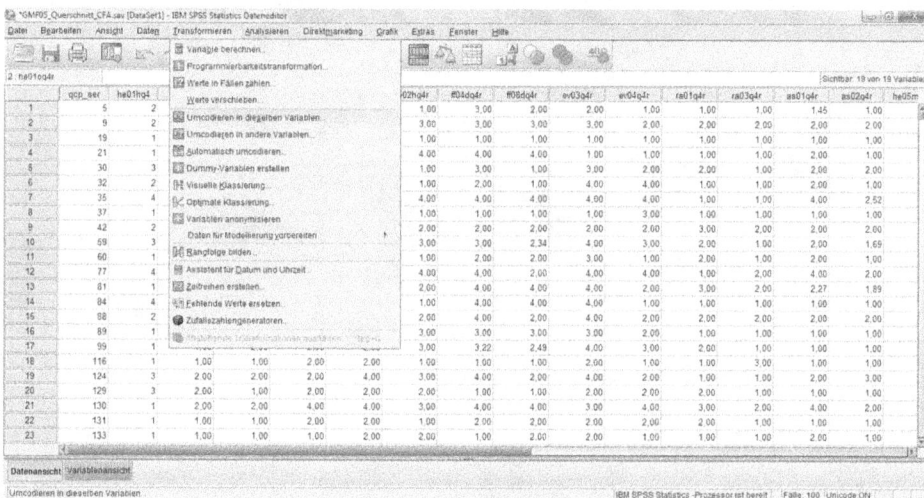

Abbildung 1.7: Menüpunkt „Umkodieren in dieselben Variablen" in SPSS

Nach dieser Rekodierung zeigt die SPSS-Datenmatrix wie gewünscht anstelle leerer Zellen die gewählten numerischen Codes (Abbildung 1.10).

Nun müssen diese numerischen Codes auch in SPSS als fehlende Werte definiert werden, da sie ansonsten als wahre Werte verwendet würden. Fehlerhafte Berechnungen in SPSS wären die Folge. Um dies zu verhindern, muss in der Variablenansicht in SPSS in der Spalte „Fehlend" die entsprechende Eintragung vorgenommen werden (Abbildung 1.11).

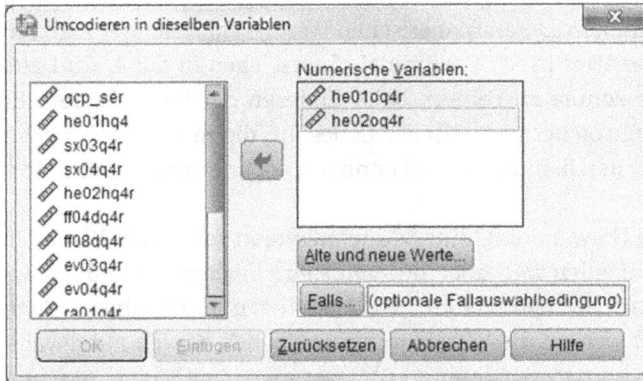

Abbildung 1.8: Auswahl der Variablen zur Umkodierung in SPSS

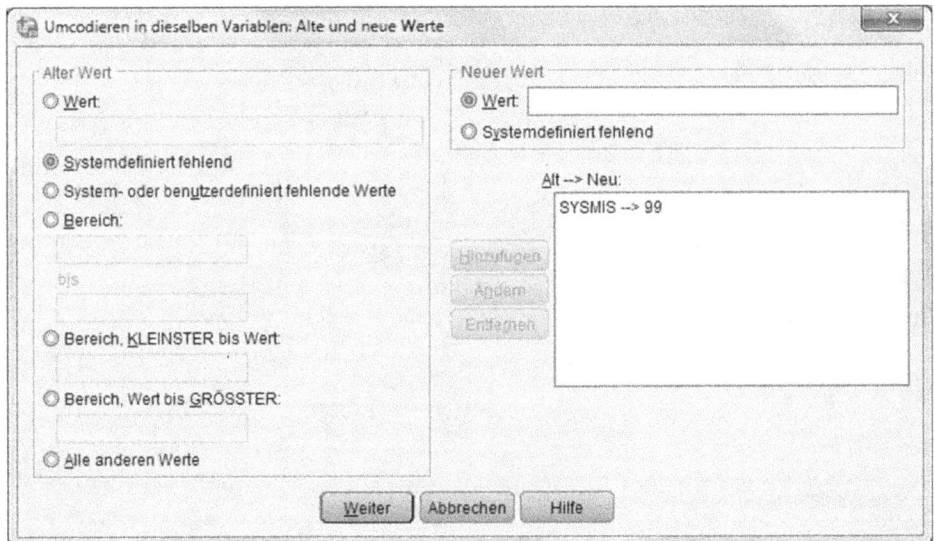

Abbildung 1.9: Definition alter und neuer Werte in den ausgewählten Variablen zur Umkodierung in SPSS

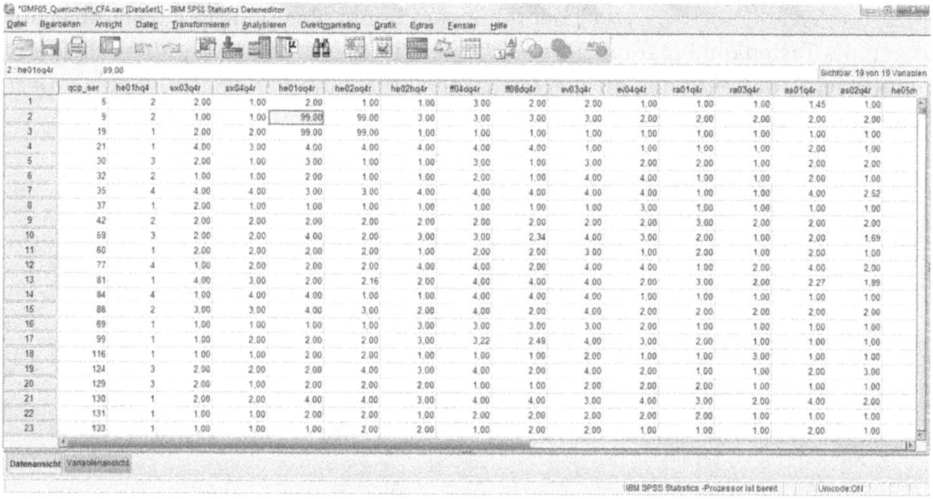

Abbildung 1.10: Numerische Codes (hier 99) für fehlende Werte in SPSS

Abbildung 1.11: Definition fehlender Werte in SPSS

Nachdem die fehlenden Werte nun für Mplus numerisch kodiert wurden, ist in unserem Fall noch eine weitere Anpassung nötig: Mplus erfordert den Punkt als Dezimaltrennzeichen (und nicht das Komma, wie im deutschen Sprachraum üblich). Ein „Umschreiben" der Punkte in Kommata über die „Suchen und Ersetzen"-Funktion eines Texteditors ist hierzu nicht nötig. SPSS verwendet standardmäßig das den Landeseinstellungen des Rechners entsprechend übliche Dezimaltrennzeichen. Dies kann über die Syntax bequem umgestellt werden. Hierzu muss über den Menüpunkt „Datei" → „Neu" → „Syntax" ein Syntaxfenster geöffnet werden. Der Befehl

`SET LOCALE=ENGLISH.`, welcher mit einem Punkt abgeschlossen sein muss und durch die Tastenkombination „Strg"+„r" oder ein Klicken auf den grünen Pfeil ausgeführt wird, definiert den für den englischen Sprachraum üblichen Punkt als Dezimaltrennzeichen (Abbildung 1.12).

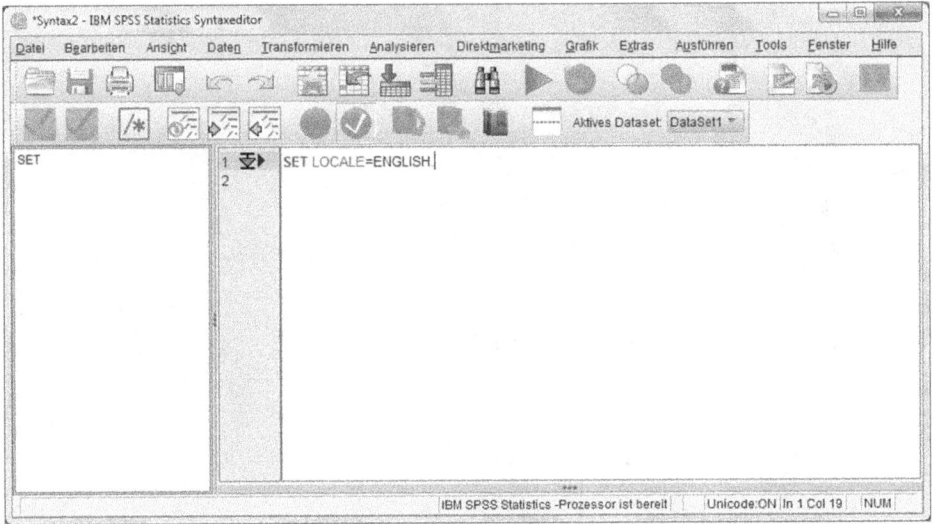

Abbildung 1.12: Den „." als Dezimaltrennzeichen definieren

Die erfolgreiche Ausführung des Befehls kann durch einen Blick in die SPSS Datenansicht überprüft werden. Hier sollte nun jeweils der Punkt als Dezimaltrennzeichen zu sehen sein.

In nächsten Schritt kann nun der SPSS-Datensatz im ASCII-Format gespeichert werden. Dies erfolgt über den Menüpunkt „Datei" → „Speichern unter". Im erscheinenden Eingabefenster sollte unter „Speichern als Typ" die Option „Tabstoppgetrennt (*.dat)" gewählt werden (Abbildung 1.13).

Gemäß der SPSS-Voreinstellung ist die Option „Variablennamen im Arbeitsblatt speichern" aktiviert. Obwohl Mplus nur numerische Werte einlesen kann und der Daten-File somit keine Variablennamen enthalten darf, empfehlen wir, diese Voreinstellung zu übernehmen. Dies empfiehlt sich vor allem dann, wenn der Datensatz viele Variablen umfasst (max. 500 Variablen) und die Variablennamen bereits auf maximal 8 Zeichen limitiert sind. Die Zeile mit den Variablennamen kann anschließend einfach aus dem ASCII-File ausgeschnitten werden (s. Abbildung 1.14) und unter der Option `NAMES` in den Mplus-Input im Befehlsblock `VARIABLE` eingefügt werden. Von Vorteil ist, dass auf diese Weise die korrekte Anzahl an Variablen in der korrekten Reihenfolge im Mplus-Input spezifiziert wird. Beim Einfügen der Variablennamen ist zu beachten, dass eine Zeile in Mplus

nicht länger als 90 Zeichen sein darf. Bei Bedarf können entsprechend Zeilenumbrüche (Enter-Taste) eingefügt werden.[7]

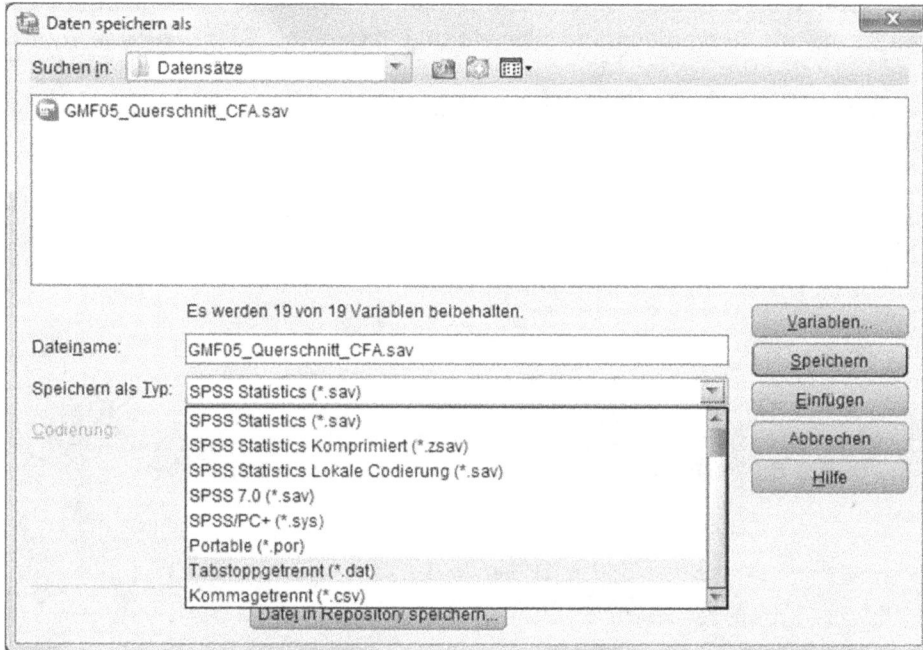

Abbildung 1.13: Abspeichern eines Datensatzes in SPSS im ASCII-Format (Tabstoppgetrennt)

```
gcp_ser  →  he01hq4  →  sx03q4r  →  sx04q4r  →  he01oq4r →  he02oq4r
    →   he02hq4r →  ff04dq4r →  ff08dq4r →  ev03q4r  →  ev04q4r  →  ra01q4r
    →   ra03q4r  →  as01q4r  →  as02q4r  →  he05mq4r →  he12mq4r →  ka05q4r
    →   zu01q4k¶
5  →   2  →  2  →  1  →  2  →  1  →  1  →  3  →  2  →  2  →  1  →  1  →  1
    →   1.4512418370884→ 1  →  3  →  3  →  2  →  2¶
9  →   2  →  1  →  1  →  99  →  99  →  3  →  3  →  3  →  3  →  2  →  2  →  2
    →   2  →  2  →  2  →  2  →  2  →  1¶
19 →   1  →  2  →  2  →  99  →  99  →  1  →  1  →  1  →  1  →  1  →  1  →  1
    →   1  →  1  →  1  →  1  →  2  →  3¶
21 →   1  →  4  →  3  →  4  →  4  →  4  →  4  →  4  →  1  →  1  →  1  →  1
    →   2  →  1  →  4  →  4  →  2  →  1¶
```

Abbildung 1.14: Ansicht des in SPSS gespeicherten Datensatzes im ASCII-Format in einem Texteditor

---

7 Dass die Variablennamen tabulatorgetrennt in den Mplus-Input eingefügt werden, ist in der aktuellen Mplus-Version unproblematisch. Sollte es bei früheren Versionen hierbei zu Problemen kommen,
können die Tabulatoren mit Hilfe der „suchen und ersetzen"-Funktion eines Texteditors in Leerzeichen umgewandelt werden.

1.4 Einlesen der Daten in Mplus

Der Datensatz ist mittlerweile in ein für Mplus lesbares Format transformiert und unter dem Namen „GMF05_Querschnitt_CFA.dat" abgespeichert worden. Im Folgenden lesen wir nun die Daten in Mplus ein und überprüfen, dass die Daten korrekt eingelesen wurden.

Der Mplus-Input hierzu lautet (s. Datei „cfa_basic_names.inp" im Begleitmaterial des Buchs):

```
TITLE:      Einlesen des Datensatzes "GMF05_Querschnitt_CFA.dat"

DATA:       FILE IS GMF05_Querschnitt_CFA.dat;

VARIABLE:   NAMES ARE qcp_ser he01hq4 sx03q4r sx04q4r he01oq4r
            he02oq4r he02hq4r ff04dq4r ff08dq4r ev03q4r ev04q4r
            ra01q4r ra03q4r as01q4r as02q4r he05mq4r he12mq4r
            ka05q4r zu01q4k;

            USEVARIABLES ARE he01hq4 sx03q4r sx04q4r he01oq4r
            he02oq4r he02hq4r ff04dq4r ff08dq4r ev03q4r ev04q4r
            ra01q4r ra03q4r as01q4r as02q4r he05mq4r he12mq4r
            ka05q4r zu01q4k;

            MISSING ARE he01oq4r he02oq4r (99) zu01q4k (9 99);

ANALYSIS:   TYPE IS BASIC;
```

In diesem ersten Schritt werden nur wenige Befehlsblöcke und Optionen benötigt. Der optionale Befehlsblock TITLE dient lediglich zur Benennung der Analyse, so dass hier – anders als bei anderen Befehlsblöcken – kein Semikolon zur Kennzeichnung des Endes einer Befehlszeile in Mplus eingefügt werden muss.

In dem Befehlsblock DATA müssen wir mit der Option FILE den Namen und Speicherort des Datensatzes spezifizieren. Wir haben den Datensatz und den Mplus-Input im gleichen Ordner abgespeichert (hier benannt mit „CFA_BASIC_Names.inp"). Hierdurch muss der exakte Dateipfad nicht festgelegt werden. Bei dem so spezifizierten Datenfile handelt es sich um Rohdaten (individuelle Daten) im freien Format. Mit den Optionen TYPE und FORMAT können im Befehlsblock DATA die Art der Information und das Format des Datensatzes spezifiziert werden. Die Voreinstellungen für diese beiden Optionen sind in Mplus TYPE IS INDIVIDUAL und FORMAT IS FREE. Die entsprechenden Befehlszeilen müssen in unserem Fall also nicht spezifiziert werden, da wir Rohdaten im freien Format verwenden.

Im Befehlsblock VARIABLE benötigen wir die Option NAMES. Hier definieren wir Namen, Anzahl und Reihenfolge der Variablen des Datensatzes. Darüber hinaus müssen wir mit der Option MISSING fehlende Werte definieren. In unserem Fall liegen fehlende Werte in den Variablen „he01oq4r" und „he02oq4r" vor. Wir hatten als numerischen Code 99 gewählt (s. Kapitel 1.3). Weiterhin liegen fehlende Werte in der Variablen „zu01q4k" vor, in diesem Fall gibt es zwei numerische Codes: 9 und 99. Die entsprechende Befehlszeile in Mplus lautet:

VARIABLE: MISSING ARE he01oq4r he02oq4r (99) zu01q4k (9 99);

Sollten in allen Variablen fehlende Werte vorliegen bzw. wird für alle Variablen der gleiche numerische Code verwendet, so kann vereinfacht auch MISSING ARE ALL (numerischer Code) verwendet werden.

Wenn ein Datensatz fehlende Werte enthält, verwendet Mplus automatisch das *Full-Information-Maximum-Likelihood*-(FIML)-Schätzverfahren (Enders, 2010). Als Alternative kann auch listenweiser Fallausschuss verwendet werden. Auf diese Weise berücksichtigt die Analyse nur Fälle mit vollständigen Informationen. Dies erfordert in dem Befehlsblock DATA die Anforderung der Option LISTWISE IS ON.

Für die unter ANALYSIS definierte Analyse verwenden wir alle Variablen außer der ID-Variablen „qcp_ser", da dies zu einer Fehlermeldung und einem Programmabbruch führen würde:

```
*** ERROR
One or more variables have a variance greater than the maximum allowed of
1000000. Check your data and format statement or rescale the variable(s)
using the DEFINE command.

     Continuous    Number of
      Variable    Observations   Variance

    **QCP_SER        1778       *********
```

Die für die Analyse verwendeten Variablen sind unter der Option USEVARIABLES aufgeführt. Da alle Variablen kontinuierlich sind, werden im Befehlsblock VARIABLE keine weiteren Optionen benötigt.

Schließlich haben wir im Befehlsblock ANALYSIS mit der Option TYPE die Art der Analyse spezifiziert. Zur Überprüfung der fehlerfreien Umwandlung des SPSS-Datensatzes in das ASCII-Format verwenden wir TYPE IS BASIC. Hierdurch erhalten wir eine deskriptive Zusammenfassung für alle Variablen im Mplus-Output. Durch den Vergleich der in Mplus und in SPSS berechneten deskriptiven Statistiken können mögliche Fehler bei der Datenumwandlung beziehungsweise beim Einlesen der Daten in Mplus leicht erkannt werden.

Wie bereits erwähnt, dient die Option TYPE IS BASIC zur Berechnung einiger deskriptiver Statistiken für die im Datensatz enthaltenen Variablen. Aus diesem Grund erfordert die Verwendung von TYPE IS BASIC im Befehlsblock MODEL auch noch keine Spezifizierung des Analysemodells.

Der Mplus-Input wird ausgeführt, indem auf die Option „RUN" im Mplus-Menü geklickt wird oder die Tastenkombination „Alt" + „r" verwendet wird.

Nach Ausführen des Mplus-Inputs erscheint ein neues Fenster mit den Analyseergebnissen. Gleichzeitig wird der Output ins entsprechende Arbeitsverzeichnis des Computers geschrieben. Der Mplus-Output erhält den gleichen Dateinamen wie die

Inputdatei, jedoch mit der Endung „.out". In unserem Fall heißt die Datei „cfa_basic_names.out".

Im Folgenden stellen wir Aufbau und Inhalt des Mplus-Outputs für die gerade beschriebene Analyse vor.

Zunächst wird im Mplus-Output der Mplus-Input erneut gezeigt. Direkt danach folgt in diesem Fall der Hinweis „Input reading terminated normally". Demnach ist es weder zu einem Problem beim Einlesen der Daten noch beim Einlesen des Mplus-Inputs gekommen. Sollten Probleme beim Einlesen der Daten und/oder dem Einlesen des Mplus-Inputs auftreten, so würden an dieser Stelle entsprechende Meldungen erscheinen. Dabei sind zwei Varianten zu unterscheiden: *Warning-* und *Error*-Meldungen. Warnungen können häufig ignoriert werden, wenn Mplus die Analyse trotzdem durchführt. Zum Beispiel erscheint eine Warnmeldung, wenn Variablennamen mehr als 8 Zeichen haben. Dagegen sind *Error*-Meldungen nicht zu ignorieren. Mplus bricht an dieser Stelle die Analyse ab. Entsprechend muss geprüft werden, ob im Mplus-Input Fehler wie z. B. das Fehlen eines Semikolons am Ende einer Befehlszeile aufgetreten sind. Eine andere Fehlerquelle kann der Datensatz selbst sein. Möglicherweise ist der Datensatz doch nicht im gleichen Ordner wie der Mplus-Input gespeichert oder der Datensatz enthält noch String-Variablen, die von Mplus nicht eingelesen werden können. Erfreulicherweise gibt Mplus in vielen Fällen sinnvolle Hinweise, wie der Fehler zustande gekommen sein kann und wie Abhilfe geschaffen werden kann.

Als nächstes folgt im Mplus-Output eine Zusammenfassung technischer Details zur Analyse:

```
Einlesen des Datensatzes "GMF05_Querschnitt_CFA.dat"

SUMMARY OF ANALYSIS

Number of groups                                              1
Number of observations                                     1778

Number of dependent variables                                18
Number of independent variables                               0
Number of continuous latent variables                         0

Observed dependent variables

Continuous
   HE01HQ4     SX03Q4R     SX04Q4R     HE01OQ4R    HE02OQ4R    HE02HQ4R
   FF04DQ4R    FF08DQ4R    EV03Q4R     EV04Q4R     RA01Q4R     RA03Q4R
   AS01Q4R     AS02Q4R     HE05MQ4R    HE12MQ4R    KA05Q4R     ZU01Q4K

Estimator                                                    ML
Information matrix                                      OBSERVED
Maximum number of iterations                               1000
Convergence criterion                                 0.500D-04
Maximum number of steepest descent iterations                20
```

```
Maximum number of iterations for H1                              2000
Convergence criterion for H1                              0.100D-03

Input data file(s)
    GMF05_Querschnitt_CFA.dat

Input data format FREE
```

Hier kann unter anderem das korrekte Einlesen des Datensatzes überprüft werden, wozu z. B. die Fallzahl („number of observations") einen Anhaltspunkt gibt. Weiterhin informiert der Mplus-Output über das in der Analyse verwendete Schätzverfahren (ML = *Maximum Likelihood*) und über weitere technische Details zur Modellschätzung.

Beim Vorliegen fehlender Werte folgen dann Informationen zu den fehlenden Werten – so auch in diesem Analysebeispiel.

```
SUMMARY OF DATA
    Number of missing data patterns 3

SUMMARY OF MISSING DATA PATTERNS

    MISSING DATA PATTERNS (x = not missing)
```

	1	2	3
HE01HQ4	x	x	x
SX03Q4R	x	x	x
SX04Q4R	x	x	x
HE01OQ4R	x	x	
HE02OQ4R	x	x	
HE02HQ4R	x	x	x
FF04DQ4R	x	x	x
FF08DQ4R	x	x	x
EV03Q4R	x	x	x
EV04Q4R	x	x	x
RA01Q4R	x	x	x
RA03Q4R	x	x	x
AS01Q4R	x	x	x
AS02Q4R	x	x	x
HE05MQ4R	x	x	x
HE12MQ4R	x	x	x
KA05Q4R	x	x	x
ZU01Q4K	x		x

```
MISSING DATA PATTERN FREQUENCIES
```

Pattern	Frequency	Pattern	Frequency	Pattern	Frequency
1	1752	2	24	3	2

Zunächst wird ein Überblick über Häufigkeit und Muster fehlender Werte gegeben. In unserem Fall gibt es drei Muster fehlender Werte. Muster 1 beinhaltet solche Fälle, die in keiner der Variablen fehlende Werte haben. Muster 2 zeigt, dass es Fälle gibt, die nur in der Variablen „zu01qk4" fehlende Werte aufweisen. Muster 3 schließlich umfasst Fälle, die in den beiden Variablen „he01oq4r" und „he02oq4r" fehlende Werte haben. Anschließend wird die Häufigkeit fehlender Werte dargestellt. Die Mehrzahl der Fälle (Muster 1: N = 1752) weist keine fehlende Werte auf, N = 24 Fälle sind Muster 2 und N = 2 Fälle sind Muster 3 zuzuordnen.

Zusätzlich enthält dieser Abschnitt noch Informationen zur *Covariance Coverage*. Hier wird angegeben, wie viel Prozent der Fälle Werte zu den entsprechenden Kovarianzen beisteuern. Dies ist die Menge an Informationen, die für die Schätzung von Modellparametern bei Verwendung von FIML zur Verfügung steht. So basiert beispielsweise die Kovarianz zwischen „he01oq4r" und „he02oq4r" auf 99.9 Prozent der Fälle. Nachfolgend wird nur ein Ausschnitt aus dem Output zur *Covariance Coverage* gezeigt.

```
COVARIANCE COVERAGE OF DATA

Minimum covariance coverage value 0.100

     PROPORTION OF DATA PRESENT

Covariance Coverage
              HE01HQ4       SX03Q4R       SX04Q4R       HE01OQ4R      HE02OQ4R
              _____      _____      _____      _____      _____
HE01HQ4         1.000
SX03Q4R         1.000         1.000
SX04Q4R         1.000         1.000         1.000
HE01OQ4R        0.999         0.999         0.999
HE02OQ4R        0.999         0.999         0.999         0.999
HE02HQ4R        1.000         1.000         1.000         0.999         0.999
FF04DQ4R        1.000         1.000         1.000         0.999         0.999
FF08DQ4R        1.000         1.000         1.000         0.999         0.999
EV03Q4R         1.000         1.000         1.000         0.999         0.999
EV04Q4R         1.000         1.000         1.000         0.999         0.999
RA01Q4R         1.000         1.000         1.000         0.999         0.999
RA03Q4R         1.000         1.000         1.000         0.999         0.999
AS01Q4R         1.000         1.000         1.000         0.999         0.999
AS02Q4R         1.000         1.000         1.000         0.999         0.999
HE05MQ4R        1.000         1.000         1.000         0.999         0.999
HE12MQ4R        1.000         1.000         1.000         0.999         0.999
KA05Q4R         1.000         1.000         1.000         0.999         0.999
ZU01Q4K         0.987         0.987         0.987         0.985         0.985
```

Schließlich enthält der Mplus-Output die eigentlichen deskriptiven Statistiken zum Datensatz. Zunächst finden wir die Mittelwerte der Variablen, anschließend die

Kovarianzen und Korrelationen. Wir zeigen an dieser Stelle nur die Schätzungen der Mittelwerte. Die übrigen Statistiken können der Datei „cfa_basic_names.out" im Begleitmaterial des Buchs entnommen werden.

```
ESTIMATED SAMPLE STATISTICS

     Means
          HE01HQ4      SX03Q4R      SX04Q4R      HE01OQ4R     HE02OQ4R
          _____     _____     _____     _____     _____
      1     2.022        1.912        1.702        2.274        2.303

     Means
          HE02HQ4R     FF04DQ4R     FF08DQ4R     EV03Q4R      EV04Q4R
          _____     _____     _____     _____     _____
      1     2.033        2.691        2.182        2.885        2.062

     Means
          RA01Q4R      RA03Q4R      AS01Q4R      AS02Q4R      HE05MQ4R
          _____     _____     _____     _____     _____
      1     1.795        1.498        1.804        1.538        2.117

     Means
          HE12MQ4R     KA05Q4R      ZU01Q4K
          _____     _____     _____
      1     2.009        1.893        2.231
```

Wie bereits erwähnt bietet es sich an, die in Mplus generierten deskriptiven Statistiken mit den entsprechenden Resultaten in SPSS zu vergleichen. Hierbei ist allerdings zu berücksichtigen, dass die deskriptiven Statistiken in Mplus mit FIML (*Full Information Maximum Likelihood*) geschätzt wurden. Es kann also zu kleineren Abweichungen zu den Ergebnissen in SPSS kommen, da in SPSS bei der Berechnung von Korrelationen und Kovarianzen per Voreinstellung entweder paarweiser Fallausschluss oder listenweiser Fallausschluss verwendet wird. Um einen exakten Vergleich vorzunehmen, müssten wir jedoch die Analyse in Mplus mit listenweisem Fallausschluss wiederholen (Option LISTWISE IS ON im Befehlsblock DATA).

In Abbildung 1.15 ist eine SPSS-Ausgabe der berechneten Mittelwerte dargestellt, wobei wir paarweisen Fallausschluss verwendet haben.

Ein Vergleich der in Mplus und SPSS berechneten Mittelwerte zeigt nur minimale Unterschiede. Auch der Abgleich der hier nicht dargestellten Kovarianzen und Korrelationen führt zu weitgehend identischen Ergebnissen. Somit belegt diese Überprüfung, dass die Daten erfolgreich für das Mplus erforderliche ASCII-Format umgewandelt wurden und richtig von Mplus eingelesen wurden. Im folgenden Kapitel 2 werden wir diesen Datensatz verwenden, um erste „richtige" Analysen – eine explorative und eine konfirmatorische Faktorenanalyse – durchzuführen.

Deskriptive Statistiken

	Mittelwert	Standardabweichung	N
qcp_ser	6545,20	4123,916	1778
he01hq4	2,02	1,118	1778
sx03q4r	1,9124	,88100	1778
sx04q4r	1,7017	,80901	1778
he01oq4r	2,2738	,91990	1776
he02oq4r	2,3030	,90593	1776
he02hq4r	2,0327	1,05453	1778
ff04dq4r	2,6914	,98941	1778
ff08dq4r	2,1819	,96402	1778
ev03q4r	2,8846	,92783	1778
ev04q4r	2,0622	1,00348	1778
ra01q4r	1,7950	,81351	1778
ra03q4r	1,4977	,75443	1778
as01q4r	1,8044	,85775	1778
as02q4r	1,5380	,73223	1778
he05mq4r	2,1168	,99081	1778
he12mq4r	2,0085	,88320	1778
ka05q4r	1,8926	,30974	1778
zu01q4k	2,2320	,77488	1754

Abbildung 1.15: Deskriptive Statistiken der in Mplus verwendeten Variablen in SPSS

2 Explorative Faktorenanalyse und Konfirmatorische Faktorenanalyse

Die Untersuchung der dimensionalen Struktur von manifesten Variablen zählt zu den Routinetätigkeiten in der empirischen Sozialforschung. Zu diesem Zweck werden sowohl explorative Faktorenanalysen (engl. *exploratory factor analysis*, EFA) wie auch konfirmatorische Faktorenanalysen (engl. *confirmatory factor analysis*, CFA) durchgeführt. In diesem Kapitel behandeln wir die praktische Durchführung einer EFA bzw. CFA in Mplus. Alle hier vorgestellten Anwendungsbeispiele beruhen auf publizierten Studien aus dem an der Universität Bielefeld angesiedelten Forschungsprojekt „Gruppenbezogene Menschenfeindlichkeit" (GMF, Heitmeyer, 2002). Bevor wir allerdings auf die praktische Umsetzung der Beispiele in Mplus eingehen, möchten wir zunächst kurz die Konzepte erläutern und die wichtigsten Grundprinzipien von explorativen und konfirmatorischen Faktorenanalysen vorstellen.

2.1 Explorative und konfirmatorische Faktorenanalyse – ein Überblick

Wir wollen die Grundprinzipien der EFA und der CFA anhand eines Beispiels aus dem GMF-Projekt veranschaulichen: Annahmegemäß stellt das Konzept der Gruppenbezogenen Menschenfeindlichkeit ein „Syndrom" dar, das unterschiedliche Formen von Vorurteilen erklärt (s. Abbildung 2.1). Zick et al. (2008) überprüften die in Abbildung 2.1 dargestellte Syndrom-Annahme auf Grundlage unterschiedlicher Datensätze aus dem GMF-Projekt. Die theoretische Erwartung lautete, dass die unterschiedlichen Elemente von GMF untereinander korrelieren und diese Korrelationen auf das GMF-Syndrom zurückgehen. Solche Annahmen können mit dem Verfahren der Faktorenanalyse überprüft werden. Hierbei sind zwei generelle Typen der Faktorenanalyse zu unterscheiden: Die explorative und die konfirmatorische Faktorenanalyse.

Die EFA dient zur Aufdeckung der dimensionalen Struktur des Zusammenhangsmusters mehrerer manifester Variablen. Ziel der EFA ist die Bestimmung der Anzahl der latenten Variablen, durch die die Zusammenhänge zwischen den manifesten Variablen optimal erklärt werden. Hierbei handelt es sich um ein exploratives Verfahren, dessen Anwendung keine a priori formulierten Hypothesen erfordert. Die inhaltliche Interpretation der EFA-Ergebnisse erfolgt anhand des Ladungsmusters der manifesten Variablen hinsichtlich der latenten Variablen.

In Abbildung 2.2 ist ein hypothetisches Faktorenmodell dargestellt. In diesem Beispiel wird die Varianz und Kovarianz der manifesten Variablen durch zwei latente Variablen – die Faktoren – erklärt. Die höchsten Ladungen auf der ersten latenten Variablen weisen die manifesten Variablen 1–3 auf. Die manifesten Variablen 4–6 laden am höchsten auf der zweiten latenten Variablen. Auf Grundlage der gemeinsamen

DOI 10.1515/9783486989458-002

Inhalte der jeweiligen manifesten Variablen kann nun auf die Bedeutung der beiden latenten Variablen geschlossen werden.

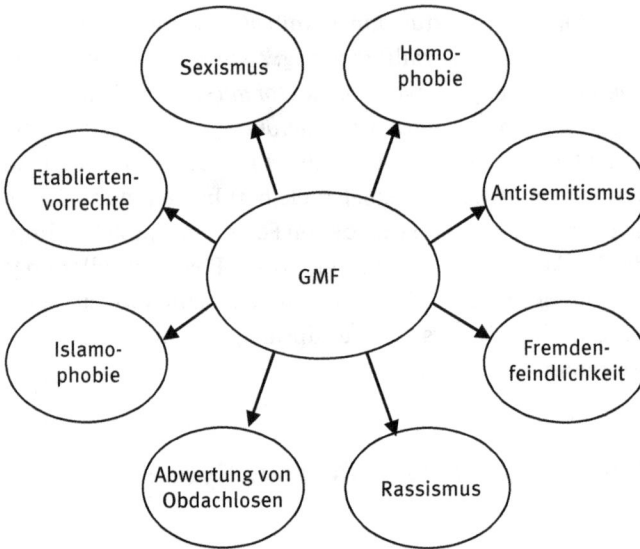

Abbildung 2.1: Das Syndrom Gruppenbezogener Menschenfeindlichkeit (GMF)

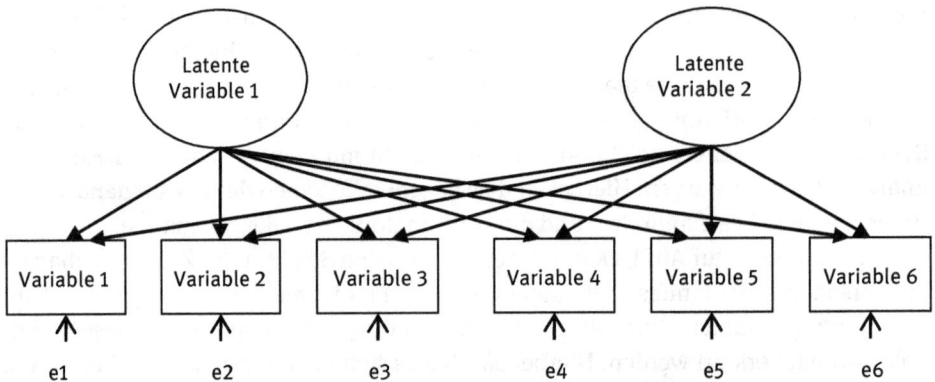

Abbildung 2.2: Schematische Darstellung einer explorativen Faktorenanalyse mit sechs manifesten und zwei latenten Variablen

In der Forschungspraxis ist ein rein exploratives Vorgehen selten. Grundlegende Vorannahmen über Anzahl und Bedeutung von latenten Variablen liegen meist schon vor. Häufig wird daher die EFA genutzt, um eine erste Einschätzung über das Zutreffen solcher grundlegenden Vorannahmen zu erhalten. Weiterhin kann die EFA zur

Identifikation von manifesten Variablen genutzt werden, die nicht wie beabsichtigt auf den latenten Variablen laden oder substanzielle Nebenladungen aufweisen. Solche manifesten Variablen können dann aus den weiteren Analysen ausgeschlossen werden.

Für die Durchführung einer EFA müssen verschiedene Entscheidungen getroffen werden. So muss ein faktoranalytisches Modell ausgewählt werden (z. B. Hauptkomponentenanalyse, Hauptachsenanalyse), die Anzahl zu extrahierender latenter Variablen mit entsprechenden Kriterien bestimmt werden (z. B. Scree-Test), eine geeignete Rotationsmethode gewählt werden (orthogonale versus oblique Rotation) und schließlich die gewählte Lösung sinnvoll inhaltlich interpretiert werden. Im Rahmen dieses anwendungsorientierten Buches können wir keine umfassende theoretische Einführung in die EFA geben. Wir möchten allerdings auf zwei hilfreiche Veröffentlichungen verweisen, welche auch Empfehlungen speziell zur praktischen Anwendung der EFA enthalten: Fabrigar, Wegener, MacCallum und Strahan (1999) sowie Preacher und MacCallum (2003).

Im Unterschied zur EFA erfordert die konfirmatorische Faktorenanalyse spezifische Hypothesen über das Ladungsmuster der manifesten Variablen auf den latenten Variablen, über die Anzahl an latenten Variablen und über deren inhaltliche und statistische Beziehungen. In Abbildung 2.3 ist eine hypothetische faktorielle Struktur dargestellt, die im Rahmen von CFAs auch als Messmodell bezeichnet wird. In diesem Beispiel wird davon ausgegangen, dass die Varianz und Kovarianz der manifesten Variablen durch zwei latente Variablen statistisch erklärt wird. Des Weiteren wird von einer Korrelation der beiden latenten Variablen ausgegangen. Schließlich liegen hinsichtlich der latenten Variablen explizite Annahmen über das Ladungsmuster der manifesten Variablen vor. An dieser Stelle wird auch ein weiterer Unterschied zur EFA offensichtlich: Nebenladungen werden in der CFA nicht zugelassen. Die entsprechenden Ladungen sind auf den Wert 0 fixiert.

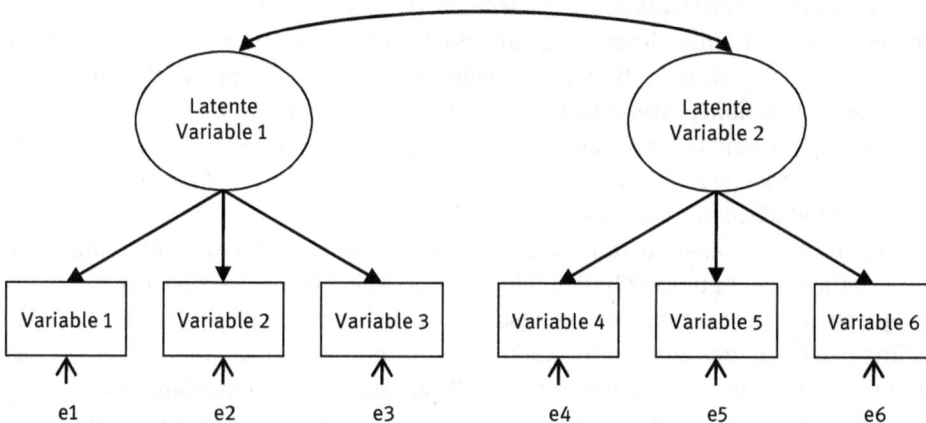

Abbildung 2.3: Schematische Darstellung einer konfirmatorischen Faktorenanalyse mit sechs manifesten und zwei latenten Variablen

Aus den Annahmen über das Messmodell geht eine Reihe von Modellparametern hervor, die auf Basis der Daten geschätzt werden müssen. Letztlich wird davon ausgegangen, dass das Messmodell die beobachteten Daten – also die Varianzen und Kovarianzen der manifesten Variablen – erklärt. Die Beurteilung dieser Annahme erfolgt anhand der Überprüfung der Anpassung des Messmodells an die Daten, dem sogenannten Modell-Fit.

Zu diesem Zweck müssen zunächst die Modellparameter auf Basis der beobachteten Daten geschätzt werden. Hierzu wird typischerweise ein iteratives *Maximum-Likelihood*-Schätzverfahren (ML) verwendet. Die Datengrundlage bildet hierbei in der Regel die empirische Varianz-Kovarianzmatrix. Aus den so geschätzten Modellparametern wird dann eine modellimplizierte Varianz-Kovarianzmatrix bestimmt. Die Differenz zwischen dieser modellimplizierten Varianz-Kovarianzmatrix und der empirischen Varianz-Kovarianzmatrix ermöglicht dann die Bestimmung des Modell-Fits. Hierzu stehen verschiedene Fit-Maße zur Verfügung, auf die wir im Verlaufe des Kapitels näher eingehen werden.

Wie auch bei der EFA können wir an dieser Stelle nur einen kurzen Überblick über die CFA geben. Gute Einführungen finden sich bei Brown (2015), Kline (2015) und Reinecke (2014).

2.2 Explorative Faktorenanalyse in Mplus

Sowohl für die EFA als auch für die anschließend dargestellte CFA verwenden wir den Datensatz „GMF05_Querschnitt_CFA.sav". Wie in Kapitel 1.3 beschrieben, wurde dieser Datensatz bereits in eine Mplus-kompatible Textdatei (im ASCII-Format, tabulatorgetrennt) transformiert. Tabelle 2.1 können die Variablennamen und Variablenlabels entnommen werden.

Alle Items zur Messung der GMF-Elemente (s. Tabelle 2.2) konnten von den befragten Personen auf einer vierstufigen Antwortskala beantwortet werden (1 = „stimme voll und ganz zu" bis 4 = „stimme überhaupt nicht zu"). Die Items wurden allerdings so kodiert, dass höhere Werte einer höheren Zustimmung entsprechen.

Zur Operationalisierung der acht von Zick et al. (2008) untersuchten GMF-Elemente wurden je zwei manifeste Variablen verwendet. In Tabelle 2.2 ist die Zuordnung der Indikatoren zu den Elementen aufgeführt.

Die recht sparsame Operationalisierung der Elemente von GMF ist für repräsentative Umfragen nicht ungewöhnlich. Eine umfassendere Operationalisierung ist meist aufgrund der begrenzten Befragungsdauer nicht möglich. Aus zeitökonomischen Gründen ist es daher notwendig, Merkmale mit wenigen Indikatoren zu messen. Der Mplus-Input für eine EFA mit den in Tabelle 2.2 genannten Indikatoren ist nachfolgend aufgeführt. Im Begleitmaterial des Buchs ist die Datei unter dem Namen „efa.inp" zu finden.

Tabelle 2.1: Variablennamen und Variablenlabels des Datensatzes „GMF05_Querschnitt_CFA.sav"

Variablenname	Variablenlabel
qcp_ser	Id-Nr. des Datensatzes
he01hq4	Gleichgeschlechtliche Ehen erlaubt
sx03q4r	Frauen wieder Rolle der Ehefrau u. Mutter
sx04q4r	Für Frau sollte es wichtiger sein, dem Mann bei der Karriere zu helfen
he01oq4r	Obdachlose aus Fußgängerzonen entfernen
he02oq4r	Obdachlose in den Städten unangenehm
he02hq4r	Ekelhaft, wenn Homosexuelle sich in der Öffentlichkeit küssen
ff04dq4r	Es leben zu viele Ausländer in Deutschland
ff08dq4r	Wenn Arbeitsplätze knapp werden, sollte man die Ausländer in die Heimat schicken
ev03q4r	Wer neu ist, sollte sich mit weniger zufrieden geben
ev04q4r	Wer schon immer hier lebt, sollte mehr Rechte haben
ra01q4r	Aussiedler sollten besser gestellt werden als Ausländer, da deutscher Abstammung
ra03q4r	Die Weißen sind zurecht führend in der Welt
as01q4r	Juden haben in Deutschland zu viel Einfluss
as02q4r	Juden sind an ihren Verfolgungen mitschuldig
he05mq4r	Durch die vielen Muslime fühle ich mich wie ein Fremder
he12mq4r	Muslimen sollte die Zuwanderung untersagt werden
ka05q4r	Hatten Sie schon einmal Kontakt zu Ausländern?
zu01q4k	Schulabschluss, gruppiert nach 3 Kategorien

```
TITLE:      Explorative Faktorenanalyse in Mplus

DATA:       FILE IS GMF05_Querschnitt_CFA.dat;

VARIABLE:   NAMES ARE qcp_ser he01hq4 sx03q4r sx04q4r he01oq4r
            he02oq4r he02hq4r ff04dq4r ff08dq4r ev03q4r ev04q4r
            ra01q4r ra03q4r as01q4r as02q4r he05mq4r he12mq4r
            ka05q4r zu01q4k;

            USEVARIABLES ARE he01hq4 sx03q4r sx04q4r he01oq4r
            he02oq4r he02hq4r ff04dq4r ff08dq4r ev03q4r ev04q4r
            ra01q4r ra03q4r as01q4r as02q4r he05mq4r he12mq4r;

            MISSING ARE he01oq4r he02oq4r (99);

ANALYSIS:   TYPE IS EFA 1 8;  ! Auswahl EFA mit Festlegung der minimalen
                              ! und maximalen Anzahl an zu extrahierenden
                              ! Faktoren
```

Für die Durchführung der EFA benötigen wir aus dem Datensatz „GMF05_Querschnitt_CFA.dat" lediglich die Indikatoren für die unterschiedlichen Elemente von GMF. Aus diesem Grund haben wir die entsprechende Auswahl mit der Option USEVARIABLES im Befehlsblock VARIABLE vorgenommen. Die eigentliche Analyse spezifizieren wir im Befehlsblock ANALYSIS mit der folgenden Option:

Tabelle 2.2: Zuordnung der Indikatoren im Datensatz „GMF05_Querschnitt_CFA.sav" zu den GMF-Elementen

Element von GMF (in Klammern der Name der latenten Variablen in Mplus)	Indikatoren
Sexismus (sexism)	sx03q4r, sx04q4r
Homophobie (homoph)	he01hq4, he02hq4r
Antisemitismus (antisem)	as01q4r, as02q4r
Fremdenfeindlichkeit (fremdenf)	ff04dq4r, ff08dq4r
Rassismus (rass)	ra01q4r, ra03q4r
Abwertung von Obdachlosen (obdachl)	he01oq4r, he02oq4r
Islamophobie (islamph)	he05mq4r, he12mq4r
Etabliertenvorrechte (etabl)	ev03q4r, ev04q4r

```
ANALYSIS: TYPE IS EFA 1 8;
```

Mit TYPE IS EFA wird in Mplus eine explorative Faktorenanalyse angefordert. Die erste Zahl (hier 1) und die letzte Zahl (hier 8) definieren die minimale und maximale Anzahl der zu extrahierenden Faktoren. Mplus berechnet automatisch alle faktoriellen Modelle, die durch die Festlegung des Minimums und Maximums möglich sind. In unserem Beispiel werden somit acht unterschiedliche faktorielle Modelle berechnet. Wir haben uns für das Maximum von acht Faktoren entschieden, da wir annehmen, dass die acht Elemente von GMF (s. Tabelle 2.2) durch die Daten abgebildet werden. Zusätzlich möchten wir aber auch alternative faktorielle Modelle zulassen und mit unserer theoretisch angenommenen faktoriellen Struktur vergleichen. So ist es z. B. denkbar, dass alle manifesten Variablen auf nur einer gemeinsamen latenten Variablen laden, also eine einfaktorielle Lösung bereits gut zu den Daten passt und auch sinnvoll zu interpretieren ist.

Mit der Option ROTATION kann im Befehlsblock ANALYSIS eine der im Mplus-Manual aufgeführten Rotationsmethoden ausgewählt werden. Hierbei sind sowohl orthogonale (z. B. VARIMAX) als auch oblique (z. B. PROMAX) Rotationsmethoden erhältlich. Darüber hinaus stehen aber auch Mischformen (z. B. OBLIMIN) zur Verfügung. Einen sehr guten Überblick über Vor- und Nachteile unterschiedlicher Rotationstechniken gibt Browne (2001).

Für alle Berechnungen verwendet Mplus, wenn nicht anders spezifiziert, das *Maximum-Likelihood*-Schätzverfahren. Diese Voreinstellung sollte auch beim Vergleich der Ergebnisse von in Mplus und SPSS durchgeführten EFAs beachtet werden. So ist ein sinnvoller Vergleich nur dann möglich, wenn die in SPSS berechnete EFA ebenfalls auf einer *Maximum-Likelihood*-Schätzung beruht. Da die Schätzung auf einer Korrelationsmatrix basiert, liegen alle Modellparameter in standardisierter Form vor.

In unserem Beispiel treten beim Ausführen der Analyse in Mplus Warnmeldungen auf. Zwar erhalten wir vorerst die Meldung, dass es beim Einlesen der Daten und des Mplus-Inputs zu keinen Problemen gekommen ist. Aber an einer späteren Stelle im Mplus-Output, vor der Zusammenfassung des Modell-Fits bzw. der Ergebnisse der Schätzung, erscheinen folgende Meldungen:

```
NO CONVERGENCE.  NUMBER OF ITERATIONS EXCEEDED.
PROBLEM OCCURRED IN EXPLORATORY FACTOR ANALYSIS WITH 6 FACTOR(S).

NO CONVERGENCE.  NUMBER OF ITERATIONS EXCEEDED.
PROBLEM OCCURRED IN EXPLORATORY FACTOR ANALYSIS WITH 8 FACTOR(S).
```

Diese verweisen auf Probleme bei der Schätzung von EFA-Lösungen mit sechs und acht Faktoren. In der vorliegenden Analyse sind die Iterationen nicht ausreichend für die *Maximum-Likelihood*-Schätzung. Dies bedeutet, dass das Konvergenzkriterium für die Schätzung nicht erreicht wird. Eine Lösungsmöglichkeit besteht nun darin, die Anzahl an maximalen Iterationen zu erhöhen. Das Maximum kann durch die Option ITERATIONS im Befehlsblock ANALYSIS heraufgesetzt werden, z. B. auf 10000 Iterationen:

ANALYSIS: ITERATIONS ARE 10000;

Die Voreinstellung in Mplus sind maximal 1000 Iterationen. Jedoch führt das Heraufsetzen der maximalen Anzahl von Iterationen in unserem Beispiel genauso wenig zu einer Lösung des Problems wie die Verwendung alternativer Rotationstechniken.

Eine mögliche Ursache für dieses Problem liegt in der geringen Anzahl an Variablen in Bezug zur Anzahl der zu extrahierenden Faktoren. Um dennoch den Mplus-Output für eine EFA vorstellen zu können, werden wir uns im Folgenden auf eine Auswahl an Variablen beschränken. Wir konzentrieren uns deshalb auf die drei GMF-Elemente Antisemitismus, Islamophobie und Rassismus. Unser Ziel besteht nun darin, für diese drei Elemente eine einfaktorielle, zweifaktorielle und dreifaktorielle Lösung miteinander zu vergleichen. Der entsprechende Mplus-Input lautet (Dateiname „efa_reduced.inp"):

```
TITLE:      EFA basierend auf den Elementen Fremdenfeindlichkeit,
            Rassismus und Islamophobie

DATA:       FILE IS GMF05_Querschnitt_CFA.dat;

VARIABLE:   NAMES ARE qcp_ser he01hq4 sx03q4r sx04q4r he01oq4r
            he02oq4r he02hq4r ff04dq4r ff08dq4r ev03q4r ev04q4r
            ra01q4r ra03q4r as01q4r as02q4r he05mq4r he12mq4r
            ka05q4r zu01q4k;

            USEVARIABLES ARE as01q4r as02q4r ra01q4r ra03q4r
            he05mq4r he12mq4r;

ANALYSIS:   TYPE IS EFA 1 3;
```

Vor diesem Hintergrund haben wir als minimale Faktorenanzahl einen Faktor und als maximale Anzahl drei Faktoren spezifiziert.

Wir besprechen nun sukzessive die zentralen im Mplus-Output dargestellten Informationen. Zunächst gehen wir auf den auf der Stichproben-Korrelationsmatrix basierenden Eigenwerteverlauf ein.

```
RESULTS FOR EXPLORATORY FACTOR ANALYSIS

  EIGENVALUES FOR SAMPLE CORRELATION MATRIX
             1          2          3          4          5
 1         ____       ____       ____       ____       ____
          2.702      0.921      0.881      0.606      0.499

  EIGENVALUES FOR SAMPLE CORRELATION MATRIX
             6
 1         ____
          0.390
```

Vereinfacht ausgedrückt deuten die Ergebnisse des Eigenwerteverlaufs auf eine ein-faktorielle Lösung hin, da die Eigenwerte nach dem ersten Faktor deutlich abfallen (2.702, 0.921, 0.881,...).

Wir betrachten nun die einfaktorielle Lösung näher und schauen zunächst auf die Angaben zum Modell-Fit („Tests of Model Fit"). Wir gehen an dieser Stelle nur kurz auf die unterschiedlichen Kennwerte für die Modellgüte ein. Eine ausführliche (und kritische) Darstellung zur angemessenen Nutzung einer Vielzahl von Teststatistiken findet sich bei Kline (2015, Kapitel 12) und Reinecke (2014, S. 116ff).

Als grundlegende Fit-Statistik wird zunächst die χ^2-Statistik („Value" im Mplus-Output) mit den dazugehörigen Freiheitsgraden („Degrees of Freedom") und dem Signifikanzniveau („P-Value") ausgegeben. Diese χ^2-Statistik dient zur Überprüfung der Nullhypothese, derzufolge die modellimplizierte Kovarianzmatrix mit der (geschätzten) Populationskovarianzmatrix übereinstimmt. In unserem Fall ist die χ^2-Statistik mit $\chi^2 = 390.628$, df = 9, p < .001 signifikant. Somit muss die Nullhypothese verworfen werden, da das Modell die Daten nur ungenügend repliziert. Zwar empfiehlt es sich aus verschiedenen Gründen (s. Kline, 2015) die χ^2-Statistik nicht alleine zur Modellevaluation zu verwenden; der Vergleich von Alternativmodellen basiert aber in der Regel auf der χ^2-Statistik (s. Kapitel 2.3). In Mplus kann auf zahlreiche alternative Fit-Maße zurückgegriffen werden. Diese sind der *Comparative Fit Index* (CFI), der *Tucker Lewis Index* (TLI), der *Root Mean Square Error of Approximation* (RMSEA) und das *Standardized Root Mean Square Residual* (SRMR). Der CFI und der TLI stellen beide inkrementelle Fit-Indizes dar. Sie zeigen an, in welchem Ausmaß das postulierte Modell eine bessere Datenanpassung aufweist, als ein Unabhängigkeitsmodell, in dem definitionsgemäß zwischen den manifesten Variablen keine Zusammenhänge bestehen. Auch für das Unabhängigkeitsmodell wird in Mplus die χ^2-Statistik ausgegeben („Chi-Square Test of Model Fit for the Baseline Model"). Beide Indizes (CFI und TLI) sind normiert und schwanken zwischen 0 und 1, wobei höhere Werte einen besseren Modell-Fit anzeigen. Nach Hu und Bentler (1999) zeigen Werte im CFI und TLI ≥ .95 einen guten Modell-Fit an.

Der RMSEA zeigt den approximativen Modell-Fit an. Es handelt sich hierbei um einen *Badness-of-fit-index*, wobei kleinere Werte einen besseren Modell-Fit kennzeichnen. Der RMSEA schwankt zwischen 0 und 1. RMSEA Werte ≤ .05 werden als gut und Werte ≤ .08 als zufriedenstellend angesehen. In Mplus wird zusätzlich noch das 90%-Konfidenzintervall für den RMSEA ausgegeben sowie der *Test of Close Fit* (im Mplus-Output bezeichnet mit „Probability RMSEA <= .05"). Das Konfidenzintervall (engl. *confidence interval*, CI) zeigt an, in welchem Bereich der Populations-RMSEA mit 90% Wahrscheinlichkeit liegt. Der *Test of Close Fit* prüft die Nullhypothese, dass der Populations-RMSEA ≤ .05 ist, wobei der entsprechende p-Wert angegeben wird.

Der SRMR zeigt den Mittelwert für die Abweichung der beobachteten und geschätzten Korrelationen an. Ein Wert von 0 zeigt perfekten Modell-Fit an, während größere Werte einen zunehmend schlechteren Fit bedeuten. Nach Hu und Bentler (1999) sind Werte ≤ .08 im SRMR akzeptabel.

Darüber hinaus finden sich im Mplus-Output noch Angaben zur *Log-Likelihood* sowie Informationstheoretische Maße („Information Criteria"), auf die wir an dieser Stelle nicht näher eingehen (Spiegelhalter et al., 2002).

Für die Modellevaluation sollten stets mehrere Indizes verwendet werden. Zudem sollten die von Hu und Bentler (1999) vorgeschlagenen Cut-off-Kriterien nicht automatisiert angewendet, sondern für jeden Anwendungsfall kritisch reflektiert werden (Marsh, Hau, & Wen, 2004). Wir werden im Folgenden für alle Modelle den CFI, den RMSEA (inkl. dessen Konfidenzintervall) und den SRMR zur Modellevaluation heranziehen.

Bezüglich des aktuellen Beispiels weist das einfaktorielle Faktorenmodell insgesamt keinen guten Modell-Fit auf: die Fit-Werte liegen nahezu alle in einem unbefriedigenden Bereich (χ^2 = 390.628; df = 9; p < .001; CFI = .840; RMSEA = .154 (90% CI = .142/.168); SRMR = .061).

Im Anschluss an die Informationen zum Modell-Fit folgen im Mplus-Output die Schätzer für die Modellparameter (siehe Datei „efa_reduced.out"). Zunächst werden die Schätzer für die Faktorladungen („Geomin rotated loadings") aufgeführt:

```
     GEOMIN ROTATED LOADINGS (* significant at 5% level)

                  1
                _____
AS01Q4R         0.696*
AS02Q4R         0.714*
RA01Q4R         0.413*
RA03Q4R         0.530*
HE05MQ4R        0.542*
HE12MQ4R        0.569*
```

Danach folgen die Korrelationen zwischen den Faktoren („Geomin factor correlations") und die Residualvarianzen („Estimated residual variances"). Im Anschluss daran finden sich die Standardfehler für die entsprechenden Schätzer und die Prüfgrößen („Est./S.E. "). Die Ladungen der Variablen auf dem Faktor sind zwar in einem zufriedenstellenden Bereich (.413–.714). Der inakzeptable Modell-Fit spricht aber gegen eine einfaktorielle Lösung.

Die zweifaktorielle Lösung weist einen besseren, aber immer noch nicht optimalen Modell-Fit auf (χ^2 = 98.888; df = 4; p < .001; CFI = .960; RMSEA = .116 (90% CI = .096/.136); SRMR = .034). Das Ladungsmuster ist ebenfalls nicht optimal zu interpretieren:

```
           GEOMIN ROTATED LOADINGS (* significant at 5% level)

                      1              2

   AS01Q4R         0.529*         0.224*
   AS02Q4R         0.937*        -0.003*
   RA01Q4R         0.101*         0.361*
   RA03Q4R         0.248*         0.332*
   HE05MQ4R       -0.006          0.677*
   HE12MQ4R        0.001          0.719*
```

Insbesondere die beiden Indikatoren für Rassismus („ra01q4r", „ra03q4r") laden nicht eindeutig auf einem der beiden Faktoren.

Es deutet sich also an, dass die dreifaktorielle Lösung die beobachteten Daten am besten erklären kann. Das dreifaktorielle Modell weist jedoch keine Freiheitsgrade auf und ist somit genau identifiziert. Aus diesem Grund repliziert das Modell die Daten perfekt und eine Modellevaluation auf Grundlage von Fit-Indizes ist nicht möglich (Kline, 2015). Dennoch kann das Ladungsmuster der dreifaktoriellen Lösung interpretiert werden.

```
           GEOMIN ROTATED LOADINGS (* significant at 5% level)

                      1              2              3

   AS01Q4R         0.692*        -0.002          0.162*
   AS02Q4R         0.656*         0.208         -0.001
   RA01Q4R        -0.146          0.632*         0.015
   RA03Q4R         0.009          0.698*        -0.069
   HE05MQ4R       -0.019         -0.001          0.789*
   HE12MQ4R        0.014          0.192*         0.521*
```

In Übereinstimmung mit den theoretischen Annahmen laden die zur Messung der unterschiedlichen GMF-Elemente dienenden beobachteten Variablen jeweils auf einem eindeutig zu interpretierenden Faktor. Darüber hinaus korrelieren die drei GMF-Elemente wie erwartet substanziell positiv miteinander. Zusammengenommen stützen diese Ergebnisse die Messung der unterschiedlichen GMF-Elemente durch drei Faktoren, die ihrerseits jeweils mit zwei Indikatoren operationalisiert wurden.

Zur Überprüfung von a priori Annahmen über die Anzahl an Faktoren, Ladungsmuster und die Zusammenhänge zwischen den Faktoren ist die CFA die Methode der Wahl, welche wir im nächsten Abschnitt vorstellen werden.

2.3 Konfirmatorische Faktorenanalyse in Mplus

Die in diesem Abschnitt dargestellten Analysen basieren wiederum auf dem Datensatz „GMF05_Querschnitt_CFA.dat". Mit einer konfirmatorischen Faktorenanalyse möchten wir das in Abbildung 2.4 schematisch dargestellte Faktorenmodell 2. Ordnung (hierarchisches Faktorenmodell) prüfen. In diesem Fall betrachten wir alle acht Elemente von GMF: „Sexismus", „Homophobie", „Antisemitismus", „Fremdenfeindlichkeit", „Rassismus", „Abwertung von Obdachlosen", „Islamophobie" und „Etabliertenvorrechte". Alle Elemente wurden im GMF-Survey aus dem Jahre 2005 (s. Heitmeyer, 2006) mit jeweils zwei Indikatoren gemessen. Bezeichnungen und Bedeutungen der Items im Datensatz sind Tabelle 2.1 zu entnehmen.

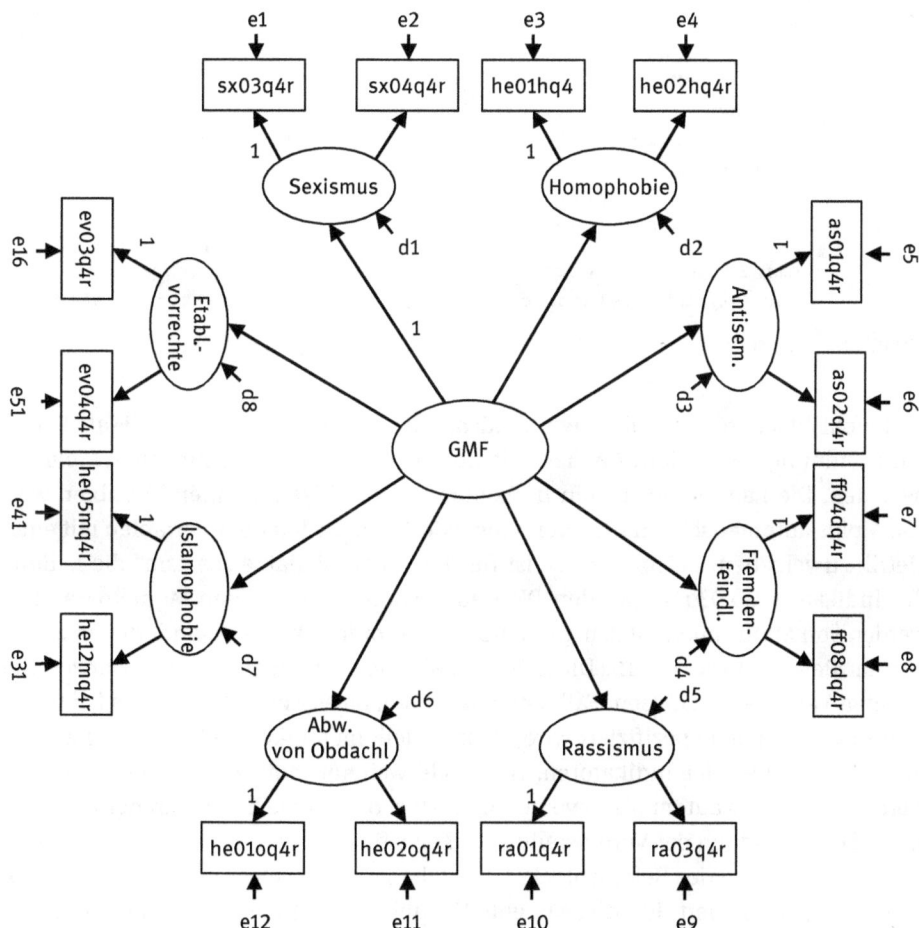

Abbildung 2.4: Faktorenmodell 2. Ordnung für das Syndrom Gruppenbezogene Menschenfeindlichkeit

Der entsprechende Mplus-Input lautet (Datei „cfa.inp"):

```
TITLE:      Konfirmatorische Faktorenanalyse in Mplus

DATA:       FILE IS GMF05_Querschnitt_CFA.dat;

VARIABLE:   NAMES ARE qcp_ser he01hq4 sx03q4r sx04q4r he01oq4r
            he02oq4r he02hq4r ff04dq4r ff08dq4r ev03q4r ev04q4r
            ra01q4r ra03q4r as01q4r as02q4r he05mq4r he12mq4r
            ka05q4r zu01q4k;

            USEVARIABLES ARE he01hq4 sx03q4r sx04q4r he01oq4r
            he02oq4r he02hq4r ff04dq4r ff08dq4r ev03q4r ev04q4r
            ra01q4r ra03q4r as01q4r as02q4r he05mq4r he12mq4r;

            MISSING ARE he01oq4r he02oq4r (99);

MODEL:      sexism BY sx03q4r sx04q4r;         ! Spezifikation der
            homoph BY he01hq4 he02hq4r;        ! Faktoren 1. Ordnung
            antisem BY as01q4r as02q4r;
            fremdenf BY ff04dq4r ff08dq4r;
            rass BY ra01q4r ra03q4r;
            obdachl BY he01oq4r he02oq4r;
            islamph BY he05mq4r he12mq4r;
            etabl BY ev03q4r ev04q4r;

            gmf BY sexism homoph antisem fremdenf ! Spezifikation
            rass obdachl islamph etabl;          ! des Faktors 2. Ordnung

OUTPUT:     STDYX;
```

Im Befehlsblock MODEL haben wir zunächst die acht Elemente von GMF als Faktoren 1. Ordnung spezifiziert. An dieser Stelle sind einige Voreinstellungen in Mplus zu beachten. Die Ladung des ersten Indikators der jeweiligen latenten Variablen wird von Mplus automatisch auf den Wert eins fixiert, um die latenten Variablen mit einer Metrik zu versehen. Beispielsweise ist für die latente Variable „sexism" die Ladung des Indikators „sx03q4r" auf den Wert eins fixiert. Alle weiteren Modellparameter werden von Mplus automatisch geschätzt und erfordern keine gesonderte Spezifikation im Befehlsblock MODEL. Diese Modellparameter beinhalten die Varianzen der latenten Variablen (in diesem Fall deren Residuen, da es sich aufgrund des Faktors 2. Ordnung, der später spezifiziert wird, konzeptuell um abhängige Variablen handelt) und die Residuen der Indikatoren. Auch alle weiteren notwendigen Restriktionen werden von Mplus automatisch vorgenommen; z. B. sind die Ladungen der Indikatoren auf den Residuen per Voreinstellung auf eins fixiert.

Im zweiten Teil des Befehlsblocks MODEL haben wir das Syndrom GMF als Faktor 2. Ordnung spezifiziert. Für diese latente Variable werden die Indikatoren durch die latenten Variablen 1. Ordnung gebildet:

```
MODEL: GMF BY sexism homoph antisem fremdenf
       rass obdachl islamph etabl;
```

Das Faktorenmodell 2. Ordnung weist einen befriedigenden Modell-Fit auf (s. Datei „cfa.out"; $\chi^2 = 647.780$; df = 96; p < .001; CFI = .938; RMSEA = .057 (90% CI = .053/.061); SRMR = .044).

Im Folgenden sind die standardisierten Faktorladungen aufgeführt:

```
STANDARDIZED MODEL RESULTS

STDYX Standardization
```

	Estimate	S.E.	Est./S.E.	Two-Tailed P-Value
SEXISM BY				
SX03Q4R	0.795	0.020	39.880	0.000
SX04Q4R	0.780	0.020	39.196	0.000
HOMOPH BY				
HE01HQ4	0.620	0.024	25.773	0.000
HE02HQ4R	0.820	0.026	30.969	0.000
ANTISEM BY				
AS01Q4R	0.789	0.017	46.603	0.000
AS02Q4R	0.760	0.017	44.454	0.000
FREMDENF BY				
FF04DQ4R	0.790	0.013	61.986	0.000
FF08DQ4R	0.784	0.013	61.090	0.000
RASS BY				
RA01Q4R	0.570	0.023	24.838	0.000
RA03Q4R	0.647	0.023	27.860	0.000
OBDACHL BY				
HE01OQ4R	0.880	0.029	30.779	0.000
HE02OQ4R	0.584	0.024	24.001	0.000
ISLAMPH BY				
HE05MQ4R	0.684	0.017	40.870	0.000
HE12MQ4R	0.728	0.016	45.036	0.000
ETABL BY				
EV03Q4R	0.512	0.023	22.088	0.000
EV04Q4R	0.699	0.024	29.026	0.000
GMF BY				
SEXISM	0.569	0.023	25.121	0.000
HOMOPH	0.552	0.025	21.655	0.000
ANTISEM	0.700	0.019	36.101	0.000
FREMDENF	0.929	0.013	71.190	0.000
RASS	0.795	0.026	30.712	0.000
OBDACHL	0.543	0.026	21.206	0.000
ISLAMPH	0.931	0.016	56.495	0.000
ETABL	0.798	0.026	30.399	0.000

Sämtliche Ladungen der manifesten Variablen auf den latenten Variablen 1. Ordnung weichen signifikant von null ab (p < .001) und liegen in einem guten Bereich (.512–.880), d. h. die einzelnen Indikatoren weisen eine ausreichende Reliabilität auf. Die Ladungen der latenten Variablen 1. Ordnung auf der latenten Variable 2. Ordnung sind ebenfalls alle signifikant (p < .001) und liegen in einem guten Bereich (.543–.931). Insgesamt sprechen diese empirischen Ergebnisse für das theoretisch angenommene Messmodell, demzufolge das Konstrukt GMF als Faktor 2. Ordnung und die verschiedenen GMF-Elemente als Faktoren 1. Ordnung konzipiert werden können.

Wir möchten an dieser Stelle auch noch einmal auf die Möglichkeiten des in Kapitel 1.2 vorgestellten Mplus Diagrammers hinweisen, geschätzte Modelle grafisch zu veranschaulichen. In Kapitel 1.2 hatten wir u. a. demonstriert, wie der Diagrammer dazu verwendet werden kann, über einen grafischen Input die dazugehörige Mplus Syntax zu erzeugen. Nun wollen wir demonstrieren, wie anhand des Mplus Inputs das dazugehörige Diagramm aufgerufen werden kann. Nachdem die Berechnung des Modells über die Schaltfläche „Run" oder die Tastenkombination „Alt" + „r" ausgeführt wurde, kann das Diagramm des Modells über den Menüpunkt „Diagram" → „View diagram" oder die Tastenkombination „Alt" + „d" angefordert werden. Für die Nutzung in einer Veröffentlichung ist das von Mplus erzeugte Diagramm aber häufig noch anzupassen (s. Abbildung 2.5). So kann es sein, dass die Grafik in den Standardeinstellungen noch nicht die eigentlich gewünschten Informationen enthält. In diesen Fällen ist eine manuelle Nachbearbeitung des Diagramms erforderlich. Über den Diagrammer-Menüpunkt „View" können viele Einstellungen vorgenommen

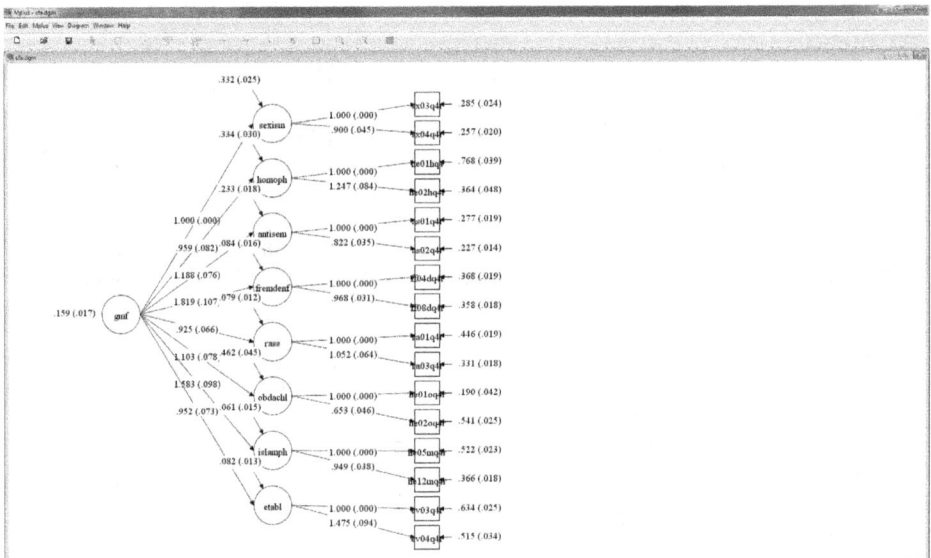

Abbildung 2.5: Mit dem Mplus Diagrammer erzeugte grafische Darstellung des Beispiels „cfa.inp"

werden, beispielsweise, ob nur das Diagramm oder auch die entsprechenden Parameterschätzer beziehungsweise standardisierten Parameterschätzer angetragen werden sollen. Auch können Einstellungen bezüglich der Genauigkeit der Ergebnisdarstellung vorgenommen werden (Anzahl der Dezimalstellen) und die Schriftart, bzw. Schriftgröße können angepasst werden.

Nach diesem kurzen Exkurs über die Verwendungsmöglichkeiten des Mplus Diagrammers wollen wir uns wieder inhaltlich dem Modell widmen.

Ein zufriedenstellender Modell-Fit reicht nicht aus, um von einer Bestätigung der theoretischen Annahmen auszugehen. Vielmehr sollte das theoretisch angenommene Modell zusätzlich mit Alternativmodellen verglichen werden, die ebenfalls eine sinnvolle Interpretation zulassen. Anhand eines Modellvergleichs mittels eines χ^2-Differenztests kann dann entschieden werden, ob das theoretisch angenommene Modell (Modell 1) oder ein Alternativmodell (Modell 2) favorisiert werden sollte.

Ein Alternativmodell wäre hier beispielsweise ein Modell, in dem alle manifesten Variablen auf nur einer latenten Variablen laden und die unterschiedlichen Elemente von GMF somit nicht unterschieden werden können. Die theoretische Erwartung würde hierbei lauten, dass Personen sich ganz allgemein in ihrem Vorurteilsausmaß unterscheiden – unabhängig davon, ob es sich um eine bestimmte Fremdgruppe handelt. Die Spezifikation dieses einfaktoriellen Alternativmodells in Mplus lautet (Datei „cfa_alternative.inp"):

```
TITLE:      Prüfung eines alternativen Messmodells

DATA:       FILE IS GMF05_Querschnitt_CFA.dat;

VARIABLE:   NAMES ARE qcp_ser he01hq4 sx03q4r sx04q4r he01oq4r
            he02oq4r he02hq4r ff04dq4r ff08dq4r ev03q4r ev04q4r
            ra01q4r ra03q4r as01q4r as02q4r he05mq4r he12mq4r
            ka05q4r zu01q4k;

            USEVARIABLES ARE he01hq4 sx03q4r sx04q4r he01oq4r
            he02oq4r he02hq4r ff04dq4r ff08dq4r ev03q4r ev04q4r
            ra01q4r ra03q4r as01q4r as02q4r he05mq4r he12mq4r;

            MISSING ARE he01oq4r he02oq4r (99);

MODEL:      gmf BY sx03q4r sx04q4r         ! Spezifikation einer
            he01hq4 he02hq4r               ! latenten Variablen
            as01q4r as02q4r
            ff04dq4r ff08dq4r
            ra01q4r ra03q4r
            he01oq4r he02oq4r
            he05mq4r he12mq4r
            ev03q4r ev04q4r;

OUTPUT:     STDYX;
```

Der Modell-Fit dieses alternativen Messmodells ist schlecht (χ^2 = 2412.577; df = 104; p < .001; CFI = .742; RMSEA = .112 (90% CI = .108/.116); SRMR = .071). Bereits der Vergleich der Kennwerte für den Modell-Fit deutet darauf hin, dass dieses alternative Modell deutlich schlechter zu den Daten passt als das postulierte Messmodell. Konventionsgemäß wird ein inferenzstatistischer Vergleich der beiden Modelle über den χ^2-Differenztest vorgenommen. Die Differenz in den χ^2-Werten der beiden zu vergleichenden Modelle ist bei Anwendung des *Maximum-Likelihood*-Schätzverfahrens approximativ χ^2-verteilt. Die Differenz in den Freiheitsgraden der beiden Modelle entspricht hierbei der Anzahl an Freiheitsgraden für den χ^2-Differenztest. Die χ^2-Differenz wird also wie folgt berechnet:

$$\Delta\chi^2 = \chi^2_{\text{Modell 2}} - \chi^2_{\text{Modell 1}},$$

wobei der χ^2-Wert des weniger restriktiven Modells von dem χ^2-Wert des restriktiveren Modells subtrahiert wird.

In Mplus ist der χ^2-Differenztest nicht implementiert, so dass entsprechende Berechnungen manuell durchgeführt werden müssen. Hierbei muss die Signifikanz der Teststatistiken in entsprechenden χ^2-Tabellen nachgeschlagen, oder mit Online-Tools (z. B. http://www.fourmilab.ch/rpkp/experiments/analysis/chiCalc.html) berechnet werden.

In unserem Beispiel beträgt die χ^2-Differenz $\Delta\chi^2$ = 2412.577 – 647.780 = 1764.797. Die Differenz der Freiheitsgrade beträgt Δdf = 104 – 96 = 8. Die Wahrscheinlichkeit, bei Gültigkeit der Nullhypothese diesen bzw. noch extremere χ^2-Werte zu erhalten liegt bei p < .001. Somit weist das restriktivere Alternativmodell einen statistisch bedeutsam schlechteren Modell-Fit auf, als das postulierte Messmodell. Die Ergebnisse des χ^2-Differenztests sprechen also für das postulierte Messmodell mit acht verschiedenen, aber korrelierten latenten Variablen.

Eine häufig verwendete Alternative zum klassischen *Maximum-Likelihood*-Schätzverfahren sind robuste *Maximum-Likelihood*-Schätzverfahren (Kline, 2015). In Mplus kann hierzu auf das MLM- oder MLR-Verfahren zurückgegriffen werden (s. Kap. 16 im Mplus-Manual). Der Vorteil dieser Verfahren besteht darin, dass sie robust gegenüber nicht-normalverteilten Daten sind. Die Standardfehler der Parameterschätzer werden ebenso wie die χ^2-Statistik für das jeweilige Modell korrigiert. Allerdings erfordert ein Modellvergleich auf Grundlage der χ^2-Differenzstatistik eine Korrektur, da die Differenz der korrigierten χ^2-Statistiken der zu vergleichenden Modelle selbst nicht χ^2-verteilt ist. Wir möchten diese Korrektur im Anschluss an den bereits zuvor verwendeten Modellvergleich vorstellen. Zu diesem Zweck reanalysieren wir die beiden bereits beschriebenen Modelle mit einem robusten *Maximum-Likelihood*-Schätzverfahren. Die erforderliche Spezifikation im Mplus-Input lautet:

```
ANALYSIS: ESTIMATOR IS MLR;
```

Da der Datensatz fehlende Werte beinhaltet, benutzen wir den MLR-Schätzer; MLM kann bei Vorliegen fehlender Werte nur im Rahmen eines listenweisen Fallausschlusses verwendet werden. Zusätzliche Modifikationen im Vergleich zur vorhergehenden Analyse sind nicht erforderlich.

Im Mplus-Output erscheint bei der Zusammenfassung des Modell-Fits für unser theoretisch angenommenes Faktorenmodell 2. Ordnung folgender Hinweis:

```
Chi-Square Test of Model Fit

        Value                        512.300*
        Degrees of Freedom                 96
        P-Value                        0.0000
        Scaling Correction Factor      1.2645
        for MLR
```

```
* The chi-square value for MLM, MLMV, MLR, ULSMV, WLSM and WLSMV cannot
  be used for chi-square difference testing in the regular way. MLM,
  MLR and WLSM chi-square difference testing is described on the Mplus
  website. MLMV, WLSMV, and ULSMV difference testing is done using the
  DIFFTEST option.
```

Die Meldung weist darauf hin, dass die auf Grundlage der angegebenen Schätzverfahren berechnete χ^2-Statistik nicht für den χ^2-Differenztest verwendet werden kann. Vielmehr muss zunächst eine von Satorra und Bentler (2001) entwickelte Korrektur vorgenommen werden. Die Durchführung dieser Korrektur erfordert den im Mplus-Output bereitgestellten „Scaling Correction Factor". In unserem Beispiel beträgt dieser Korrekturfaktor 1.2645. Für das Alternativmodell beträgt die χ^2-Statistik basierend auf dem MLR-Schätzverfahren 1871.945. Der Korrekturfaktor hat den Wert 1.2888.

Der Vergleich dieser beiden Modelle mit dem χ^2-Differenztest im Rahmen einer MRL-Schätzung erfordert verschiedene Berechnungsschritte:[8] In einem ersten Schritt muss die „difference test scaling correction" („cd") berechnet werden:

$$cd = (d0 \times c0 - d1 \times c1) / (d0 - d1),$$

wobei der Index 0 jeweils für das restriktivere (Alternativ-)Modell steht und 1 für das weniger restriktive Modell; d bezeichnet die Freiheitsgrade des jeweiligen Modells und c den Korrekturfaktor. In unserem Beispiel ergibt sich für cd folgender Wert:

$$cd = (104 \times 1.2888 - 96 \times 1.2645) / (104 - 96) = 1.5804.$$

Im zweiten Schritt wird nun der *Satorra-Bentler scaled χ^2-difference test* angewandt:

---

8 Siehe hierzu auch: https://www.statmodel.com/chidiff.shtml

$$TRd = (T0 \times c0 - T1 \times c1) / cd,$$

wobei T hier jeweils für den χ^2-Wert des entsprechenden Modells steht. Angewandt auf unser Beispiel ergibt sich:

$$TRd = (1871.945 \times 1.2888 - 512.300 \times 1.2645) / 1.5804 = 1116.654.$$

Diese korrigierte Differenz zwischen den beiden χ^2-Werten ist nun annähernd χ^2-verteilt. Der Unterschied im Modell-Fit zwischen den beiden Modellen ist signifikant ($\Delta\chi^2 = 1116.654$, df = 8, p < .001). Auch hier ist also der Modell-Fit des Alternativmodells mit nur einem latenten Faktor schlechter im Vergleich zu dem in Abbildung 2.4 dargestellten Faktorenmodell 2. Ordnung.

2.4 Literaturempfehlungen

Für eine vertiefende Lektüre zum Thema explorative und konfirmatorische Faktorenanalyse können wir folgendes Buch empfehlen:

Brown, T. A. (2015). *Confirmatory factor analysis for applied research* (2nd ed.). New York, NY: Guilford. *Das Buch bietet eine hervorragende Einführung in die konfirmatorische Faktorenanalyse und behandelt auch fortgeschrittene Anwendungen dieser Methode. Das Lehrbuch enthält zudem ein Kapitel zu den Grundlagen der explorativen Faktorenanalyse.*

3 Strukturgleichungsmodelle

Kapitel 3 behandelt die Schätzung von Strukturgleichungsmodellen in Mplus. Strukturgleichungsmodelle (engl. *structural equation models*, SEM) stellen eine Kombination aus Messmodellen (s. konfirmatorische Faktorenanalyse, Kapitel 2) und Strukturmodellen (Pfadmodelle) dar. In Abbildung 3.1 sind die Bestandteile eines Strukturgleichungsmodells schematisch dargestellt.

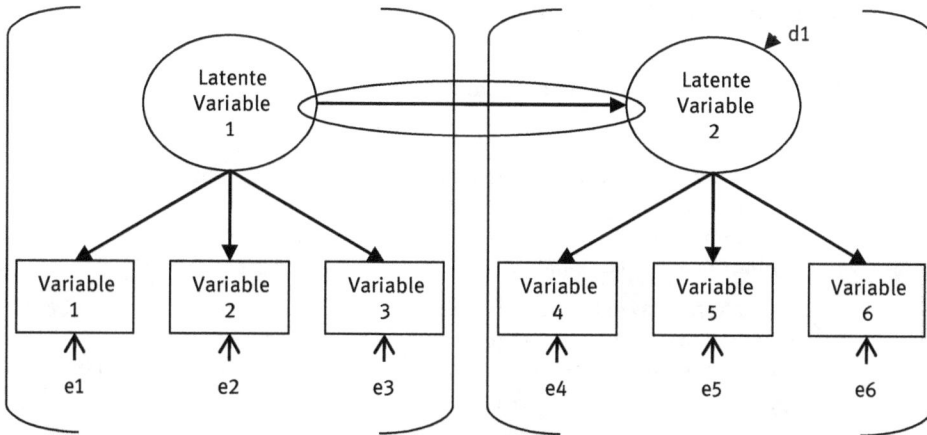

Abbildung 3.1: Schematische Darstellung eines Strukturgleichungsmodells (Hinweis: Eckige Klammern stehen für die Messmodelle, die Ellipse für das Strukturmodell)

Strukturgleichungsmodelle dienen zur Überprüfung gerichteter Hypothesen. Hierbei besteht ein zentraler Vorteil von SEM in der Verwendung latenter Variablen. Dies ermöglicht bei der Datenanalyse die statistisch angemessene Berücksichtigung von Messfehlern in den beobachteten Variablen. Im Rahmen von SEM können simultan Hypothesen über strukturelle Beziehungen zwischen Variablen (Strukturmodell) wie auch über Messbeziehungen (Messmodell) geprüft werden. Gute Einführungen in SEM geben Kline (2015) und Reinecke (2014).

Wir möchten nun die Spezifikation von Strukturgleichungsmodellen in Mplus vorstellen. Anschließend behandeln wir in diesem Kapitel noch die Themen Mediation und Moderation sowie deren Verknüpfung in Form konditionaler indirekter Effekte (s. Hayes, 2013, Kapitel 10).

3.1 Strukturgleichungsmodelle in Mplus

In diesem Abschnitt beziehen wir uns erneut auf eine Forschungsarbeit, die auf Daten des GMF-Projektes basiert.

DOI 10.1515/9783486989458-003

Christ und Wagner (2008) haben den Effekt von Intergruppenkontakt auf das GMF-Syndrom untersucht. Die Annahme war, dass ein höheres Ausmaß an Intergruppenkontakt das Ausmaß an GMF reduziert. Es wurde also ein negativer Zusammenhang zwischen Intergruppenkontakt und GMF angenommen. Zur Überprüfung dieser Annahme auf Grundlage einer Befragung der deutschen Allgemeinbevölkerung aus dem Jahre 2007 (N = 864) verwendeten die Autoren Strukturgleichungsmodelle. Die Ergebnisse zeigen einen erwartungskonformen negativen Zusammenhang zwischen dem Ausmaß an Intergruppenkontakt und GMF.

Nachfolgend ist der Mplus-Input für diese Analyse aufgeführt (Datei „sem.inp"):

```
Title:      SEM Intergruppenkontakt und GMF

Data:       FILE IS GMF07_Querschnitt_SEM.dat;

VARIABLE:   NAMES ARE qcp_ser sx03q6r sx04q6r he01oq6r he02oq6r
            he01hq6 he02hq6r ff04dq6r ff08dq6r he05mq6r he12mq6r
            ev03q6r ev04q6r ra01q6r ra03q6r as01q6r as02q6r
            dy04q6r dy02q6r ka03nq4r;

            USEVARIABLES sx03q6r sx04q6r he01oq6r he02oq6r
            he01hq6 he02hq6r ff04dq6r ff08dq6r he05mq6r he12mq6r
            ev03q6r ev04q6r ra01q6r ra03q6r as01q6r as02q6r ka03nq4r;

            MISSING ARE ALL (99);

MODEL:      sexism BY sx03q6r sx04q6r;  ! Messmodelle für die Elemente
            homoph BY he01hq6 he02hq6r; ! von GMF
            antisem BY as01q6r as02q6r;
            fremdenf BY ff04dq6r ff08dq6r;
            rass BY ra01q6r ra03q6r;
            obdachl BY he01oq6r he02oq6r;
            islamph BY he05mq6r he12mq6r;
            etabl BY ev03q6r ev04q6r;

            GMF BY sexism homoph antisem fremdenf rass ! Messmodell GMF
            obdachl islamph etabl;

            GMF ON ka03nq4r; ! Regression von GMF auf Intergruppenkontakt

OUTPUT:     STDYX MODINDICES;
```

Der hierzu verwendete Datensatz „GMF07_Querschnitt_SEM.dat" enthält eine Frage zum Ausmaß an Intergruppenkontakt („Wie viele Ihrer Freunde und Bekannte sind in Deutschland lebende Ausländerinnen und Ausländer?"; „ka03nq4r") sowie die in Tabelle 2.2 aufgelisteten Indikatoren für die unterschiedlichen Elemente von GMF. Die Endungen der Variablennamen haben sich im Vergleich zum vorherigen Beispiel leicht verändert (q6 statt q4). Die Spezifikation des Messmodells für das GMF-Syndrom entspricht der im vorhergehenden Kapitel vorgestellten Syntax zur konfirmatorischen Faktorenanalyse.

Da für Intergruppenkontakt nur ein einziger Indikator im Datensatz vorhanden ist, kann hierfür keine latente Variable spezifiziert werden. Der Strukturpart des Modells wird demnach durch folgende Befehlszeile festgelegt:

MODEL: GMF ON ka03nq4r;

Der Modell-Fit für das SEM ist zufriedenstellend (χ^2 = 378.719; df = 111; p < .001; CFI = .937; RMSEA = .053 (90 % CI = .047/.059); SRMR = .045). Nachfolgend ist ein Ausschnitt aus dem Mplus-Output mit den standardisierten Schätzern für die Faktorladungen und für den Effekt von Intergruppenkontakt auf GMF dargestellt.

```
STANDARDIZED MODEL RESULTS

STDYX Standardization

                   Estimate     S.E.    Est./S.E.    Two-Tailed
                                                       P-Value
SEXISM     BY
  SX03Q6R           0.703      0.034      20.379        0.000
  SX04Q6R           0.839      0.037      22.613        0.000

HOMOPH     BY
  HE01HQ6           0.732      0.034      21.832        0.000
  HE02HQ6R          0.762      0.034      22.395        0.000

ANTISEM    BY
  AS01Q6R           0.769      0.028      27.578        0.000
  AS02Q6R           0.749      0.028      26.695        0.000

FREMDENF   BY
  FF04DQ6R          0.770      0.019      40.122        0.000
  FF08DQ6R          0.753      0.020      38.225        0.000

RASS       BY
  RA01Q6R           0.529      0.033      16.264        0.000
  RA03Q6R           0.667      0.033      20.253        0.000

OBDACHL    BY
  HE01OQ6R          0.789      0.040      19.567        0.000
  HE02OQ6R          0.588      0.036      16.232        0.000

ISLAMPH    BY
  HE05MQ6R          0.698      0.022      31.579        0.000
  HE12MQ6R          0.831      0.019      43.408        0.000

ETABL      BY
  EV03Q6R           0.615      0.032      19.149        0.000
  EV04Q6R           0.655      0.032      20.304        0.000

GMF        BY
  SEXISM            0.485      0.036      13.428        0.000
  HOMOPH            0.532      0.035      15.174        0.000
  ANTISEM           0.643      0.031      20.852        0.000
```

FREMDENF	0.972	0.019	51.173	0.000
RASS	0.853	0.037	22.820	0.000
OBDACHL	0.560	0.038	14.820	0.000
ISLAMPH	0.896	0.021	43.371	0.000
ETABL	0.760	0.035	21.674	0.000
GMF ON				
KA03NQ4R	−0.244	0.035	−7.015	0.000

Die Faktorladungen für die latenten Variablen 1. Ordnung (GMF-Elemente) und für die latente Variable 2. Ordnung (GMF-Syndrom) liegen alle in einem guten Bereich (.485–.972). Ein ähnliches Ergebnis konnten wir bereits bei der CFA in Kapitel 2.3 feststellen, wobei wir nun allerdings auf einen anderen Datensatz zurückgreifen. Die einzige Erweiterung des zuvor spezifizierten Messmodells für GMF liegt in der Hinzunahme der unabhängigen Variablen Intergruppenkontakt, die einen signifikant negativen Einfluss auf GMF ausübt (−.244, p < .001). Somit bestätigt sich der von Christ und Wagner (2008) vermutete negative Zusammenhang zwischen dem Ausmaß an Intergruppenkontakt und GMF.

3.2 Überprüfung von Mediatorhypothesen mit manifesten Variablen

Aufbauend auf dem Beispiel aus Kapitel 3.1 haben Christ und Wagner (2008) weiterhin untersucht, wie sich die vorurteilsreduzierende Wirkung von Intergruppenkontakt auf GMF erklären lässt. Die Vermutung lautete, dass der Kontakt mit Mitgliedern von Fremdgruppen zu einer Relativierung der eigenen Perspektive beiträgt, also zu einer Aufweichung einer „provinziellen" Sicht der Welt aus Perspektive der Eigengruppe führt. Erwartungsgemäß sollte diese deprovinzialisierte Sicht mit einer gesteigerten Wertschätzung kultureller Vielfalt einhergehen, die den vorurteilsreduzierenden Effekt von Intergruppenkontakt erklärt.

Im Datensatz sind zwei Indikatoren zur Messung des Konstrukts „Wertschätzung kultureller Vielfalt" vorhanden: Zum einen ist dies die Frage, ob die deutsche Kultur durch unterschiedliche Gruppen bereichert wird („dy04q6r"), und zum anderen die Frage, ob die Vielfalt von Lebensstilen, Kulturen und Religionen in Deutschland wertgeschätzt wird („dy02q6r").

Bei den von Christ und Wagner (2008) postulierten Variablenbeziehungen handelt es sich um eine *Mediatorhypothese*, die in Abbildung 3.2 schematisch dargestellt ist. Annahmegemäß sollte der negative Effekt von Intergruppenkontakt auf GMF zumindest teilweise durch „Wertschätzung kultureller Vielfalt" erklärt werden. Wird bei der Analyse die Variable „Wertschätzung kultureller Vielfalt" mit aufgenommen, so sollte der Effekt von Intergruppenkontakt auf GMF geringer ausfallen, als in der vorherigen Analyse, bei welcher „Wertschätzung kultureller Vielfalt" nicht berücksichtigt wurde.

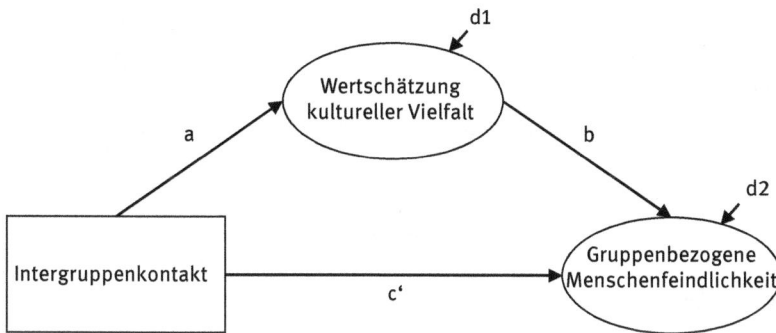

Abbildung 3.2: Theoretisch angenommenes Mediationsmodell für den Zusammenhang zwischen Intergruppenkontakt und Gruppenbezogener Menschenfeindlichkeit

Grundlage einer solchen Mediationsanalyse (MacKinnon, 2008) bildet die Zerlegung des Effekts von Intergruppenkontakt (totaler Effekt, c) in seinen direkten (c') und indirekten Anteil (a × b). Bei Vorliegen einer Mediation sollte der indirekte Effekt a × b signifikant von null abweichen. Zur Überprüfung der statistischen Signifikanz indirekter Effekte steht in Mplus sowohl der sogenannte Sobel-Test als auch die *Bootstrap*-Technik zur Verfügung. Wie wir im Folgenden zeigen werden, ermöglichen beide Verfahren die Bestimmung des Standardfehlers für den indirekten Effekt. Für eine genauere Beschreibung dieser Verfahren empfehlen wir das Buch von MacKinnon (2008).

Nachfolgend ist zunächst der Mplus-Input dargestellt, mit dem der Sobel-Test angefordert wird (Datei „sem_modelindirect_sobel.inp"):

```
Title:      SEM Intergruppenkontakt und GMF, Model Indirect
            Sobel-Test

Data:       FILE IS GMF07_Querschnitt_SEM.dat;

VARIABLE:   NAMES ARE qcp_ser sx03q6r sx04q6r he01oq6r he02oq6r
            he01hq6 he02hq6r ff04dq6r ff08dq6r he05mq6r he12mq6r
            ev03q6r ev04q6r ra01q6r ra03q6r as01q6r as02q6r
            dy04q6r dy02q6r ka03nq4r;

            USEVARIABLES sx03q6r sx04q6r he01oq6r he02oq6r
            he01hq6 he02hq6r ff04dq6r ff08dq6r he05mq6r he12mq6r
            ev03q6r ev04q6r ra01q6r ra03q6r as01q6r as02q6r ka03nq4r
            dy04q6r dy02q6r;

            MISSING ARE ALL (99);

MODEL:      sexism BY sx03q6r sx04q6r;    ! Messmodelle für die Elemente
            homoph BY he01hq6 he02hq6r; ! von GMF
            antisem BY as01q6r as02q6r;
            fremdenf BY ff04dq6r ff08dq6r;
            rass BY ra01q6r ra03q6r;
```

```
obdachl BY he01oq6r he02oq6r;
islamph BY he05mq6r he12mq6r;
etabl BY ev03q6r ev04q6r;

GMF BY sexism homoph antisem fremdenf rass ! Messmodell GMF
obdachl islamph etabl;

wertsch BY dy04q6r dy02q6r;    ! Messmodell für Wertschätzung
                               ! kultureller Vielfalt

GMF ON ka03nq4r;         ! Direkter Effekt von Kontakt auf GMF (c')
wertsch ON ka03nq4r;     ! Effekt von Kontakt auf Wertschätzung
                         ! kultureller Vielfakt (a)

GMF ON wertsch;          ! Effekt von Wert. kultureller Vielfalt
                         ! auf GMF (b)

MODEL INDIRECT:
GMF IND ka03nq4r;        ! Prüfung des indirekten Effekts von Kontakt
                         ! auf GMF
OUTPUT:   STDYX;
```

Neben den Messmodellen für GMF und Wertschätzung kultureller Vielfalt ist der Strukturpart des Models von entscheidender Bedeutung. Hier haben wir das in Abbildung 3.2 dargestellte Mediationsmodell spezifiziert. Sowohl Intergruppenkontakt als auch Wertschätzung kultureller Vielfalt stellen unabhängige Variablen zur Vorhersage von GMF dar:

`MODEL: GMF ON ka03nq4r;`

`GMF ON wertsch;`

Gleichzeitig dient Intergruppenkontakt auch als unabhängige Variable zur Vorhersage von Wertschätzung kultureller Vielfalt:

`MODEL: wertsch ON ka03nq4r;`

Zur Prüfung einer Mediation benötigen wir die Teststatistik für den indirekten Effekt. Mit der Option `MODEL INDIRECT` im Befehlsblock `MODEL` können indirekte Effekte angefordert werden. In diesem Fall erhalten wir ebenfalls die Schätzung eines Standardfehlers für den indirekten Effekt und erhalten entsprechend den Sobel-Test für den indirekten Effekt.

Für die Berechnung indirekter Effekte mit der Option `MODEL INDIRECT` stehen in Mplus zwei Optionen zur Verfügung: `IND` und `VIA`. Mit der Option `IND` wird ein bestimmter indirekter Effekt spezifiziert. Liegen mehrere indirekte Effekte vor, wird damit ein Set von indirekten Effekten spezifiziert. Mit der Option `VIA` lassen sich indirekte Effekte für eine bestimmte Mediatorvariable anfordern. Die Optionen `IND` und `VIA` unterscheiden sich also nur im Falle multipler Mediatoren und/oder abhängiger Variablen (s. Kapitel 17 im Mplus-Manual). Da wir in unserem Fall nur eine Mediatorvariable und eine abhängige Variable betrachten, führen beide Optionen zum gleichen Ergebnis. Der indirekte Effekt wurde wie folgt spezifiziert (unter dem Punkt `MODEL`):

```
MODEL INDIRECT: GMF IND ka03nq4r;
```

Der Fit des Modells ist zufriedenstellend (χ^2 = 468.506; df = 142; p < .001; CFI = .935; RMSEA = .052 (90 % CI = .046/.057); SRMR = .047). Im Folgenden ist der Ergebnisteil für den Strukturpart (unstandardisierte Schätzer) des zugehörigen Mplus-Outputs dargestellt:

		Estimate	S.E.	Est./S.E.	Two-Tailed P-Value
GMF	ON				
WERTSCH		−0.266	0.034	−7.910	0.000
GMF	ON				
KA03NQ4R		−0.033	0.014	−2.407	0.016
WERTSCH	ON				
KA03NQ4R		0.241	0.036	6.626	0.000

Sowohl Wertschätzung kultureller Vielfalt („wertsch"; −.266, p < .001) als auch Intergruppenkontakt („ka03nq4r"; −.033, p = .016) üben einen signifikant negativen Einfluss auf GMF aus. Darüber hinaus zeigt sich für Intergruppenkontakt ein signifikant positiver Effekt auf Wertschätzung kultureller Vielfalt (.241, p < .001).

Im Vergleich zum zuvor spezifizierten Modell, in dem nicht für den Effekt von Wertschätzung kultureller Vielfalt kontrolliert wurde, fällt der Effekt von Intergruppenkontakt auf GMF nun deutlich geringer aus (s. Datei „sem.out": ein unstandardisierter Schätzer von −.10 im vorigen Modell, im Vergleich zu −0.033 hier). Die Frage ist nun, ob diese Reduktion im Effekt von Intergruppenkontakt auf GMF statistisch bedeutsam ist oder nicht. Zur Beantwortung dieser Frage haben wir uns den indirekten Effekt in Mplus ausgeben lassen. Am Ende des Mplus-Outputs finden sich die entsprechenden Ergebnisse für den indirekten Effekt. Die üblicherweise bei Mediationsanalysen berichteten unstandardisierten Schätzer sind nachfolgend dargestellt:

```
TOTAL, TOTAL INDIRECT, SPECIFIC INDIRECT, AND DIRECT EFFECTS
```

	Estimate	S.E.	Est./S.E.	Two-Tailed P-Value
Effects from KA03NQ4R to GMF				
Total	−0.097	0.017	−5.604	0.000
Total indirect	−0.064	0.012	−5.239	0.000
Specific indirect				
GMF				
WERTSCH				
KA03NQ4R	−0.064	0.012	−5.239	0.000
Direct				
GMF				
KA03NQ4R	−0.033	0.014	−2.407	0.016

Zunächst finden sich die Angaben zum totalen Effekt von Intergruppenkontakt auf GMF („Total": −.097, p < .001). Der totale Effekt setzt sich zusammen aus dem (totalen) indirekten Effekt („Total indirect": −.064, p < .001) und dem direkten Effekt („Direct": −.033, p = .016) von Intergruppenkontakt auf GMF. Im Mplus-Output wird zusätzlich zwischen dem totalen indirekten Effekt und dem spezifischen indirekten Effekten („Specific indirect") unterschieden. Diese sind in unserem Beispiel allerdings identisch, da es nur einen indirekten Effekt von Intergruppenkontakt gibt. Nur im Falle multipler indirekter Effekte, und somit auch multipler Mediatoren, sind die Angaben zu spezifischen indirekten Effekten von Relevanz.

Da der indirekte Effekt signifikant von null abweicht und der direkte Effekt von Intergruppenkontakt somit signifikant kleiner ist als der totale Effekt, stützen die Ergebnisse das in Abbildung 3.2 dargestellte Mediationsmodell. Dies bedeutet, dass ein Teil des negativen Effekts von Intergruppenkontakt auf GMF durch die Wertschätzung kultureller Vielfalt erklärt wird.

Zu beachten ist, dass der konventionelle Sobel-Test auf der Annahme einer Normalverteilung des indirekten Effektes in der Population basiert. Da es sich bei dem indirekten Effekt jedoch um ein Produkt handelt (a × b, s. Abbildung 3.2), kommt es in der Praxis häufig zu einer Verletzung der Normalverteilungsannahme. In kleinen Stichproben (N < 400) führt diese Verletzung zu einer geringeren Teststärke des Sobel-Tests und damit zu einem höheren Risiko für einen Fehler 2. Art (Shrout & Bolger, 2002). Insbesondere bei kleinen Stichproben kann alternativ auf Bootstrapping-Prozeduren zurückgegriffen werden, die an keine Verteilungsannahme bezüglich der Stichprobenkennwerteverteilung des indirekten Effekts geknüpft sind (MacKinnon, 2008). Bootstrapping ist ein Resampling-Ansatz, bei dem eine Stichprobenkennwerteverteilung (hier für den indirekten Effekt) anhand der Daten geschätzt wird. Dabei werden aus der ursprünglichen Stichprobe der Größe *N m* neue Stichproben der Größe *N* („mit Zurücklegen") gezogen. Diese Stichproben werden jeweils zur Schätzung der Modellparameter genutzt. Über die *m* Bootstrap-Stichproben können dann Konfidenzintervalle und Signifikanztests für die Schätzungen der Modellparameter bestimmt werden. In der Regel werden im Falle der Prüfung indirekter Effekte sogenannte bias-korrigierte Bootstrap-Konfidenzintervalle verwendet, da symmetrische Konfidenzintervalle zu inkorrekten Schlüssen führen können. Näheres hierzu findet sich bei MacKinnon (2008; S. 333ff.).

Wie das Bootstrapping-Verfahren in Mplus angefordert wird, wollen wir im Folgenden zeigen. Im Vergleich zum zuvor spezifizierten Mplus-Input ergeben sich nur wenige Veränderungen. Im Befehlsblock `ANALYSIS` verwenden wir nun die Option `BOOTSTRAP`:

```
ANALYSIS: BOOTSTRAP = 1000;
```

Hierbei muss spezifiziert werden, wie viele Bootstrap-Stichproben gezogen werden sollen. In unserem Beispiel haben wir 1000 Stichproben angefordert.

Darüber hinaus wählen wir im Befehlsblock `OUTPUT` noch die Option `CINTERVAL`. Hiermit werden Konfidenzintervalle für die Modellparameter angefordert. Da wir die Option `BOOTSTRAP` im Befehlsblock `ANALYSIS` und die Option

MODEL INDIRECT im Befehlsblock MODEL verwendet haben, erhalten wir mit der OUTPUT-Option CINTERVAL auch Konfidenzintervalle für den indirekten Effekt. Bias-korrigierte Konfidenzintervalle werden ausgegeben, nachdem in Klammern die Option BCBOOTSTRAP spezifiziert wurde. Der komplette Mplus Input ist nachfolgend aufgeführt (Datei „sem_modelindirect_bootstrap.inp").

```
Title:      SEM Intergruppenkontakt und GMF, Model Indirect
            Bootstrapping

Data:       FILE IS GMF07_Querschnitt_SEM.dat;

VARIABLE:   NAMES ARE qcp_ser sx03q6r sx04q6r he01oq6r he02oq6r
            he01hq6 he02hq6r ff04dq6r ff08dq6r he05mq6r he12mq6r
            ev03q6r ev04q6r ra01q6r ra03q6r as01q6r as02q6r
            dy04q6r dy02q6r ka03nq4r;

            USEVARIABLES sx03q6r sx04q6r he01oq6r he02oq6r
            he01hq6 he02hq6r ff04dq6r ff08dq6r he05mq6r he12mq6r
            ev03q6r ev04q6r ra01q6r ra03q6r as01q6r as02q6r ka03nq4r
            dy04q6r dy02q6r;

            MISSING ARE ALL (99);

ANALYSIS: BOOTSTRAP = 1000;       ! Spezfikation der Anzahl an
                                  ! Bootstrap-Stichproben

MODEL:      sexism BY sx03q6r sx04q6r;    ! Messmodelle für die Elemente
            homoph BY he01hq6 he02hq6r;   ! von GMF
            antisem BY as01q6r as02q6r;
            fremdenf BY ff04dq6r ff08dq6r;
            rass BY ra01q6r ra03q6r;
            obdachl BY he01oq6r he02oq6r;
            islamph BY he05mq6r he12mq6r;
            etabl BY ev03q6r ev04q6r;

            GMF BY sexism homoph antisem fremdenf rass ! Messmodell GMF
            obdachl islamph etabl;

            wertsch BY dy04q6r dy02q6r;   ! Messmodell für Wertschätzung
                                          ! kultureller Vielfalt

            GMF ON ka03nq4r;        ! Direkter Effekt von Kontakt auf GMF
                                    ! (c')
            wertsch ON ka03nq4r;    ! Effekt von Kontakt auf Wertschätzung
                                    ! kultureller Vielfakt (a)

            GMF ON wertsch;         ! Effekt von Wert. kultureller Vielfalt
                                    ! auf GMF (b)

            MODEL INDIRECT:
            GMF IND ka03nq4r;       ! Prüfung des indirekten Effekts von Kontakt
                                    ! auf GMF
```

```
OUTPUT:    STDYX;
           CINTERVAL(BCBOOTSTRAP);  ! Anfordern von Konfidenzintervallen,
                                    ! hier bias-korrigierte
                                    ! Bootstrap-Konfidenzintervalle
```

Zu beachten ist, dass die Schätzung der m Bootstrap-Modelle je nach Umfang des Datensatzes und der Komplexität des Modells eine gewisse Zeit in Anspruch nehmen kann. Die Ausführung unseres Beispiels sollte jedoch auf den meisten modernen Rechnern maximal ein paar Minuten dauern. Im Mplus-Output erhalten wir sodann die Bootstrap-Schätzer für alle Modellparameter inklusive des indirekten Effekts. Nachfolgend ist lediglich der Ausschnitt des Mplus-Outputs für die bias-korrigierten Konfidenzintervalle des unstandardisierten indirekten Effekts dargestellt. Für die Leserinnen und Leser sei angemerkt, dass (da es sich beim Bootstrapping um einen simulationsbasierten Ansatz handelt) die Ergebnisse nicht exakt repliziert werden können. Anwenderinnen und Anwender werden beim Nachvollziehen dieses Beispiels geringfügig andere Ergebnisse erhalten, als wir hier berichten. An der Interpretation der Ergebnisse sollte sich jedoch nichts ändern.

```
CONFIDENCE INTERVALS OF TOTAL, TOTAL INDIRECT, SPECIFIC INDIRECT, AND DIRECT EFFECTS


                    Lower .5% Lower 2.5% Lower 5% Estimate Upper 5% Upper 2.5% Upper .5%

Effects from KA03NQ4R to GMF

  Total              -0.148    -0.139    -0.131   -0.097   -0.067   -0.063    -0.054
  Total indirect     -0.099    -0.091    -0.088   -0.064   -0.045   -0.042    -0.035

  Specific indirect

  GMF
  WERTSCH
  KA03NQ4R           -0.099    -0.091    -0.088   -0.064   -0.045   -0.042    -0.035

  Direct
  GMF
  KA03NQ4R           -0.074    -0.064    -0.058   -0.033   -0.007   -0.003     0.004
```

Der Bootstrap-Schätzer für den indirekten Effekt ist –.064 (s. „Specific indirect" unter der Überschrift „Estimate"). Dabei handelt es sich um den Mittelwert der Schätzer für den indirekten Effekt aus den 1000 Bootstrap-Stichproben. Weiterhin finden wir im Mplus-Output die Unter- und Obergrenze für ein 95 %- und 90 %-Konfidenzintervall. Die Untergrenze für das 95 %-Konfidenzintervall des indirekten Effekts ist –.091, die Obergrenze ist –.042. Da der Wert null im Konfidenzintervall nicht enthalten ist, gilt der indirekte Effekt konventionsgemäß als statistisch signifikant.

3.3 Moderation und Schätzung konditionaler indirekter Effekte mit manifesten Variablen

Im folgenden Abschnitt gehen wir auf die Prüfung von Moderatorhypothesen in Mplus ein. Hierauf aufbauend demonstrieren wir die Schätzung von

Strukturgleichungsmodellen zur Kombination von Moderator- und Mediationshypothesen, die wir in Anlehnung an Preacher, Rucker und Hayes (2007) als Modelle zur Schätzung konditionaler indirekter Effekte bezeichnen. In Kapitel 3.3 zeigen wir die entsprechenden Modellspezifikationen bei Verwendung manifester Variablen. Kapitel 3.4 und Kapitel 3.5 behandeln die Umsetzung solcher Modelle für latente kontinuierliche Variablen. Wir beschränken uns bei der Darstellung konditionaler indirekter Effekte nur auf eine von vielen Möglichkeiten. Einen guten Überblick über das Thema als Ganzes und die Varianten solcher konditionaler indirekter Effekte findet sich bei Hayes (2013).

Wir veranschaulichen die Vorgehensweise und Ergebnisinterpretation bei der Prüfung von Moderatorhypothesen bzw. deren Kombination mit Mediationshypothesen anhand einer von Asbrock, Christ, Duckitt und Sibley (2012) veröffentlichten Studie. Unter anderem untersuchten Asbrock et al. (2012), inwieweit Unterschiede zwischen Personen hinsichtlich deren Autoritarismus (*right wing authoritarianism*, Variable „rwa") und sozialer Dominanzorientierung (*social dominance orientation*, Variable „sdo") die vorurteilsreduzierende Wirkung positiver Intergruppenkontakte („contact") moderieren. Im Hintergrund steht hierbei der Befund, dass sowohl Autoritarismus als auch soziale Dominanzorientierung stärker ausgeprägte Vorurteile („prej") vorhersagen. Die forschungsleitende Hypothese lautete, dass positive Intergruppenkontakte insbesondere für Personen mit vergleichsweise stärker ausgeprägten autoritaristischen Einstellungen zu einer Reduzierung fremdenfeindlicher Vorurteile führen (Moderatorhypothese), während dies für Personen mit hoher sozialer Dominanzorientierung nicht erwartet wurde.

Right wing authoritarianism wurde in der Studie konzeptualisiert als ein Streben nach sozialer Sicherheit, Ordnung und Stabilität. Autoritaristische Personen zeigen in der Regel Vorurteile gegenüber Personengruppen, die als Gefährdung der sozialen Stabilität, Ordnung und Sicherheit wahrgenommen werden. *Soziale Dominazorientierung* reflektiert das Bestreben, soziale Hierarchien und hierbei insbesondere die Dominanz der eigenen Gruppe hinsichtlich der Verteilung knapper Ressourcen aufrecht zu erhalten. Personen mit höherer sozialer Dominanzorientierung zeigen tendenziell stärker ausgeprägte Vorurteile gegenüber statusniedrigeren Gruppen und solchen Gruppen, von denen sie denken, dass sie die gegebenen sozialen Hierarchien gefährden.

Entsprechend überprüften die Autoren zusätzlich, ob Kontakt insbesondere bei Personen mit hohen Werten in Autoritarismus zu einer verringerten wahrgenommenen Bedrohung der sozialen Ordnung (*perceived social threat*, Variable „sthreat") führt und hierdurch die Vorurteilsreduktion bei diesen Personen zu erklären ist (Kombination aus Moderator- und Mediatorhypothese)

Nachfolgend sind Mplus-Inputs zur sukzessiven Prüfung dieser Annahmen aufgeführt. Aus Gründen einer möglichst einfachen Nachvollziehbarkeit der Beispiele betrachten wir nicht alle der von Asbrock et al. (2012) untersuchten Zusammenhänge, sondern beschränken unsere Erläuterungen vorwiegend auf die Variablen Autoritarismus („rwa"), perceived social threat („sthreat"), Intergruppenkontakt („contact") und Vorurteile („prej"). Die Ergebnisse unserer Beispiele weichen daher etwas von denen bei Asbrock et al. (2012) berichteten Ergebnissen ab.

3.3.1 Überprüfung von Moderatorhypothesen mit manifesten Variablen

Beginnen wir mit der Hypothese, dass Autoritarismus den Effekt von Intergruppen-kontakt auf fremdenfeindliche Vorurteile moderiert. Bei Verwendung manifester Variablen können Moderatorhypothesen einfach geprüft werden, indem ein multiplikativer Interaktionsterm der interessierenden Variablen zusätzlich zu deren Haupteffekten in das Modell aufgenommen wird. Der Interaktionsterm aus Autoritarismus und Kontakthäufigkeit wurde im Vorfeld bereits nach Zentrierung am jeweiligen Mittelwert in SPSS erstellt. In unserem Beispieldatensatz ist der Interaktionsterm somit bereits als eigenständige Variable vorhanden („rwaxcont"). Alternativ hätte eine Definition der Interaktion auch über den Befehlsblock DEFINE in Mplus erfolgen können:
DEFINE: rwaxcont = rwa * contact;
Die hierdurch neu definierte Variable „rwaxcont" hätte dann noch unter USEVARIABLES mit aufgeführt werden müssen.

Der vollständige Input zur Prüfung der Moderatorhypothese lautet (Datei: „mod1. inp"):

```
TITLE:     Moderation für manifeste Variablen;

DATA:      FILE IS modmedexample.dat;

VARIABLE:
           NAMES ARE cthreat sthreat prej contact rwa sdo rwaxcont sdoxcont;
           USEVARIABLES ARE prej contact rwa sdo rwaxcont sdoxcont;
           MISSING ARE all (99);

MODEL:     prej ON contact
               rwa
               rwaxcont
               sdo
               sdoxcont;

           contact rwa rwaxcont sdo sdoxcont;
```

Der Input zeigt, dass unter MODEL eine multiple lineare Regression mit manifesten Variablen spezifiziert wurde.[9] „prej" wurde durch „contact", „rwa" sowie die

---

9 Mit der Zeile contact rwa rwaxcont sdo sdoxcont; haben wir die Schätzung der Varianzen dieser Variablen angefordert. Hierdurch werden Fälle mit fehlenden Werten in diesen unabhängigen (exogenen) Variablen für die Analysen nicht ausgeschlossen, sondern in die *Full Information Maximum Likelihood* Schätzung einbezogen.

Interaktion „rwaxcont" vorhergesagt. Auf die Prädiktoren soziale Dominanzorientierung („sdo") sowie deren Interaktion mit Kontakthäufigkeit („sdoxcont") wollen wir in unseren Erläuterungen nicht weiter eingehen. Betrachten wir die Ergebnisse:

```
MODEL RESULTS

                                              Two-Tailed
                 Estimate      S.E.    Est./S.E     P-Value
PREJ     ON
   CONTACT        -0.201      0.030      -6.690       0.000
   RWA             0.495      0.028      17.602       0.000
   RWAXCONT       -0.101      0.045      -2.264       0.024
```

Erwartungsgemäß finden wir eine vorurteilsreduzierende Wirkung positiver Intergruppenkontakte (–.201, p < .001). Ferner sagt Autoritarismus (.495, p < .001) höhere Werte auf der Vorurteilsskala vorher. Von besonderem Interesse ist hier der Parameterschätzer für die Wechselwirkung zwischen Autoritarismus und positiven Intergruppenkontakten, der als signifikant negativ ausgewiesen wird (–.101, p = .024). Das negative Vorzeichen dieser Wechselwirkung weist bereits darauf hin, dass die vorurteilsreduzierende Wirkung positiver Intergruppenkontakte für Personen mit vergleichsweise höheren Autoritarismus-Werten stärker ausgeprägt ist. Zur weitergehenden Untersuchung dieser Wechselwirkung stellen wir im Folgenden die Durchführung einer *Simple-Slopes*-Analyse (Aiken & West, 1991) dar. Hierbei gehen wir auch auf die grafische Veranschaulichung von Wechselwirkungen in Form (a) konventioneller Liniendiagramme und (b) Johnson-Neyman-Plots in Mplus ein (Preacher, Curran, & Bauer, 2006). Das Ziel einer *Simple-Slopes*-Analyse besteht darin, für unterschiedliche Ausprägungen der Moderator-Variablen (hier: Autoritarismus) die Regressionsgerade der Kriteriums-Variablen (hier: Vorurteile) hinsichtlich der Prädiktor-Variablen (hier: positive Intergruppenkontakte) zu berechnen. Für jede dieser Ausprägungen – bei kontinuierlichen Moderator-Variablen häufig ±1 SD – wird dann deren Steigung und statistische Signifikanz berechnet. Diese Ergebnisse ermöglichen wiederum eine grafische Darstellung der Moderation.

Zur Umsetzung einer *Simple-Slopes*-Analyse in Mplus erweitern wir den zuvor gezeigten Input zunächst durch die Vergabe von Labels für die verschiedenen Parameterschätzer (Datei „mod2.inp"):

```
TITLE:     Moderation für manifeste Variablen;

DATA:      FILE IS modmedexample.dat;

VARIABLE:
           NAMES ARE cthreat sthreat prej contact rwa sdo rwaxcont sdoxcont;
           USEVARIABLES ARE prej contact rwa sdo rwaxcont sdoxcont;
           MISSING ARE prej contact rwa sdo rwaxcont sdoxcont (99);
```

```
MODEL:
        [prej] (b0);
        prej ON
                contact (b1)
                rwa (b2)
                rwaxcont (b3)
                sdo
                sdoxcont;
        rwa rwaxcont sdo sdoxcont;

MODEL CONSTRAINT:

        PLOT(lo_rwa hi_rwa);
        LOOP(contact, -0.7, 0.7, .1); ! +/- 0.7 entspricht etwa +/-1 SD
        lo_rwa = b0 + (b1*contact) + (b2*(-0.7)) + (b3*contact*(-0.7));
        hi_rwa = b0 + (b1*contact) + (b2*(0.7)) +(b3*contact*(0.7));

        NEW(c_lo_rwa c_hi_rwa);
        c_lo_rwa = b1 + (b3 * (-0.7));
        c_hi_rwa = b1 + (b3 * (0.7));

PLOT:   TYPE IS PLOT2;
```

So bezeichnen wir nun den Intercept [prej] der Kriteriums-Variablen „prej" mit dem Label (b0), das Regressionsgewicht der Prädiktor-Variablen „contact" mit dem Label (b1), das Regressionsgewicht der Moderator-Variablen „rwa" erhält das Label (b2) und der Produktterm aus Moderator- und Prädiktorvariable „rwaxcont" erhält das Label (b3). Für einen formalen Test der Wirkung positiver Intergruppenkontakte für Personen mit relativ höheren bzw. niedrigeren Autoritarismus-Werten nehmen wir nun folgende Befehle unter MODEL CONSTRAINT in die Syntax mit auf:

```
NEW(c_lo_rwa c_hi_rwa);
c_lo_rwa = b1 + (b3 * (-0.7));
c_hi_rwa = b1 + (b3 * (0.7));
```

Der MODEL CONSTRAINT-Befehl wird in Mplus dazu verwendet, lineare oder nicht-lineare Bedingungen für die Modellparameter zu spezifizieren. Hier definieren diese Berechnungsvorschriften zwei neue Parameter, die wie gewünscht den konditionalen Effekt positiver Intergruppenkontakte auf Vorurteile für Personen 1 SD[10] unterhalb (c_lo_rwa) und oberhalb (c_hi_rwa) des Mittelwerts der Moderator-Variablen Autoritarismus statistisch überprüfen (Aiken & West, 1991, siehe auch Hayes, 2013, Modell 1, S.442). Im Output erscheinen unter MODEL RESULTS Signifikanztests für die neu definierten Parameter:

---

10 Im Vorfeld dieser Analysen anhand des Syntaxbefehls TYPE = BASIC durchgeführte deskriptive Analysen zeigten, dass die Standardabweichung für Autoritarismus SD = .7 beträgt.

```
MODEL RESULTS

                                                     Two-Tailed
                      Estimate      S.E.    Est./S.E.   P-Value

New/Additional Parameters
   C_LO_RWA          -0.131       0.047     -2.767      0.006
   C_HI_RWA          -0.272       0.039     -6.946      0.000
```

Zu sehen ist hier, dass der konditionale Effekt jeweils signifikant von null verschieden ist. Für beide Personengruppen ergibt sich somit ein vorurteilsreduzierender Kontakteffekt. Darüber hinaus ist klar erkennbar, dass positive Intergruppenkontakte Vorurteile bei Personen mit relativ höheren Autoritarismus-Werten deutlich stärker reduzieren (−.272, p < .001) als bei Personen mit relativ niedrigeren Autoritarismus-Werten (−.131, p = .006).

Grafische Darstellung eines Interaktionseffektes

Liniendiagramm

Auch zur grafischen Darstellung der interaktiven Wirkung von Autoritarismus und positiven Intergruppenkontakten auf Vorurteile nutzen wir den Block MODEL CONS-TRAINT. Hier ermöglicht der Syntaxbefehl PLOT mit den in Klammern formulierten Labels lo_rwa und hi_rwa die grafische Darstellung der Regression zur Wirkung von Intergruppenkontakt auf Vorurteile für Personen mit relativ geringeren (lo_rwa) und relativ höheren (hi_rwa) Autoritarismus-Werten. Konventionsgemäß nutzen wir hier wieder eine Standardabweichung unterhalb (−.7) bzw. oberhalb (.7) des Mittelwerts der zentrierten „rwa"-Variablen. Die abhängigen Variablen lo_rwa und hi_rwa werden in dem erzeugten Plot auf der Y-Achse angetragen. Die LOOP-Funktion definiert die auf der X-Achse dargestellte Variable und deren Wertebereich. Argumente der LOOP-Funktion sind (a) der Variablenname, (b) der niedrigste und (c) der größte Wert dieser Variablen, sowie (d) die inkrementellen Abstände zwischen diesen beiden Werten, für welche die dazugehörigen Funktionswerte berechnet werden sollen. In unserem Beispiel ist dies für die unabhängige Variable Intergruppenkontakt („contact") der Wertebereich von −.7 bis .7 in Abständen von 0.1 Skaleneinheiten. Der Bereich [−.7; .7] entspricht dabei etwa dem Bereich ±1 SD der Variablen Intergruppenkontakt.

Die Gleichung zur Wirkung positiver Intergruppenkontakte auf Vorurteile für Personen mit relativ geringerem Autoritarismus (lo_rwa) konstruieren wir, indem wir den Wert −.7 (−1 SD) für Autoritarismus in die folgende Gleichung einsetzen:

```
lo_rwa = b0 + (b1*contact) + (b2*(-0.7)) + (b3*contact* (-0.7));
```

Analog konstruieren wir die Gleichung für Personen mit relativ höherem Autoritarismus (hi_rwa) durch Einsetzen des Wertes 0.7 (+1 SD) für Autoritarismus:

```
hi_rwa = b0 + (b1*contact) + (b2*(0.7)) + (b3*contact*(0.7));
```

Der Befehl `PLOT: TYPE = PLOT2` fordert schließlich das gewünschte Diagramm an, das nach der Berechnung des Modells über die Schaltfläche „Plot" → „View Plot" oder die Tastenkombination „Alt" + „v" ausgegeben werden kann. Wir haben die Einstellung gewählt, dass alle Parameter im selben Fenster, d. h. in derselben Grafik abgebildet werden. Nach einigen kleineren manuellen Nachbearbeitungen des Diagramms ergibt sich die in Abbildung 3.3 dargestellte Grafik.

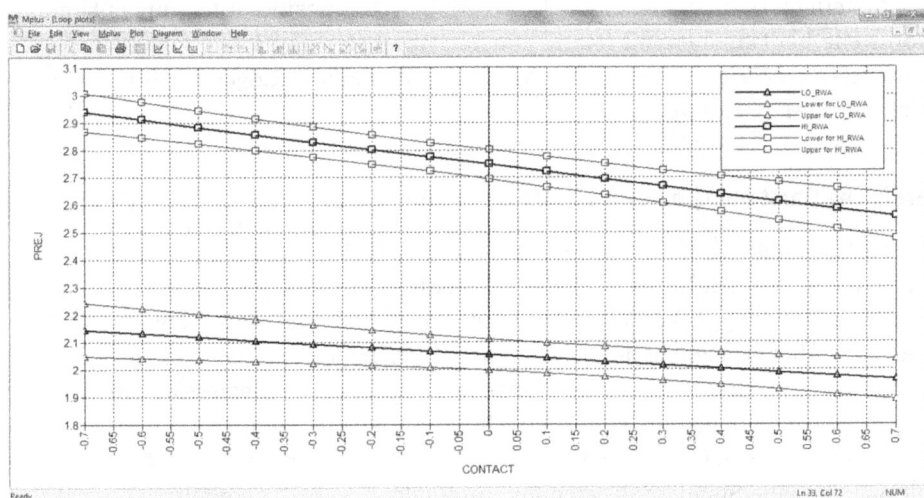

Abbildung 3.3: Grafische Darstellung eines Interaktionseffekts in Mplus – Liniendiagramm

Die Grafik zeigt, dass die Regressionsgerade für Personen mit relativ höheren Autoritarismus-Werten (+1 SD) steiler verläuft als für Personen mit relativ niedrigeren Autoritarismus-Werten (–1 SD). Dies veranschaulicht, dass positive Intergruppenkontakte insbesondere für Personen mit stärker ausgeprägtem Autoritarismus zum Abbau von Vorurteilen beitragen.

Johnson-Neyman-Diagramm
Das oben beschriebene Liniendiagramm stellt eine bewährte Vorgehensweise zur grafischen Veranschaulichung von Interaktionseffekten dar. Alternativ können solche Wechselwirkungen auch durch ein Johnson-Neyman-Diagramm visualisiert werden (Preacher et al., 2006). Solche Diagramme ermöglichen eine Veranschaulichung der Wechselwirkung für den gesamten Wertebereich der moderierenden Variablen. Eine Festlegung ausgesuchter Werte (z. B. ± 1 SD) ist für diese Diagramme nicht notwendig. Der folgende Input zeigt, wie ein Johnson-Neyman-Diagramm in Mplus auf einfache Weise umgesetzt werden kann („mod3.inp"):

```
TITLE:      Moderation für manifeste Variablen;

DATA:       FILE IS modmedexample.dat;

VARIABLE:

            NAMES ARE cthreat sthreat prej contact rwa sdo rwaxcont sdoxcont;
            USEVARIABLES ARE prej contact rwa sdo rwaxcont sdoxcont;
            MISSING ARE prej contact rwa sdo rwaxcont sdoxcont (99);

MODEL:

            [prej] (b0);
            prej ON
                    contact (b1)
                    rwa (b2)
                    rwaxcont (b3)
                    sdo
                    sdoxcont;
            rwa rwaxcont sdo sdoxcont;

MODEL CONSTRAINT:

            LOOP(rwa, -0.7, 0.7, 0.5);
            PLOT(cont_ind);
            cont_ind = b1 + b3*(rwa);

PLOT:       TYPE IS PLOT2;
```

Erneut spezifiziert der LOOP-Befehl die auf der X-Achse darzustellenden Werte. Da in unserem Beispiel auf der X-Achse die Werte der Moderator-Variablen Autoritarismus dargestellt werden sollen, fügen wir in die Klammer nach dem LOOP-Befehl den Variablennamen „rwa" ein. Anschließend bestimmen wir innerhalb der Klammer den niedrigsten bzw. höchsten Wert von Autoritarismus, der bei der grafischen Darstellung des Effektes positiver Intergruppenkontakte auf Vorurteile berücksichtigt werden soll. Konventionsgemäß nutzen wir hierzu eine Standardabweichung unterhalb (–.7) bzw. oberhalb (.7) des Mittelwerts der zentrierten Autoritarismus-Variablen. Abschließend legen wir fest, die Skala der X-Achse in Schritten von 0.5 Skaleneinheiten abzustufen. Der dann folgende PLOT-Befehl spezifiziert die auf der Y-Achse darzustellenden Werte – hier also die Werte des Effekts positiver Intergruppenkontakte auf Vorurteile unter Berücksichtigung der moderierenden Wirkung von Autoritarismus. Dieser von uns als „cont_ind" bezeichnete konditionale Effekt berechnet sich als additive Funktion des Haupteffektes von Intergruppenkontakt (b1) zuzüglich des mit der Stärke des Interaktionseffektes (b3) von Intergruppenkontakt und Autoritarismus auf Vorurteile gewichteten Autoritarismus der jeweiligen Merkmalsträger. Im Befehlsblock PLOT fordern wir schließlich mit dem Befehl TYPE = PLOT2 das gesuchte Diagramm an, das in Abbildung 3.4 dargestellt ist.

Wie gewünscht visualisiert die X-Achse für die Moderator-Variable „rwa" einen kontinuierlichen Wertebereich mit einer Spannweite von –1 SD bis +1 SD. Hierbei markiert die vertikale graue Linie den Mittelwert null der zentrierten RWA-Variablen. Die Y-Achse veranschaulicht die Ausprägung des konditionalen Effektes von Intergruppenkontakt. Hierbei ermöglicht die Grafik für jeden Wert der Autoritarismus-Variablen eine grafische Bestimmung der Stärke des konditionalen Kontakt-Effektes, dessen 95 %-Konfidenzintervalle durch die zusätzlich dargestellten Bänder visualisiert werden.

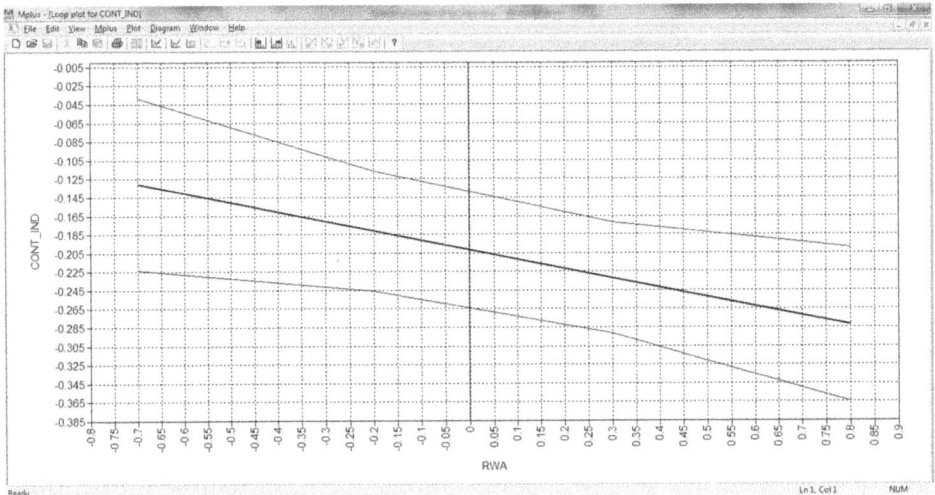

Abbildung 3.4: Grafische Darstellung eines Interaktionseffekts in Mplus – Johnson-Neyman-Diagramm

3.3.2 Schätzung konditionaler indirekter Effekte

Aufbauend auf die in Abschnitt 3.3.1 gezeigte Überprüfung von Moderatorhypothesen veranschaulichen wir im Folgenden die Verknüpfung von Moderator- und Mediationshypothesen. Vereinfacht ausgedrückt lautete die Annahme von Asbrock et al. (2012), dass Kontakt insbesondere bei hochautoritären Personen soziale Bedrohungswahrnehmungen reduziert und hierüber vermittelt es zu einer Vorurteilsreduktion kommt. Diese konzeptionelle Annahme ist in Abbildung 3.5 veranschaulicht. Autoritarismus moderiert also den Effekt von Kontakt auf soziale Bedrohungswahrnehmung. Die Annahme ist, dass der konditionale indirekte Effekt von Kontakt auf Vorurteile vermittelt über soziale Bedrohungswahrnehmungen bei Personen mit hohen Autoritarismuswerten größer ist im Vergleich zu Personen mit niedrigen Autoritarismuswerten. Das entsprechende in Mplus zu schätzende statistische Modell ist in Abbildung 3.6 dargestellt (siehe auch Hayes, 2013, Modell 7, S. 447).

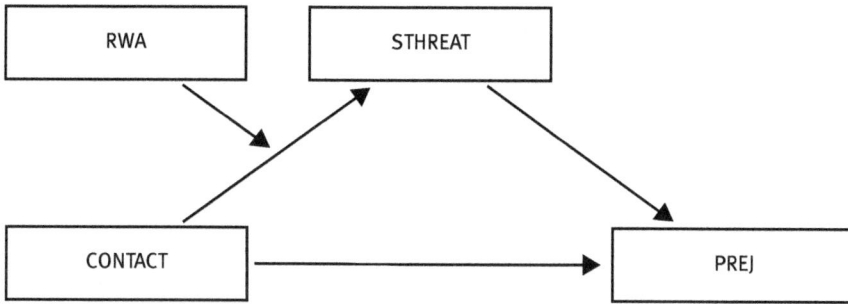

Abbildung 3.5: Modelldiagramm – konditionaler indirekter Effekt

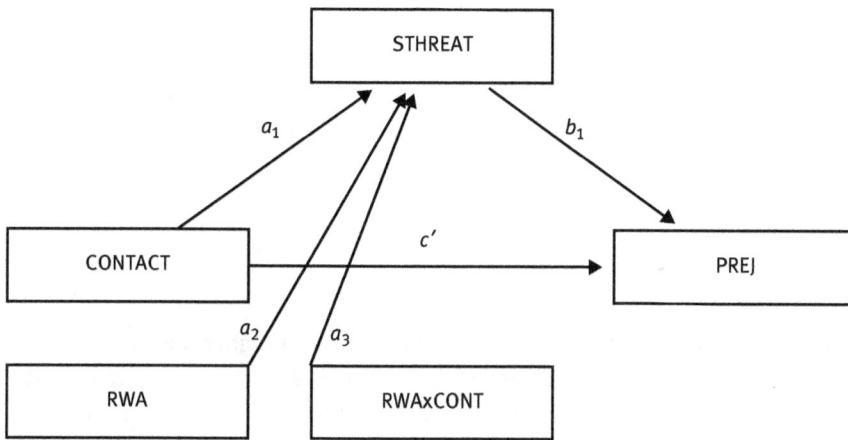

Abbildung 3.6: Statistisches Diagramm – konditionaler indirekter Effekt

Der dazugehörige Mplus-Input lautet (Datei „mod4.inp)":

```
TITLE:     Moderation & Mediation (konditionale indirekte Effekte)
           für manifeste Variablen;

DATA:      FILE IS MODMEDEXAMPLE.dat;

VARIABLE:
           NAMES ARE cthreat sthreat prej contact rwa sdo rwaxcont sdoxcont;
           USEVARIABLES ARE prej sthreat contact rwa rwaxcont sdo;
           MISSING ARE all (99);

ANALYSIS:
           BOOTSTRAP=10000;

MODEL:
           [prej] (b0);
           prej ON sthreat (b1);
```

```
        prej ON contact (cdash);
        prej ON sdo;

        [sthreat] (a0);
        sthreat ON contact (a1);
        sthreat ON rwa (a2);
        sthreat ON rwaxcont (a3);
        sthreat ON sdo;
        contact rwa rwaxcont sdo;

MODEL CONSTRAINT:
        NEW (LOrwa HIrwa INDLO INDHI);
        LOrwa=-0.7;
        HIrwa=0.7;
        INDLO =a1*b1+a3*b1*LOrwa;
        INDHI =a1*b1+a3*b1*HIrwa;

        PLOT(LOMOD HIMOD);
        LOOP(XVAL,-0.7,0.7,0.1);
        LOMOD=INDLO*XVAL;
        HIMOD=INDHI*XVAL;

PLOT:   TYPE = PLOT2;

OUTPUT: CINTERVAL(bcbootstrap);
```

Das unter MODEL spezifizierte Modell entspricht im Wesentlichen der in Abbildung 3.6 wiedergegebenen statistischen Darstellung. Wir haben hier lediglich noch „sdo" als Kovariate mit ins Modell aufgenommen, um für Effekte von sozialer Dominanzorientierung zu kontrollieren. Ferner forderten wir mit der Zeile

contact rwa rwaxcont sdo;

wieder die Schätzung der Varianzen dieser (unabhängigen) Variablen an, damit Fälle mit fehlenden Werten dieser Variablen nicht von der Analyse ausgeschlossen werden.

Wie bereits in Abschnitt 3.3.1 erläutert, forderten wir die Berechnung des konditionalen indirekten Effekts' (hier von Intergruppenkontakt auf Vorurteile durch Bedrohungswahrnehmung in Abhängigkeit des Moderators Autoritarismus) über die MODEL CONSTRAINT-Option an. Der konditionale indirekte Effekt ergibt sich aus

INDLO =a1*b1+a3*b1*LOrwa;
INDHI =a1*b1+a3*b1*HIrwa;

für Personen mit Autoritarismuswerten 1 SD (+.7) oberhalb („INDHI)" und unterhalb (–.7) des Mittelwerts („INDLO") (siehe Hayes, 2013, S. 447).

Mithilfe des PLOT-Befehls kann auch hier wieder eine grafische Darstellung des Effekts angefordert werden, worauf wir an dieser Stelle aber nicht erneut eingehen wollen (für eine ausführliche Beschreibung hierzu siehe Abschnitt 3.3.1).

Schließlich forderten wir mit der OUTPUT-Option OUTPUT: CINTERVAL bcbootstrap); noch bootstrap-Konfidenzintervalle für die Parameterschätzer an (siehe Kapitel 3.2).

Betrachten wir die Ergebnisse:

```
MODEL RESULTS

                                                          Two-Tailed
                    Estimate        S.E.       Est./S.E.   P-Value

PREJ    ON
  STHREAT            0.486         0.026        18.780      0.000
  CONTACT           -0.245         0.029        -8.353      0.000
  SDO                0.321         0.037         8.611      0.000

STHREAT ON
  CONTACT           -0.092         0.029        -3.113      0.002
  RWA                0.284         0.027        10.619      0.000
  RWAXCONT          -0.084         0.041        -2.040      0.041
  SDO                0.353         0.040         8.821      0.000

New/Additional Parameters
  INDLO             -0.016         0.019        -0.819      0.413
  INDHI             -0.073         0.021        -3.447      0.001
```

Zunächst erkennen wir, dass in unserem Beispiel der direkte Pfad von Kontakt auf Vorurteile (im Modell mit c´ bezeichnet) signifikant ist. Höhere Kontaktwerte gehen mit geringeren fremdenfeindlichen Vorurteilen einher (–.245, p < .001). Interessant sind für uns ferner die konditionalen indirekten Effekte für Personen mit relativ höheren und niedrigeren Autoritarismuswerten. Hier ist zu sehen, dass der Effekt erwartungsgemäß signifikant ist für Personen mit relativ höheren Autoritarismuswerten (–.073, p = .001; 95 %-Konfidenzintervall: [–.117; –.033]). Der „positive" (d. h. vorurteilsreduzierende) Effekt von Intergruppenkontakt ist hier zumindest zum Teil dadurch erklärbar, dass positive Intergruppenkontakte bei Personen mit relativ höheren Autoritarismuswerten bewirken, dass soziale Bedrohungswahrnehmungen zurückgehen. Für Personen mit relativ niedrigeren Autoritarismuswerten ist dieser indirekte Effekt nicht signifikant (–.016, p = .413; 95 %-Konfidenzintervall: [–.053;.023]).

Für einen tieferen Einblick in die Thematik „konditionale indirekte Effekte" empfehlen wir Hayes (2013). Auf der Internetseite http://offbeat.group.shef.ac.uk/ FIO/mplusmedmod.htm sind des Weiteren Syntax-Beispiele für die bei Hayes (2013) behandelten Modelle gelistet.

3.4 Überprüfung von Moderatorhypothesen mit latenten Variablen

In diesem Abschnitt stellen wir die Überprüfung von Moderatorhypothesen für latente kontinuierliche Variablen vor. In Mplus können Interaktionsterme für latente Variablen über den XWITH-Befehl modelliert werden. XWITH ermöglicht, Interaktionen (a) zwischen einer kontinuierlichen latenten und einer kontinuierlichen manifesten

Variablen, (b) einer kontinuierlichen latenten Variablen und einer kategorialen manifesten Variablen und (c) zwischen zwei kontinuierlichen latenten Variablen zu modellieren. Der Befehl XWITH steht für „multiplied with" und ist mit der Option TYPE =
RANDOM zu verwenden. Das Symbol „|" wird zur Benennung des entsprechenden
Interaktionsterms genutzt. Aus statistischer Perspektive basiert die mit XWITH ange-
forderte Schätzung von Interaktionseffekten latenter Variablen auf dem LMS-Ansatz
(*Latent Moderated Structural Equations*, Klein & Moosbrugger, 2000), der ein vertei-
lungsanalytisches Verfahren zur Schätzung latenter Interaktion in Strukturgleichungsmodellen darstellt. Vereinfacht ausgedrückt konzipiert der LMS-Ansatz die multivariate
Verteilung von Prädiktor- und Kriteriumsvariablen als Mischverteilung, deren Modellparameter für die verschiedenen Ausprägungen der Moderator-Variablen anhand
des EM-Algorithmus geschätzt werden (Kelava et al., 2011). Hierdurch kann der LMS-
Ansatz auf die mittlerweile vielfach als überholt geltende Spezifikation von Indikator-
Produkten für das Messmodell des Interaktionsterms (Kenny & Judd, 1984; Marsh,
Wen, & Hau, 2004) verzichten. Zur Demonstration der Verwendung des XWITH-Befehls
zur Modellierung einer Interaktion zwischen zwei latenten Variablen verwenden wir
das bereits aus Kapitel 3.3 bekannte Beispiel. Wiederum fokussieren wir uns lediglich
auf die Zusammenhänge zwischen Autoritarismus, Intergruppenkontakt und fremdenfeindlichen Vorurteilen. Der Mplus-Input lautet (Datei „moderation_latent.inp"):

```
TITLE:  Moderation für manifeste Variablen;

DATA:   FILE IS modmedlatent.dat;

VARIABLE:
        NAMES ARE
            au01q3r    ! Verbrechen härter bestrafen
            au02q3r    ! um Recht u. Ordnung zu bewahren,
                       ! härter gegen Außenseiter vorgehen
            ff04dq3r   ! zu viele Ausländer in Deutschland
            ff08dq3r   ! wenn Arbeit knapp, Ausländer zurück
            do01q3r    ! Gruppen, die unten sind, sollen unten bleiben
            do02q3r    ! gibt Gruppen in der Bevölk., die weniger wert sind
                       ! als andere
            do03q3r    ! einige Gruppen sind nützlicher als andere
            ka01q3r    ! wie oft Kontakt mit Ausländern in Nachbarschaft?
            ka02q3r    ! wie oft Kontakt mit Ausländern am Arbeitsplatz?
            ka03q3r    ! wie viele Freunde sind Ausländer?
            tg01q3r    ! Ausl. bedrohen unsere Freiheiten und Rechte
            tg05q3r;   ! Ausl. bedrohen unseren Wohlstand

        USEVARIABLES ARE
            au01q3r au02q3r            ! Autoritarismus
            ff04dq3r ff08dq3r          ! Vorurteile
            do01q3r do02q3r do03q3r    ! Dominanzorientierung
            ka01q3r ka02q3r ka03q3r;   ! Kontakt

        MISSING ARE all (99);
```

```
ANALYSIS:
        TYPE IS RANDOM;
        ALGORITHM IS INTEGRATION;
MODEL:
                                        ! Messmodelle
        prej      BY ff04dq3r ff08dq3r;
        rwa       BY au01q3r au02q3r;
        contact   BY ka01q3r ka02q3r ka03q3r;
        sdo       BY do01q3r do02q3r do03q3r;

        rwaxcont | rwa XWITH contact;  ! Interaktionen
        sdoxcont | sdo XWITH contact;

        prej ON contact                ! Strukturmodell
             rwa
             rwaxcont
             sdo
             sdoxcont;
```

Wie in dem Beispiel aus Kapitel 3.3 soll die abhängige Variable fremdenfeindliche Vorurteile („prej") durch die unabhängigen Variablen Kontakt („contact"), Autoritarismus („rwa") und die Wechselwirkung dieser beiden Variablen („rwaxcont") erklärt werden. Zur Messung fremdenfeindlicher Vorurteile verwendeten wir zwei manifeste Indikatoren, für die im Datensatz die Label „ff04dq3r" und „ff08dq3r" vergeben wurden. Die latente Variable Autoritarismus wurde durch die beiden manifesten Indikatoren „au01q3r" und „au02q3r" definiert. Gemessen wurde das Konstrukt Intergruppenkontakt (Variable „contact") durch die drei manifesten Indikatoren „ka01q3r", „ka02q3r" und „ka03q3r". Die Bedeutungen der einzelnen Items sind den Kommentaren im oben aufgeführten Mplus-Inputfile zu entnehmen. Unsere Annahme lautete, dass der erwartungsgemäß negative Effekt von Intergruppenkontakt auf fremdenfeindliche Vorurteile durch Autoritarismus moderiert wird.

Die Interaktion der beiden latenten Variablen „rwa" und „contact", die wir hier mit „rwaxcont" bezeichneten, wurde über die folgende Zeile im Mplus-Input definiert:
```
rwaxcont | rwa XWITH contact;
```
Zu beachten ist, dass wir unter dem Punkt ANALYSIS numerische Integration angefordert haben: ALGORITHM = INTEGRATION. Dies ist immer dann nötig, wenn bei der ML-Schätzung Integrale nicht geschlossen lösbar sind (wie etwa hier durch die latente Interaktion). Durch die numerische Integration erfolgt eine näherungsweise Bestimmung dieser Integrale. Dies kann bei komplexeren Modellen und umfangreichen Datensätzen sehr rechenaufwändig und zeitintensiv werden: Die Rechenzeit steigt u. a. mit der Anzahl der Beobachtungseinheiten und steigt mit der Anzahl der latenten Variablen, die numerische Integration benötigen. Unser Beispiel mit 1343 Fällen und zwei latenten Interaktionen ist jedoch schnell berechnet. Zu beachten ist, dass bei Verwendung der numerischen Integration keine absoluten Fit-Statistiken verfügbar sind. Es können lediglich geschachtelte Modelle anhand eines −2

LogLikelihood Differenztests oder anhand der jeweiligen AIC/BIC-Statistiken miteinander verglichen werden.

Die uns interessierenden Parameterschätzer des Modells lauten:

```
MODEL RESULTS
                                                       Two-Tailed
                Estimate      S.E.      Est./S.E.       P-Value
PREJ    ON
    CONTACT       -0.422      0.072       -5.836         0.000
    RWA            0.717      0.065       11.057         0.000
    RWAXCONT      -0.683      0.145       -4.724         0.000
```

Zunächst bestätigt sich der angenommene negative Zusammenhang zwischen Intergruppenkontakt und fremdenfeindlichen Vorurteilen (–.422, p < .001). Höhere Autoritarismuswerte sagen ferner mehr fremdenfeindliche Vorurteile vorher (.717, p < .001). Erwartungsgemäß ist auch der hier zentral interessierende Interaktionsterm signifikant (–.683, p < .001). Zur genaueren Interpretation des Interaktionseffekts kann wieder die bereits in Kapitel 3.3 behandelte *Simple-Slopes*-Analyse verwendet werden. Um das entsprechende Diagramm zu erhalten, modifizieren wir den Input im MODEL-Block (Datei „moderation_latent2.inp"). Nachfolgend sind nur die wesentlichen Änderungen im Vergleich zu dem Input-File „moderation_latent.inp" hervorgehoben:

```
MODEL:
prej    BY ff04dq3r ff08dq3r;
        [ff04dq3r@0];
        rwa BY au01q3r* au02q3r;
        rwa@1;

        contact BY ka01q3r* ka02q3r ka03q3r;
        contact@1;

        rwaxcont | rwa XWITH contact; ! Interaktion

        [prej] (b0);
        prej ON contact (b1)                 ! Strukturmodell
               rwa (b2)
               rwaxcont (b3);
```

Folgende Änderungen haben wir vorgenommen: Zunächst haben wir die Default-Einstellung von Mplus aufgehoben, durch die bei den Messmodellen der latenten Variablen die Ladungen des jeweils ersten Indikators automatisch auf eins gesetzt werden. Das „Sternchen" „*" hinter den Variablennamen (z. B. „au01q3r*") zeigt an, dass deren Faktorladung nun frei geschätzt wird. Dies ermöglicht uns, die Varianzen der latenten Variablen (z. B. rwa@1) auf eins zu fixieren. Im weiter unten definierten LOOP-Plot entsprechen dann die Werte –1 und +1 jeweils einer Standardabweichung unterhalb und oberhalb der jeweiligen Mittelwerte. Zusätzlich schätzen wir für die

Vorhersagegleichungen den latenten *Intercept* von „prej": `[prej](b0)`. Hierzu fixieren wir im Messmodell den Mittelwert eines Indikators auf null: `[ff04dq3r@0]`. Die Vergabe von Labels (wie beispielsweise `b0`) hatten wir bereits in Kapitel 3.3 behandelt. Die Spezifikationen für das Interaktionsdiagramm erfolgen sodann über den `MODEL CONSTRAINT`-Befehl. Für eine detaillierte Erläuterung der Befehlszeilen verweisen wir auf Kapitel 3.3.

```
MODEL CONSTRAINT:
PLOT(low_rwa hi_rwa);
LOOP (contact, -1,+1,.1);
low_rwa= b0+(b1*contact)+(b2*(-1))+(b3*contact*(-1));
hi_rwa = b0+(b1*contact)+(b2*1)+(b3*contact*1);
```

Mit dem Syntaxbefehl `PLOT: TYPE = PLOT2` wird schließlich das gewünschte Diagramm angefordert, das nach der Berechnung des Modells über die Schaltfläche „Plot" → „View Plot" oder die Tastenkombination „Alt" + „v" ausgegeben werden kann. Aus Redundanzgründen verzichten wir hier auf die Darstellung der Grafik.

Bereits die hier gezeigte Modellierung latenter Interaktionsterme erlaubt den Forschenden die Untersuchung einer Vielzahl interessanter Fragestellungen zu möglichen Wechselwirkungen latenter Konstrukte. Darüber hinaus ermöglichen Strukturgleichungsmodelle aber auch, Hypothesen zu interaktiven Wirkungen latenter Konstrukte (Moderator-Hypothesen) mit Hypothesen über indirekte Wirkungen latenter Konstrukte (Mediations-Hypothesen) auf unterschiedliche Weise miteinander verknüpfen. Im folgenden Abschnitt veraunschaulichen wir, wie solche konditionalen indirekten Effekte (Preacher et al., 2007) praktisch überprüft werden können.

3.5 Überprüfung konditionaler indirekter Effekte mit latenten Variablen

Im vorhergehenden Abschnitt 3.4 hatten wir fremdenfeindliche Vorurteile („prej") aufgrund von Autoritarismus („rwa), positivem Intergruppenkontakt („contact") und der Interaktion dieser beiden latenten Variablen („rwaxcont") vorhergesagt. Wir erweitern dieses Beispiel nun, indem wir – wie in Kapitel 3.3 – soziale Bedrohungswahrnehmungen („sthreat") mit in das Modell aufnehmen (siehe Abbildung 3.5). Die Hypothese hierzu lautete, dass der konditionale indirekte Effekt von Kontakt auf Vorurteile vermittelt über soziale Bedrohungswahrnehmungen bei Personen mit hohen Autoritarismuswerten größer ist im Vergleich zu Personen mit niedrigen Autoritarismuswerten. In Kapitel 3.3.2 hatten wir dieses Modell bereits unter Verwendung manifester Variablen geschätzt. Hier möchten wir nun auf die (wenigen) Unterschiede in der Modellspezifikation bei Verwendung latenter Variablen eingehen. Der Mplus-Input hierzu lautet (Datei „Moderation_indirekt_latent.inp"):

```
TITLE:    Moderation & Mediation (konditionale indirekte Effekte)
          für latente Variablen;

DATA:     FILE IS modmedlatent.dat;

VARIABLE:
          NAMES ARE
                au01q3r    ! Verbrechen härter bestrafen
                au02q3r    ! um Recht u. Ordnung zu bewahren, härter
                           ! gegen Außenseiter vorgehen
                ff04dq3r   ! zu viele Ausländer in Deutschland
                ff08dq3r   ! wenn Arbeit knapp, Ausländer zurück
                do01q3r    ! Gruppen, die unten sind, sollen unten bleiben
                do02q3r    ! gibt Gruppen in der Bevölk., die weniger wert sind
                           ! als andere
                do03q3r    ! einige Gruppen sind nützlicher als andere
                ka01q3r    ! wie oft Kontakt mit Ausländern in Nachbarschaft?
                ka02q3r    ! wie oft Kontakt mit Ausländern am Arbeitsplatz?
                ka03q3r    ! wie viele Freunde sind Ausländer?
                sthreat    ! Ausl. bedrohen unsere Freiheiten und Rechte
                tg05q3r;   ! Ausl. bedrohen unseren Wohlstand


          USEVARIABLES ARE
                au01q3r au02q3r              ! Autoritarismus
                ff04dq3r ff08dq3r            ! Vorurteile
                do01q3r do02q3r do03q3r      ! Dominanzorientierung
                ka01q3r ka02q3r ka03q3r      ! Kontakt
                sthreat;                     ! soziale Bedrohung

          MISSING ARE all (99);

ANALYSIS:
          TYPE IS RANDOM;
          ALGORITHM IS INTEGRATION;

MODEL:
                                      ! Messmodelle
          prej     BY ff04dq3r ff08dq3r;

          rwa      BY au01q3r* au02q3r;
          rwa@1;   ! rwa wird „standardisiert": −/+ 1 SD

          contact  BY ka01q3r ka02q3r ka03q3r;

          sdo      BY do01q3r do02q3r do03q3r;

          rwaxcont | rwa XWITH contact; ! Interaktion

          prej ON sthreat (b1);        ! Strukturmodell1
          prej ON contact (cdash);     ! cdash = c`
          prej ON SDO;

          sthreat ON contact (a1);
          sthreat ON RWA (a2);
          sthreat ON RWAXCONT (a3);
          sthreat ON SDO;
```

```
MODEL CONSTRAINT:
        NEW (LOrwa HIrwa INDLO INDHI);
        LOrwa = -1;
        HIrwa = 1;
        INDLO = a1*b1+a3*b1*LOrwa;
        INDHI = a1*b1+a3*b1*HIrwa;

        PLOT(LOMOD HIMOD);
        LOOP(XVAL,-1,1,0.1);
        LOMOD = INDLO*XVAL;
        HIMOD = INDHI*XVAL;

PLOT:   TYPE = PLOT2;
```

Wie bereits aus dem vorangehenden Abschnitt bekannt ist, erfordert die Schätzung eines Strukturgleichungsmodells mit latenten Interaktionen in Mplus zunächst die Spezifikation ANALYSIS: TYPE = RANDOM und ALGORITHM = INTEGRATION. Der latente Interaktionsterm wird über den XWITH-Befehl definiert:

`rwaxcont | rwa XWITH contact;`

Vor dem „|" steht das Label des Interaktionsterms. Anschließend werden die latenten Variablen aufgeführt, für welche die Interaktion gebildet werden soll.

Die Strukturmodelle entsprechen im Wesentlichen denen aus Kapitel 3.3.2: Wir haben zwei Regressionsmodelle spezifiziert. Die abhängige Variable fremdenfeindliche Vorurteile wird im ersten Regressionsmodell durch positive Intergruppenkontakte und den Mediator soziale Bedrohungswahrnehmungen vorhergesagt. Die Kovariate soziale Dominanzorientierung haben wir hier wie in Kapitel 3.3.2 wieder mit ins Modell aufgenommen: Aus inhaltlichen Gründen, die uns im Rahmen dieses Anwendungsbeispiels allerdings nicht weiter interessieren, sollte für soziale Dominanzorientierung kontrolliert werden. Im zweiten Regressionsmodell wird die Mediatorvariable aufgrund positiver Intergruppenkontakte, Autoritarismus und der Interaktion der beiden Variablen vorhergesagt. Auch hier wird wieder für soziale Dominanzorientierung kontrolliert. Da die Schätzung des Intercepts (siehe [prej] (b0); Datei „mod4.inp") in diesem Beispiel problematisch war, haben wir auf die Schätzung der Intercepts der beiden Regressionsmodelle jeweils verzichtet. Diese werden für die Berechnung der konditionalen indirekten Effekte nicht benötigt. Die Berechnung dieser Effekte (siehe Hayes, 2013, S.447) erfolgt wieder über den MODEL CONSTRAINT-Befehl:

`INDLO = a1*b1+a3*b1*LOrwa;`
`INDHI = a1*b1+a3*b1*HIrwa;`

Hierzu hatten wir bei der Spezifikation der Messmodelle die Standardeinstellungen in Mplus aufgehoben, sodass die Metrik der latenten Variable „rwa" nicht durch Fixieren der Ladung des ersten Indikators festgelegt wird, sondern durch Fixieren ihrer Varianz auf den Wert eins:

`rwa     BY au01q3r* au02q3r;`
`rwa@1;`

Somit entsprechen die Werte −1 und +1, welche wir für die Berechnung der konditionalen indirekten Effekte für niedrige („LOrwa") und hohe („HIrwa") Autoritarismuswerte in die oben aufgeführten Gleichungen einsetzen, jeweils ±1 SD.

Des Weiteren hatten wir über den MODEL CONSTRAINT-Befehl, wie bereits in Kapitel 3.3 ausführlich erläutert, eine grafische Veranschaulichung der Interaktion angefordert.

Abschließend ist zu beachten, dass wir in diesem Beispiel auf die Ausgabe von Bootstrap-Konfidenzintervallen verzichtet haben. Die Schätzung des Modells würde selbst bei nur 1000 Bootstrap-Iterationen mehrere Stunden in Anspruch nehmen. Im Sinne einer schnellen Nachvollziehbarkeit der Beispiele in diesem Buch haben wir diese (sinnvolle) Option nicht gewählt. Leserinnen und Leser, die auch hier Bootstrap-Konfidenzintervalle berechnet haben möchten, können unter OUTPUT: CINTERVAL(bcbootstrap); hinzufügen sowie unter ANALYSIS: BOOTSTRAP=1000;. Zu beachten ist noch, dass ein Schätzer gewählt werden muss, der das Bootstrap-Verfahren unterstützt, z. B. ESTIMATOR IS ML;. Betrachten wir die Ergebnisse:

```
MODEL RESULTS

                                                        Two-Tailed
                   Estimate        S.E.      Est./S.E.   P-Value
PREJ       ON
   CONTACT         −0.670         0.136       −4.918      0.000
   SDO              0.875         0.195        4.493      0.000
PREJ       ON
   STHREAT          0.312         0.047        6.665      0.000

STHREAT    ON
   CONTACT         −0.229         0.088       −2.593      0.010
   RWA              0.161         0.049        3.288      0.001
   RWAXCONT        −0.179         0.085       −2.118      0.034
   SDO              0.730         0.149        4.899      0.000

New/Additional Parameters
   INDLO           −0.016         0.026       −0.602      0.547
   INDHI           −0.128         0.046       −2.799      0.005
```

Wie in Kapitel 3.3.2 unter Verwendung manifester Variablen ist auch hier der direkte Pfad von Kontakt auf Vorurteile signifikant. Höhere Kontaktwerte gehen mit geringeren fremdenfeindlichen Vorurteilen einher (−.670, p < .001). Interessant sind für uns wiederum die über die MODEL CONSTRAINT-Option definierten konditionalen indirekten Effekte für Personen mit relativ höheren und niedrigen Autoritarismuswerten. Hier ist zu sehen, dass der Effekt erwartungsgemäß signifikant ist für Personen mit relativ höheren Autoritarismuswerten (−.128, p = .005). Der vorurteilsreduzierende Effekt von Intergruppenkontakt ist teilweise dadurch erklärbar, dass positive Intergruppenkontakte bei Personen mit relativ höheren Autoritarismuswerten mit einem Rückgang der sozialen Bedrohungswahrnehmung einhergehen. Für Personen mit relativ niedrigeren Autoritarismuswerten ist dieser indirekte Effekt nicht signifikant (−.016, p = .547).

3.6 Literaturempfehlungen

Abschließend stellen wir weiterführende und vertiefende Literatur zum Thema Strukturgleichungsmodelle vor und kommentieren diese:

Kline, R. B. (2015). *Principles and practice of structural equation modeling* (4th ed.). New York, NY: Guilford.
Eine sehr empfehlenswerte und didaktisch exzellente Einführung in Strukturgleichungsmodelle. Behandelt werden sowohl die Grundlagen von Strukturgleichungsmodellen als auch fortgeschrittene Anwendungen. Das Buch ist darüber hinaus nicht auf eine spezielle Software zugeschnitten. Neben Mplus-Beispielen enthält das Buch auch Beispiele für andere SEM-Programme wie Amos, EQS, LISREL, Stata oder lavaan in R.

Reinecke, J. (2014). *Strukturgleichungsmodelle in den Sozialwissenschaften.* München: Oldenbourg.
Dies ist eines der wenigen deutschen Lehrbücher zu Strukturgleichungsmodellen und eignet sich hervorragen dazu, sich wichtige Grundlagen anzueignen. Neben einer umfassenden Einführung in die methodologischen und statistischen Grundlagen von Strukturgleichungsmodellen zeigt das Buch auch die praktische Anwendung in Mplus.

Die folgenden Quellen behandeln sowohl grundlegende als auch fortgeschrittene Analysen konditionaler indirekter Effekte im Rahmen von Strukturgleichungsmodellen:

Hayes, A. F. (2013). *Introduction to mediation, moderation, and conditional process analysis: A regression-based approach.* New York, NY: The Guilford Press.
Sehr empfehlenswertes und umfassendes Lehrbuch mit sehr gut lesbaren Erläuterungen der statistischen Annahmen zur Schätzung von Regressions- bzw. Strukturgleichungsmodellen, die Moderator- und Mediatiationshypothesen verknüpfen. Siehe auch Preacher, Rucker & Hayes (2007).

Sardeshmukh, S. R. & Vandenbergh, R. (2016). Integrating moderation and mediation: A structural equation modeling approach. *Organizational Research Methods.* doi: 10.1177/1094428115621609

4 Multiple Gruppenvergleiche

Der Vergleich von verschiedenen Substichproben bzw. Gruppen spielt in den Sozialwissenschaften eine wichtige Rolle. Im Rahmen von Strukturgleichungsmodellen beziehen sich solche Vergleiche häufig sowohl auf die Ausprägungen als auch auf die Beziehungen zwischen latenten Variablen. Dabei zählt das Vorliegen von Messinvarianz zu den zentralen Voraussetzungen für den Vergleich verschiedener Substichproben. Mit Messinvarianz ist gemeint, dass die Messmodelle zwischen den Substichproben vergleichbar sind. Ziel dieses Kapitels ist die Veranschaulichung der praktischen Durchführung multipler Gruppenvergleiche in Mplus. Dazu werden wir zunächst etwas genauer auf verschiedene Formen von Messinvarianz eingehen, bevor wir an konkreten Fallbeispielen die Prüfung von Messinvarianz in Mplus demonstrieren. Anschließend zeigen wir, wie latente Mittelwerte und Kovarianzen von latenten Variablen zwischen verschiedenen Substichproben verglichen werden.

4.1 Messinvarianz

Die Frage der Messinvarianz bezieht sich auf die unterschiedlichen Modellparameter eines Messmodells, wie z. B. den Faktorladungen, den Intercepts der manifesten Variablen und den Residualvarianzen. Von zentralem Interesse ist hierbei die Frage nach der Vergleichbarkeit der Messmodelle zwischen Substichproben. Es gibt verschiedene Formen der Messinvarianz, die unterschiedlich restriktiv sind.

Die grundlegendste und am wenigsten restriktive Form von Messinvarianz bezieht sich auf die Gleichheit der Faktorenstruktur und wird häufig als *konfigurale Messinvarianz* bezeichnet. Konfigurale Messinvarianz liegt vor, wenn die Anzahl an Faktoren und das Ladungsmuster zwischen manifesten und latenten Variablen in den Substichproben identisch sind. Sind auch die Faktorladungen zwischen den Substichproben identisch, so wird von *metrischer Messinvarianz* gesprochen. *Skalare* oder auch *starke faktorielle Messinvarianz* liegt dann vor, wenn darüber hinaus die Intercepts der manifesten Variablen identisch sind. Bei den Intercepts handelt es sich um die geschätzten Ausprägungen der manifesten Variablen, wenn die Ausprägung in der latenten Variablen null ist. *Strikte faktorielle Messinvarianz* liegt vor, wenn sich zusätzlich die Residuen der manifesten Variablen zwischen den Gruppen nicht unterscheiden (Meredith, 1993). Diese restriktivste Form der Messinvarianz wird in der Forschungspraxis aber nur selten geprüft.

Die verschiedenen Formen von Messinvarianz sind nicht unabhängig voneinander, sondern stehen in einer hierarchischen Beziehung. Ohne konfigurale Messinvarianz kann auch keine metrische Messinvarianz vorliegen und ohne metrische Messinvarianz fehlt die Voraussetzung für skalare Messinvarianz. Auch für die Prüfung der Invarianz weiterer Parameter des Messmodells müssen bestimmte Formen der Messinvarianz vorliegen: Soll die Beziehung zwischen latenten Variablen verglichen

DOI 10.1515/9783486989458-004

werden (Kovarianz, gerichtete Beziehungen), so muss zumindest metrische Messinvarianz gegeben sein. Sollen die Mittelwerte latenter Variablen zwischen Substichproben verglichen werden, muss skalare Messinvarianz vorliegen. Einen guten Überblick über die verschiedenen Formen von Messinvarianz geben Brown (2015) oder Kline (2015).

In der Forschungspraxis werden die verschiedenen Formen von Messinvarianz entweder in Form des *Step-Down-* oder des *Step-Up*-Ansatzes geprüft (Brown, 2015). Dazu werden unterschiedlich restriktive Messmodelle im Rahmen eines multiplen Gruppenvergleichs miteinander verglichen. Da die Modelle geschachtelt sind, wird dieser Vergleich mit einem χ^2-Differenztest durchgeführt.

Beim *Step-Down*-Ansatz wird mit der restriktivsten Form der Messinvarianz begonnen, in der alle Modellparameter zwischen den Gruppen gleichgesetzt werden. Anschließend wird sukzessive ein Teil der Gleichheitsrestriktionen fallengelassen. Sollte sich der Modell-Fit nicht statistisch bedeutsam verbessern, wird dies als empirische Unterstützung der restriktiveren Form von Messinvarianz gewertet und die Gleichheitsrestriktionen können beibehalten werden.

In den meisten Untersuchungen wird jedoch der *Step-Up*-Ansatz angewendet. Hier wird mit der am wenigsten restriktiven Form von Messinvarianz begonnen, also einem Messmodell, in dem von konfiguraler Messinvarianz ausgegangen wird. Die restriktiveren Formen von Messinvarianz werden dann mit diesem Ausgangsmodell verglichen. Sollte sich der Modell-Fit nicht statistisch bedeutsam verschlechtern, wird die jeweils restriktivere Form von Messinvarianz beibehalten.

Brown (2015) schlägt folgendes schrittweises Vorgehen vor: (1) Separate Überprüfung des Messmodells in den Substichproben; (2) Multipler Gruppenvergleich des Messmodells (*Baseline*-Modell); (3) Prüfung von metrischer Messinvarianz; (4) Prüfung von skalarer Messinvarianz; (5) Prüfung gleicher Residualvarianzen der manifesten Variablen (optional); (6) Prüfung gleicher Varianzen der latenten Variablen; (7) Prüfung gleicher Kovarianzen zwischen den latenten Variablen; (8) Prüfung gleicher latenter Mittelwerte zwischen den Variablen.

Die Schritte 1–5 gehören im engeren Sinne zur Überprüfung von Messinvarianz, die Schritte 6–8 dienen zur Prüfung von Populationsheterogenität. Mit Populationsheterogenität ist gemeint, dass die Varianzen der latenten Variablen, die Kovarianzen zwischen den latenten Variablen und die latenten Mittelwerte Eigenschaften der Populationen beschreiben, die den Substichproben zu Grunde liegen. Somit wird geprüft, ob die Streuung, die Zusammenhänge und die Ausprägungen in den latenten Variablen zwischen den Gruppen variieren (Brown, 2015).

Es ist nicht immer erforderlich, die von Brown (2015) vorgeschlagene Reihenfolge vollständig beizubehalten. Vielmehr hängt es von der konkreten Fragestellung ab, welche Formen von Messinvarianz Gegenstand der Analyse sind. Stehen bei einem Vergleich von Gruppen die Beziehungen zwischen den latenten Variablen im Mittelpunkt des Forschungsinteresses, so ist häufig bereits die Überprüfung metrischer

Messinvarianz ausreichend. Besteht das Analyseziel hingegen in der Überprüfung der latenten Mittelwerte zwischen den Gruppen, ist der Nachweis skalarer Messinvarianz zwingend erforderlich.

Allerdings ermöglicht bereits das Vorliegen von partieller Messinvarianz den Vergleich von Beziehungen zwischen latenten Variablen und die Analyse der latenten Mittelwerte dieser Variablen (Byrne, Shavelson, & Muthén, 1989). Partielle Messinvarianz ist dann gegeben, wenn zwar ein Teil der Modellparameter bedeutsam zwischen den Gruppen variiert, für die restlichen Parameter aber Invarianz vorliegt. Zumindest wenn Invarianz für einen Teil der Faktorladungen vorliegt, kann es sinnvoll und gerechtfertigt sein, die Beziehungen latenter Variablen zwischen den Gruppen zu vergleichen (siehe Steinmetz, 2013, für eine aktuelle Simulationsstudie). Nähere Ausführungen hierzu finden sich bei Brown (2015) und Byrne et al. (1989).

4.2 Überprüfung von Messinvarianz in Mplus

Für die Demonstration des multiplen Gruppenvergleichs in Mplus orientieren wir uns an der in Kapitel 2 erwähnten Studie von Zick et al. (2008) und nutzen den dort vorgestellten Datensatz dieser Untersuchung „GMF05_Querschnitt_CFA.dat". In Kapitel 2 veranschaulichten wir anhand dieses Datensatzes die Durchführung der explorativen und konfirmatorischen Faktorenanalyse. Nun wollen wir in Anlehnung an Zick et al. (2008) die Gültigkeit des Messmodells in unterschiedlichen Bildungsgruppen prüfen. Um das Beispiel überschaubar zu halten, vereinfachen wir die Fragestellung aus Zick et al. (2008): So verzichten wir auf die Prüfung von Messinvarianz für das GMF-Syndrom als Faktor 2. Ordnung (siehe Kapitel 2.3). Stattdessen betrachten wir lediglich die als Faktoren 1. Ordnung konzipierten Elemente von GMF: „Sexismus", „Homophobie", „Antisemitismus", „Fremdenfeindlichkeit", „Rassismus", „Abwertung von Obdachlosen", „Islamophobie" und „Etabliertenvorrechte". Darüber hinaus beschränken wir uns auf den Vergleich von Personen mit mittlerem und hohem Bildungsniveau.

Zur Prüfung von Messinvarianz wählen wir den von Brown (2015) vorgeschlagenen *Step-Up*-Ansatz. Wir führen also zunächst für beide Bildungsgruppen einen separaten Test des Messmodells durch, um auf diese Weise konfigurale Messinvarianz zu prüfen (Schritt 1). Wenn das theoretisch angenommene Messmodell in beiden Bildungsgruppen einen akzeptablen Modell-Fit aufweist, können wir von konfiguraler Messinvarianz ausgehen. Inhaltlich würde dies bedeuten, dass in beiden Bildungsgruppen die acht Elemente von GMF nachgewiesen werden können und die entsprechenden Indikatoren auf den jeweiligen Elementen laden. Anschließend werden wir das Baseline-Modell mit einem multiplen Gruppenvergleich schätzen (Schritt 2), um schließlich metrische Messinvarianz zu prüfen (Schritt 3). Hierdurch ist erkennbar, ob sich die Faktorladungen der manifesten Variablen auf den jeweiligen GMF-Elementen zwischen den Gruppen der Mittel- und Hochgebildeten signifikant voneinander unterscheiden oder nicht. Invariante Faktorladungen stellen eine Voraussetzung für den Vergleich der Beziehungen der GMF-Elemente zwischen den beiden Bildungsgruppen dar. Zusätzlich werden wir auch skalare Invarianz anhand der Überprüfung von Unterschieden in den Intercepts der manifesten Variablen zwischen den beiden Bildungsgruppen untersuchen (Schritt 4). Skalare Invarianz zählt zu den Voraussetzungen für einen Vergleich der latenten Mittelwerte in den verschiedenen GMF-Elementen zwischen den beiden Bildungsgruppen.

In Mplus gibt es zwei grundsätzliche Möglichkeiten zur Durchführung eines multiplen Gruppenvergleichs. Die Entscheidung für eine der beiden Möglichkeiten ist davon abhängig, ob die Daten für die zu vergleichenden Gruppen in einem oder in getrennten Datensätzen vorliegen. In unserem Beispiel geht es um den Vergleich von zwei Bildungsgruppen. Sollten die Daten hierzu in getrennten Datensätzen vorliegen, so wird ein multipler Gruppenvergleich mit der mehrfachen Verwendung der Option FILE im Befehlsblock DATA angefordert (Datei „MG_FILE IS.inp"). Nachfolgend führen wir nur den entsprechenden Ausschnitt aus dem Input-File auf:

```
TITLE:      Multiple Gruppenvergleiche –
            Mehrfache Verwendung der Option FILE IS

DATA:       FILE (mittel) IS GMF05_BildungMittel.dat;
            FILE (hoch) IS GMF05_BildungHoch.dat;
```

Unser Beispiel erfordert also lediglich die zweifache Verwendung der Option FILE. Mplus führt dann automatisch einen multiplen Gruppenvergleich zwischen den Gruppen für das im Befehlsblock MODEL spezifizierte Modell durch. Unmittelbar nach FILE ist den Gruppen in Klammern eine Bezeichnung zu geben. Aus naheliegenden Gründen haben wir uns für die Bezeichnungen „mittel" und „hoch" entschieden.

In den meisten Untersuchungen liegt jedoch nur ein einzelner Datensatz vor. Im Datensatz muss in diesem Fall eine kategoriale Variable vorhanden sein, die kodiert, welche Beobachtung zu welcher Gruppe gehört. Der Datensatz „GMF05_Querschnitt_CFA.dat" enthält die Variable „zu01q4k". Diese kodiert das Bildungsniveau der Befragten, wobei drei Niveaus unterschieden werden: 1 = Personen mit einem niedrigen Bildungsniveau; 2 = Personen mit einem mittleren Bildungsniveau; 3 = Personen mit einem hohen Bildungsniveau.

Mit der Option GROUPING im Befehlsblock VARIABLE können nun die Gruppen für den multiplen Gruppenvergleich spezifiziert werden. Die Datei „MG_GROUPING.inp" enthält den entsprechenden Mplus-Input für dieses Beispiel. Hier führen wir wiederum nur den für die Erläuterung der GROUPING-Option relevanten Ausschnitt auf. Die Ausführung der Beispiele „MG_FILE IS.inp" und „MG_GROUPING.inp" führt zu identischen Ergebnissen. Sie unterscheiden sich lediglich in der Art, wie die Daten vorliegen.

```
TITLE:      Multiple Gruppenvergleiche - Option GROUPING

DATA:       FILE IS GMF05_Querschnitt_CFA.dat;

VARIABLE:   NAMES ARE qcp_ser he01hq4 sx03q4r sx04q4r he01oq4r
            he02oq4r he02hq4r ff04dq4r ff08dq4r ev03q4r ev04q4r
            ra01q4r ra03q4r as01q4r as02q4r he05mq4r he12mq4r
            ka05q4r zu01q4k;

            USEVARIABLES ARE he01hq4 sx03q4r sx04q4r he01oq4r
            he02oq4r he02hq4r ff04dq4r ff08dq4r ev03q4r ev04q4r
            ra01q4r ra03q4r as01q4r as02q4r he05mq4r he12mq4r;

            MISSING ARE he01oq4r he02oq4r (99);

            USEOBSERVATIONS = zu01q4k EQ 2 OR zu01q4k EQ 3;

            GROUPING IS zu01q4k (2=mittel 3=hoch);
```

Mit der Option USEOBSERVATIONS haben wir die Befragten mit mittlerem und hohem Bildungsniveau ausgewählt, da wir den multiplen Gruppenvergleich nur für diese beiden Bildungsgruppen durchführen wollen:
VARIABLE: USEOBSERVATIONS = zu01q4k EQ 2 OR zu01q4k EQ 3;
In der Option GROUPING haben wir entsprechend diese beiden Bildungsgruppen spezifiziert:
VARIABLE: GROUPING IS zu01q4k (2 = mittel 3 = hoch);
In Klammern werden die entsprechenden Kategorien definiert und mit einem Label versehen.

Zur Prüfung von konfiguraler, metrischer und skalarer Messinvarianz möchten wir, wie bereits oben beschrieben, dem von Brown (2015) vorgeschlagenen Vorgehen folgen, wobei wir allerdings nur die Schritte 1 bis 4 durchlaufen. Zunächst prüfen wir das Messmodell der acht Elemente von GMF in beiden Gruppen getrennt. Anschließend schätzen wir im Rahmen eines multiplen Gruppenvergleichs das Baseline-Modell. In diesem Modell ist lediglich die faktorielle Struktur vorgegeben; es enthält aber noch keine Restriktionen hinsichtlich der Parameter des Messmodells. Dieses Baseline-Modell dient als Grundlage der Bewertung, ob Messmodelle mit Restriktionen für Modellparameter im multiplen Gruppenvergleich zu einer bedeutsamen Verschlechterung des Model-Fits führen. Zunächst setzen wir zur Überprüfung metrischer Invarianz die Faktorladungen zwischen den Gruppen gleich. Anschließend prüfen wir die Vergleichbarkeit der Intercepts der manifesten Variablen (skalare Messinvarianz), wobei wir auch hierzu Gleichheitsrestriktionen anwenden.

4.2.1 Überprüfung konfiguraler Messinvarianz

Nachfolgend ist der Mplus-Input zur Prüfung des Messmodells für die Gruppe der Personen mittleren Bildungsniveaus dargestellt (Datei „MG_Mittel.inp"):

```
TITLE:      Fit des Messmodells
            Befragte mit mittlerem Bildungsniveau

DATA:       FILE IS GMF05_Querschnitt_CFA.dat;

VARIABLE:   NAMES ARE qcp_ser he01hq4 sx03q4r sx04q4r he01oq4r
            he02oq4r he02hq4r ff04dq4r ff08dq4r ev03q4r ev04q4r
            ra01q4r ra03q4r as01q4r as02q4r he05mq4r he12mq4r
            ka05q4r zu01q4k;

            USEVARIABLES ARE he01hq4 sx03q4r sx04q4r he01oq4r
            he02oq4r he02hq4r ff04dq4r ff08dq4r ev03q4r ev04q4r
            ra01q4r ra03q4r as01q4r as02q4r he05mq4r he12mq4r;

            MISSING ARE he01oq4r he02oq4r (99);

            USEOBSERVATIONS = zu01q4k EQ 2; ! Auswahl der Befragten mit
                                           ! mittlerem Bildungsniveau

MODEL:      sexism BY sx03q4r* sx04q4r; ! Ladung des ersten Indikators wird
                                        ! frei geschätzt (Überschreibung der
                                        ! Voreinstellung in Mplus)
            sexism@1;                   ! Entsprechend muss die Varianz der
                                        ! latenten Variablen auf 1 fixiert
                                        ! werden

            homoph BY he01hq4* he02hq4r;
            homoph@1;
            antisem BY as01q4r* as02q4r;
            antisem@1;
            fremdenf BY ff04dq4r* ff08dq4r;
            fremdenf@1;
            rass BY ra01q4r* ra03q4r;
            rass@1;
            obdachl BY he01oq4r* he02oq4r;
            obdachl@1;
            islamph BY he05mq4r* he12mq4r;
            islamph@1;
            etabl BY ev03q4r* ev04q4r;
            etabl@1;
```

Da wir im ersten Schritt das Messmodell zunächst nur für Personen mit mittlerem Bildungsniveau schätzen möchten, wählen wir mit der Option USEOBSERVATIONS im Befehlsblock VARIABLE die entsprechenden Befragten aus:
VARIABLE: USEOBSERVATIONS = zu01q4k EQ 2;
Auf diese Weise werden in der Analyse nur diejenigen Fälle verwendet, die in der kategorialen Variablen den Wert 2 aufweisen (EQ steht für „equals").

Da wir später zur Prüfung metrischer Invarianz die Faktorladungen zwischen den unterschiedlichen Bildungsgruppen vergleichen möchten, schätzen wir alle

Faktorladungen frei. Die Voreinstellung in Mplus ist, dass die Ladung der ersten Variablen nach der Option BY im Befehlsblock MODEL auf eins fixiert wird, um die latente Variable mit einer Metrik zu versehen. Durch das Anfügen eines „*" an den Variablennamen kann diese Voreinstellung überschrieben werden:

MODEL: sexism BY sx03q4r* sx04q4r;

Die Ladung der manifesten Variablen „sx03q4r" auf der latenten Variablen „sexism" wird nun frei geschätzt. Um dieser latenten Variablen eine Metrik zu geben, muss nun ihre Varianz auf eins fixiert werden (Brown, 2015):

MODEL: sexism@1;

Das Messmodell ist nun identifiziert.

Wird im Befehlsblock MODEL lediglich ein Variablenname aufgeführt (hier „sexism"), so bezieht sich dies immer auf die Varianz (im Falle von exogenen Variablen)[11] oder die Residualvarianz (im Falle von endogenen Variablen) von latenten oder manifesten Variablen. Über das Anfügen eines „@" und einer entsprechenden Zahl können Modellparameter auf einen bestimmten Wert fixiert werden (hier 1).

Der Fit des Modells in der Gruppe der Befragten mittleren Bildungsniveaus ist gut (χ^2 = 150.396; df = 76; p < .001; CFI = .970; RMSEA = .040 (90 % CI = .031/.050); SRMR = .026).

Die Wiederholung der Analyse für die Gruppe der Befragten mit hohem Bildungsniveau (hierzu ist im Input-File lediglich eine Zeile zu ändern: USEOBSERVATIONS = zu01q4k EQ 3; Datei „MG_Hoch.inp") zeigt, dass dieses Messmodell ebenfalls einen guten Modell-Fit aufweist (χ^2 = 149.205; df = 76; p < .001; CFI = .980; RMSEA = .035 (90 % CI = .027/.044); SRMR = .023).

Insgesamt demonstrieren die separaten Analysen, dass das Messmodell in beiden Bildungsgruppen jeweils einen guten Fit aufweist und somit von konfiguraler Messinvarianz ausgegangen werden kann.

4.2.2 Schätzung des Baseline-Modells

Im zweiten Schritt schätzen wir mit Hilfe eines multiplen Gruppenvergleichs das Baseline-Modell. Auch in diesem Modell ist lediglich die faktorielle Struktur vorgegeben, die Parameter des Messmodells in den zwei Bildungsgruppen werden dagegen frei geschätzt.

Das Baseline-Modell dient uns für den nächsten Schritt als Vergleichsmodell. Einige Leserinnen und Leser werden sich an dieser Stelle vielleicht fragen, warum der erste Schritt nötig war und warum die konfigurale Invarianz nicht direkt mit

---

11 In der SEM-Terminologie wird die Menge aller unabhängigen Konstrukte als „exogen" bezeichnet, die Menge aller abhängigen Konstrukte als „endogen".

dem Baseline-Modell getestet werden kann. Die Statistiken, die Mplus bezüglich der Modellgüte ausgibt, beziehen sich global auf das gesamte Baseline-Modell. Die Passung des Modells bezüglich einzelner Subgruppen wird nicht separat überprüft. Im Falle eines nicht-fittenden Modells kann daher auch nicht auf die Quelle der mangelnden Modellpassung geschlossen werden. Es wäre unklar, ob das Modell insgesamt fehlspezifiziert wurde, oder ob das Modell nur in einer oder mehreren der Vergleichsgruppen nicht zu den Daten passt. Andererseits ist aus Statistiken, die eher für einen globalen Fit sprechen, nicht zwingend abzuleiten, dass das Modell auch tatsächlich in allen Subgruppen gut zu den Daten passt. Dass dies der Fall ist, haben wir in Schritt 1 gezeigt. Somit konnten wir mit der Schätzung des Baselinemodells fortfahren. Der Input dazu ist nachfolgend aufgeführt (Datei „MG_Baseline.inp"):

```
TITLE:      Multiple Gruppenvergleiche - Baseline Modell

DATA:       FILE IS GMF05_Querschnitt_CFA.dat;

VARIABLE:   NAMES ARE qcp_ser he01hq4 sx03q4r sx04q4r he01oq4r
            he02oq4r he02hq4r ff04dq4r ff08dq4r ev03q4r ev04q4r
            ra01q4r ra03q4r as01q4r as02q4r he05mq4r he12mq4r
            ka05q4r zu01q4k;

            USEVARIABLES ARE he01hq4 sx03q4r sx04q4r he01oq4r
            he02oq4r he02hq4r ff04dq4r ff08dq4r ev03q4r ev04q4r
            ra01q4r ra03q4r as01q4r as02q4r he05mq4r he12mq4r;

            MISSING ARE he01oq4r he02oq4r (99);
            USEOBSERVATIONS = zu01q4k EQ 2 OR zu01q4k EQ 3;
            GROUPING IS zu01q4k (2=mittel 3=hoch);

MODEL:      ! Spezifikation des Modells
            ! Übergeordneter Befehlsblock
            sexism BY sx03q4r* sx04q4r;
            sexism@1;
            homoph BY he01hq4* he02hq4r;
            homoph@1;
            antisem BY as01q4r* as02q4r;
            antisem@1;
            fremdenf BY ff04dq4r* ff08dq4r;
            fremdenf@1;
            rass BY ra01q4r* ra03q4r;
            rass@1;
            obdachl BY he01oq4r* he02oq4r;
            obdachl@1;
            islamph BY he05mq4r* he12mq4r;
            islamph@1;
            etabl BY ev03q4r* ev04q4r;
            etabl@1;
```

```
MODEL hoch:        ! Gruppenspezifischer Befehlsblock MODEL:
                   ! Spezifikation von Abweichungen

sexism BY sx03q4r sx04q4r; ! Freie Schätzung der Ladungen
homoph BY he01hq4 he02hq4r; ! in der Gruppe hoch (Überschreibung
antisem BY as01q4r as02q4r; ! der Voreinstellung in Mplus)
fremdenf BY ff04dq4r ff08dq4r;
rass BY ra01q4r ra03q4r;
obdachl BY he01oq4r he02oq4r;
islamph BY he05mq4r he12mq4r;
etabl BY ev03q4r ev04q4r;
! Freie Schätzung der Intercepts der Indikatoren
! in der Gruppe hoch
! (Überschreibung der Voreinstellung in Mplus)
[sx03q4r sx04q4r];
[he01hq4 he02hq4r];
[as01q4r as02q4r];
[ff04dq4r ff08dq4r];
[ra01q4r ra03q4r];
[he01oq4r he02oq4r];
[he05mq4r he12mq4r];
[ev03q4r ev04q4r];
[sexism-etabl@0];
! Fixierung der Intercepts der Faktoren 1. Ordnung
! auf null zu Identifikationszwecken
```

Im Befehlsblock VARIABLE haben wir zum Vergleich der Befragten mit mittlerem und hohem Bildungsniveau die Option GROUPING verwendet:
VARIABLE: GROUPING IS zu01q4k (2 = mittel 3 = hoch);
Zuvor haben wir wiederum mit der Option USEOBSERVATIONS diese Subgruppen von Befragten mit mittlerem und hohem Bildungsniveau ausgewählt:
VARIABLE: USEOBSERVATIONS = zu01q4k EQ 2 OR zu01q4k EQ 3;
In Mplus legt die Option GROUPING diejenige Gruppe als Referenzgruppe fest, die den niedrigsten Wert in der kategorialen Variablen hat, die die Zugehörigkeit der Beobachtungen zu den unterschiedlichen Gruppen definiert. Somit dienen in unserem Beispiel die Befragten mittleren Bildungsniveaus als Referenzgruppe. Soll eine alternative Gruppe als Referenzgruppe genutzt werden, so muss die kategoriale Variable so rekodiert werden, dass die gewünschte Referenzgruppe den niedrigsten Wert erhält. Solche Rekodierungen können leicht in SPSS oder anderen Statistikpaketen vorgenommen werden. Wird für den multiplen Gruppenvergleich auf separate Datenfiles zurückgegriffen, so bildet immer die in der Option FILE zuerst genannte Gruppe die Referenzgruppe. In dem oben gezeigten Beispiel hierzu (Datei „MG_FILE IS.inp") stellen die Befragten mittleren Bildungsniveaus somit ebenfalls die Referenzgruppe dar.

Bei der Durchführung eines multiplen Gruppenvergleichs in Mplus sind verschiedene Voreinstellungen zu beachten. So werden automatisch sämtliche Faktorladungen und Intercepts der manifesten Variablen zwischen den Gruppen gleichgesetzt. Auf diese Weise wird in Mplus automatisch sowohl metrische als auch skalare Invarianz angenommen.

Unser Analysebeispiel erfordert zunächst die Deaktivierung der Mplus-Voreinstellungen. Dies ermöglicht uns, im Sinne eines *Step-Up*-Vorgehens im Baseline-Modell zunächst ein unrestringiertes Modell prüfen, in dem die Modellparameter der zu vergleichenden Gruppen frei geschätzt werden. Diese Anforderung haben wir im gruppenspezifischen Teil des Befehlsblocks MODEL sowohl für die Faktorladungen als auch für die Intercepts spezifiziert. Die Optionen im gruppenspezifischen Teil des Befehlsblocks MODEL bewirken, dass die entsprechenden Modellparameter in dieser Gruppe frei geschätzt werden. Für die Faktorladungen haben wir entsprechende Befehlszeilen eingefügt, z. B.:

```
MODEL: MODEL hoch:
sexism BY sx03q4r sx04q4r;
```

Die Ladungen der beiden Sexismus-Indikatoren auf der latenten Variablen „sexism" werden nun in der Gruppe der Befragten hohen Bildungsniveaus frei geschätzt. Da es nur zwei zu vergleichende Gruppen gibt, werden die Ladungen auch in der Gruppe der Befragten mittleren Bildungsniveaus frei geschätzt. Werden mehr als zwei Gruppen miteinander verglichen, müssen entsprechend zusätzliche gruppenspezifische Blöcke verwendet werden.

Da auch die Intercepts der manifesten Variablen frei geschätzt werden sollen, haben wir im gruppenspezifischen Teil des Befehlsblocks MODEL auch die Intercepts aufgeführt. Hierdurch werden die entsprechenden Parameter in der Gruppe der Befragten mit hohem Bildungsniveau frei geschätzt:

```
MODEL: MODEL hoch:
[sx03q4r sx04q4r];
```

Eckige Klammern im Befehlsblock MODEL beziehen sich immer auf die Intercepts (im Falle von endogenen Variablen) oder Mittelwerte (im Falle von exogenen Variablen) von manifesten oder latenten Variablen.

Eine weitere Voreinstellung in Mplus fixiert die Mittelwerte der latenten Variablen in der Referenzgruppe auf den Wert null. Gleichzeitig werden die Mittelwerte der latenten Variablen in den anderen Gruppen frei geschätzt. In unserem Beispiel führt diese Voreinstellung allerdings zu einer Unteridentifikation des Modells, da wir ja ebenfalls alle Intercepts in den Gruppen frei schätzen. Aus diesem Grund müssen wir auch in der Vergleichsgruppe der Befragten mit hohem Bildungsniveau die latenten Mittelwerte auf den Wert null fixieren. Dies haben wir mit folgender Befehlszeile im gruppenspezifischen Teil des Befehlsblocks MODEL vorgenommen:

```
MODEL: MODEL hoch:
[sexism-etabl@0];
```

Der Bindestrich steht für „bis" und kann genutzt werden, wenn sich eine Befehlszeile auf eine Reihe von Variablen in einer bestimmten Reihenfolge bezieht. In diesem Fall gilt die Fixierung auf den Wert null für alle acht latenten Variablen, von „sexism" (Sexismus), die als erstes im Befehlsblock MODEL definiert wurde, bis „etabl" („Etabliertenvorrechte"), die zuletzt definiert wurde.

Dem zugehörigen Mplus-Output kann zunächst entnommen werden, dass der Input erfolgreich eingelesen wurde und der gewünschte multiple Gruppenvergleich umgesetzt wurde.

```
INPUT READING TERMINATED NORMALLY

Multiple Gruppenvergleiche - Baseline Modell

SUMMARY OF ANALYSIS

Number of groups                             2
Number of observations
    Group MITTEL                           607
    Group HOCH                             777
    Total sample size                     1384

Number of dependent variables              16
Number of independent variables             0
Number of continuous latent variables       8
```

Der Output zeigt, es wurden zwei Gruppen miteinander verglichen („Number of groups: 2"). Für jede Gruppe werden die entsprechenden Fallzahlen aufgeführt („Number of observations").

Etwas weiter unten im Output sind die Informationen zur Modellgüte zu finden. Der Modell-Fit für das Baseline-Modell ist gut (χ^2 = 299.600; df = 152; p < .001; CFI = .976; RMSEA = .037 (90 % CI = .031/.044); SRMR = .024). Zu beachten ist, dass sich der χ^2-Wert für das Baseline-Modell aus den χ^2-Werten für das Messmodell in beiden Bildungsgruppen zusammensetzt:

```
Chi-Square Test of Model Fit
        Value                            299.600
        Degrees of Freedom                   152
        P-Value                           0.0000

Chi-Square Contribution From Each Group
        MITTEL                           150.396
        HOCH                             149.205
```

Hieraus wird auch noch einmal ersichtlich, warum mit dem Baseline-Modell nicht konfigurale Invarianz geprüft werden kann. Wie bereits erwähnt, spiegelt der globale Fit des Baseline-Modells nicht wider, ob der Fit in einer der Gruppen möglicherweise inakzeptabel ist. Aus diesem Grund war zunächst eine separate Prüfung des Modells in den verschiedenen Gruppen erforderlich.

Weiterhin sind im Mplus-Output die Parameterschätzer für beide Gruppen separat aufgeführt. Nachfolgend führen wir die Ladungen der manifesten Variablen auf den unterschiedlichen GMF-Elementen auf:

```
MODEL RESULTS

                                                   Two-Tailed
                    Estimate      S.E.    Est./S.E.   P-Value
      Group MITTEL

      SEXISM    BY
        SX03Q4R      0.644      0.039      16.518     0.000
        SX04Q4R      0.639      0.037      17.285     0.000

      HOMOPH    BY
        HE01HQ4      0.709      0.058      12.201     0.000
        HE02HQ4R     0.811      0.061      13.335     0.000

      ANTISEM    BY
        AS01Q4R      0.756      0.042      18.227     0.000
        AS02Q4R      0.536      0.034      15.573     0.000

      FREMDENF BY
        FF04DQ4R     0.673      0.035      18.982     0.000
        FF08DQ4R     0.750      0.037      20.304     0.000

      RASS      BY
        RA01Q4R      0.409      0.039      10.526     0.000
        RA03Q4R      0.444      0.038      11.619     0.000

      OBDACHL   BY
        HE01OQ4R     0.722      0.054      13.352     0.000
        HE02OQ4R     0.610      0.050      12.299     0.000

      ISLAMPH   BY
        HE05MQ4R     0.636      0.040      15.723     0.000
        HE12MQ4R     0.663      0.038      17.388     0.000

      ETABL     BY
        EV03Q4R      0.390      0.044       8.892     0.000
        EV04Q4R      0.778      0.062      12.511     0.000

      Group HOCH

      SEXISM    BY
        SX03Q4R      0.602      0.029      21.118     0.000
        SX04Q4R      0.523      0.025      21.090     0.000

      HOMOPH    BY
        HE01HQ4      0.736      0.040      18.213     0.000
        HE02HQ4R     0.757      0.036      20.997     0.000

      ANTISEM    BY
        AS01Q4R      0.557      0.029      18.932     0.000
        AS02Q4R      0.417      0.023      18.405     0.000
```

FREMDENF BY				
FF04DQ4R	0.755	0.030	24.991	0.000
FF08DQ4R	0.581	0.027	21.406	0.000
RASS BY				
RA01Q4R	0.387	0.031	12.583	0.000
RA03Q4R	0.310	0.024	12.708	0.000
OBDACHL BY				
HE01OQ4R	0.785	0.044	17.794	0.000
HE02OQ4R	0.515	0.038	13.710	0.000
ISLAMPH BY				
HE05MQ4R	0.591	0.031	19.111	0.000
HE12MQ4R	0.584	0.027	21.613	0.000
ETABL BY				
EV03Q4R	0.453	0.037	12.160	0.000
EV04Q4R	0.604	0.041	14.731	0.000

In beiden Gruppen unterscheiden sich die Schätzer der Faktorladungen. Dies belegt die erfolgreiche Deaktivierung der Mplus-Voreinstellungen. Im nächsten Schritt möchten wir nun das Vorliegen metrischer Invarianz überprüfen (Schritt 3).

4.2.3 Überprüfung metrischer Messinvarianz

Zur Überprüfung metrischer Messinvarianz vergleichen wir das Baseline-Modell aus Schritt 2 mit einem Modell, in dem die Ladungen der manifesten Variablen auf den entsprechenden latenten Variablen zwischen den Befragten mit mittlerem und hohem Bildungsniveau gleichgesetzt werden.

Wir möchten nun auf die Voreinstellung gleicher Faktorladungen für die Durchführung eines multiplen Gruppenvergleichs in Mplus zurückgreifen. Hierzu müssen wir im Mplus-Input folgende Befehlszeilen im gruppenspezifischen Teil des Befehlsblocks auskommentieren oder löschen:

```
!sexism BY sx03q4r sx04q4r;
!homoph BY he01hq4 he02hq4r;
!antisem BY as01q4r as02q4r;
!fremdenf BY ff04dq4r ff08dq4r;
!rass BY ra01q4r ra03q4r;
!obdachl BY he01oq4r he02oq4r;
!islamph BY he05mq4r he12mq4r;
!etabl BY ev03q4r ev04q4r;
```

Durch das vorangestellte Ausrufezeichen werden die Befehlszeilen nun von Mplus als Kommentar behandelt und ignoriert, was durch eine grüne Schriftfärbung im

Input kenntlich gemacht wird. Wir bevorzugen dieses Vorgehen (anstatt die jeweiligen Befehlszeilen zu löschen), da es uns ermöglicht, an späterer Stelle schnell auf wichtige Bestandteile des Modells zurückzugreifen. Durch die nun spezifizierten Restriktionen ist es nur noch nötig, die Varianzen der latenten Variablen in einer der Gruppen (hier: in der Referenzgruppe) auf eins zu fixieren. In der anderen Gruppe können die Varianzen frei geschätzt werden. Wir fügen daher im gruppenspezifischen Block „`MODEL hoch`" noch folgende Zeile ein: `sexism-etabl*;`.

Das „`*`" Symbol führt zur Freisetzung der entsprechenden Parameter. Da die Intercepts in beiden Gruppen weiterhin frei geschätzt werden sollen, haben wir die entsprechenden Befehlszeilen im gruppenspezifischen Teil beibehalten. Der gesamte Input ist der Datei „MG_Metric.inp" zu entnehmen.

Das Modell mit gleichen Faktorladungen ist restriktiver als das vorherige Baseline-Modell: Aufgrund der Gleichheitsrestriktionen müssen statt 32 Faktorladungen (die Ladung der 16 manifesten Variablen auf den acht latenten Variablen, jeweils separat für beide Gruppen) nur noch 16 Faktorladungen geschätzt werden. Andererseits werden nun zusätzliche acht Varianzen der latenten Variablen in der Gruppe „hoch" geschätzt. Somit ergibt sich insgesamt ein Unterschied von acht zusätzlichen Freiheitsgraden im Vergleich zum Baseline-Modell. Nachfolgend sind Ausschnitte aus dem Mplus-Output dargestellt. Diese zeigen, dass die Schätzer für die Faktorladungen zwischen den Gruppen gleich sind.

```
MODEL RESULTS

                                                    Two-Tailed
                    Estimate      S.E.      Est./S.E.    P-Value
Group MITTEL

SEXISM     BY
    SX03Q4R         0.673        0.031        21.509       0.000
    SX04Q4R         0.610        0.029        20.738       0.000

HOMOPH     BY
    HE01HQ4         0.739        0.042        17.529       0.000
    HE02HQ4R        0.780        0.044        17.725       0.000

ANTISEM    BY
    AS01Q4R         0.747        0.035        21.312       0.000
    AS02Q4R         0.545        0.028        19.817       0.000

FREMDENF   BY
    FF04DQ4R        0.744        0.032        23.249       0.000
    FF08DQ4R        0.659        0.032        20.464       0.000

RASS       BY
    RA01Q4R         0.446        0.035        12.841       0.000
    RA03Q4R         0.409        0.034        12.138       0.000

OBDACHL    BY
    HE01OQ4         0.774        0.043        17.872       0.000
    HE02OQ4R        0.558        0.036        15.611       0.000
```

ISLAMPH BY				
HE05MQ4R	0.649	0.035	18.558	0.000
HE12MQ4R	0.650	0.034	19.106	0.000
ETABL BY				
EV03Q4R	0.452	0.036	12.721	0.000
EV04Q4R	0.710	0.051	13.826	0.000

Group HOCH

SEXISM BY				
SX03Q4R	0.673	0.031	21.509	0.000
SX04Q4R	0.610	0.029	20.738	0.000
HOMOPH BY				
HE01HQ4	0.739	0.042	17.529	0.000
HE02HQ4R	0.780	0.044	17.725	0.000
ANTISEM BY				
AS01Q4R	0.747	0.035	21.312	0.000
AS02Q4R	0.545	0.028	19.817	0.000
FREMDENF BY				
FF04DQ4R	0.744	0.032	23.249	0.000
FF08DQ4R	0.659	0.032	20.464	0.000
RASS BY				
RA01Q4R	0.446	0.035	12.841	0.000
RA03Q4R	0.409	0.034	12.138	0.000
OBDACHL BY				
HE01OQ4R	0.774	0.043	17.872	0.000
HE02OQ4R	0.558	0.036	15.611	0.000
ISLAMPH BY				
HE05MQ4R	0.649	0.035	18.558	0.000
HE12MQ4R	0.650	0.034	19.106	0.000
ETABL BY				
EV03Q4R	0.452	0.036	12.721	0.000
EV04Q4R	0.710	0.051	13.826	0.000

Der Fit des Modells mit gleichen Faktorladungen ist weiterhin gut (χ^2 = 335.761; df = 160; p < .001; CFI = .972; RMSEA = .040 (90 % CI = .034/.046); SRMR = .032). Allerdings zeigt der Vergleich dieses restriktiveren Modells mit dem Baselinemodell mittels χ^2-Differenztest eine signifikante Abnahme im Modell-Fit ($\Delta\chi^2$ = 36.161, df = 8, p < .001). Dies bedeutet, dass in mindestens einer der Faktorladungen statistisch bedeutsame Unterschiede zwischen den beiden Gruppen vorliegen. Die Annahme vollständiger metrischer Invarianz muss also aufgegeben werden.

Zur Beantwortung der Frage, für welche Faktorladungen bedeutsame Unterschiede zwischen beiden Bildungsgruppen vorliegen, werden die Gleichheitsrestriktionen üblicherweise nun sukzessive fallengelassen. Bei diesem Vorgehen liefern Modifikations-Indizes wichtige Informationen. Wir haben uns mittels der Option

MODINDICES im Befehlsblock OUTPUT Modifikationsindizes ausgeben lassen: Mplus berechnet univariate Modifikationsindizes. Für jeden Parameter, der entweder auf null fixiert oder, wie in unserem Beispiel, zwischen Gruppen gleichgesetzt ist, wird eine eigene Berechnung durchgeführt. Die Modifikationsindizes informieren über die zu erwartende Änderung des χ^2-Werts des Gesamtmodells für den Fall, dass der entsprechende Modellparameter nicht auf null fixiert bzw. zwischen Gruppen gleichgesetzt, sondern frei geschätzt wird. Wird ein zuvor fixierter Parameter frei geschätzt, verliert das Modell einen Freiheitsgrad und ist daher weniger restriktiv. Modifikationsindizes erlauben somit die Beantwortung der Frage, ob der Verlust an Freiheitsgraden durch eine Verbesserung des Modell-Fits aufgewogen wird.

Die Voreinstellung in Mplus legt fest, dass Modifikationsindizes nur für diejenigen Modellparameter ausgegeben werden, für welche die geschätzte Veränderung im χ^2-Wert größer oder gleich dem Wert zehn ist. Abweichungen von dieser Voreinstellung können durch einen in Klammern angegebenen alternativen, Wert spezifiziert werden:

OUTPUT: MODINDICES (4);

Auf diese Weise wird die Grenze für die Ausgabe von Modifikationsindizes auf den Wert vier festgelegt. Im Hintergrund steht hierbei die Überlegung, dass eine χ^2-Differenz von vier (genauer: eine Differenz von 3.84) bei einem Freiheitsgrad ungefähr auf dem 5%-Niveau signifikant ist. Der Wert zehn in der Voreinstellung führt dazu, dass nur auf wirklich substanzielle Modellverbesserungen hingewiesen wird.

Nachfolgend sind die Modifikationsindizes für beide Gruppen dargestellt, die sich auf die Faktorladungen beziehen („BY Statements"). Alle weiteren Modifikationsindizes, die sich auf andere Modellparameter beziehen (z. B. „WITH-Statements"), interessieren an dieser Stelle nicht.

```
Minimum M.I. value for printing the modification index 10.000

                      M.I.     E.P.C.    Std E.P.C.    StdYX E.P.C.
Group MITTEL

BY Statements

ANTISEM  BY FF04DQ4R  11.984   -0.160    -0.160        -0.169
ANTISEM  BY FF08DQ4R  11.987    0.142     0.142         0.155
ANTISEM  BY RA01Q4R   10.019   -0.158    -0.158        -0.194
ANTISEM  BY RA03Q4R   10.017    0.145     0.145         0.196
FREMDENF BY FF04DQ4R  20.594   -0.072    -0.072        -0.076
FREMDENF BY FF08DQ4R  20.592    0.083     0.083         0.090
RASS     BY FF04DQ4R  20.585   -0.233    -0.233        -0.245
RASS     BY FF08DQ4R  20.586    0.206     0.206         0.225
ISLAMPH  BY FF04DQ4R  19.230   -0.249    -0.249        -0.262
ISLAMPH  BY FF08DQ4R  19.229    0.220     0.220         0.240
ETABL    BY FF04DQ4R  15.816   -0.205    -0.205        -0.217
ETABL    BY FF08DQ4R  15.816    0.182     0.182         0.199
```

```
Group HOCH

BY Statements

FREMDENF BY FF04DQ4R      20.594      0.197      0.188      0.209
FREMDENF BY FF08DQ4R      20.592     -0.156     -0.148     -0.177
FREMDENF BY EV03Q4R       10.083      0.162      0.154      0.176
FREMDENF BY EV04Q4R       10.077     -0.254     -0.242     -0.268
ISLAMPH  BY FF04DQ4R      20.468      0.271      0.245      0.273
ISLAMPH  BY FF08DQ4R      20.466     -0.240     -0.217     -0.260
```

Die Interpretation der unterschiedlichen Spalten des Mplus-Outputs lautet folgendermaßen: „M.I." bedeutet Modifikationsindex und informiert über die geschätzte Änderung im χ^2-Wert bei freier Schätzung des entsprechenden Parameters. „E.P.C." kennzeichnet die geschätzte Änderung des Parameters („Expected Parameter Change"), „Std E.P.C." steht für den geschätzten standardisierten Parameter mit der Std-Standardisierung und „StdYX E.P.C." bezeichnet den im Rahmen der STDYX-Standardisierung geschätzten standardisierten Parameter. Es handelt sich jeweils um näherungsweise Angaben, von denen die tatsächlich geschätzten Werte der Parameter abweichen können.

Die Modifikationsindizes zeigen, dass ein Teil der manifesten Variablen Nebenladungen aufweist. In unserem Fall sind die Modifikationsindizes der manifesten Variablen und deren Ladungen auf den im Messmodell angenommenen latenten Variablen von Bedeutung. In beiden Gruppen („Group MITTEL" und „Group HOCH") sind dies die Ladungen der beiden Indikatoren für Fremdenfeindlichkeit („ff04dq4r", „ff08dq4r").

Die Spalte „E.P.C." zeigt, dass die unstandardisierte Ladung des Indikators „ff04dq4r" in der Gruppe der Befragten mit mittlerem Bildungsniveau bei freier Schätzung niedriger ausfallen würde (−0.072). Die unstandardisierte Ladung des Indikators „ff08dq4r" würde jedoch bei freier Schätzung höher ausfallen (0.083).

Wie die Spalte „M.I." (geschätzte Veränderung im χ^2-Wert) zeigt, führt die Freisetzung der Ladungen der Indikatoren „ff04dq4r" und „ff08dq4r" zu annähernd gleich großen Veränderungen im Modell-Fit. Wir lassen zunächst die Gleichheitsrestriktion für den Indikator „ff04dq4r" fallen. Unter „MODEL hoch" nehmen wir folgende Eintragung vor: fremdenf BY ff04dq4r; Der gesamte Modell-Input ist der Datei „MG_Metric_partial.inp" zu entnehmen. Wichtig ist, solche Modifikationen sukzessive vorzunehmen. Nur auf diese Weise ist erkennbar, ob eine Modellverbesserung durch einen bestimmten Modellparameter zustande kommt oder nicht. Werden mehrere Modifikationen simultan vorgenommen, kann an der Verbesserung des Modell-Fits nicht abgelesen werden, durch welchen bzw. welche Modellparameter die Verbesserung erzeugt wurde.

Der Fit dieses modifizierten Modells zur Prüfung von (partieller) metrischer Invarianz ist gut (χ^2 = 314.566; df = 159; p < .001; CFI = .975; RMSEA = .038 (90 % CI = .031/.044); SRMR = .029). Der Vergleich mit dem restriktiveren Modell unter Annahme gleicher Faktorladungen mittels χ^2-Differenztest zeigt, dass sich der Modell-Fit bedeutsam verbessert hat ($\Delta\chi^2$ = 21.195, df = 1, p < .001). Hieraus können wir ableiten, dass sich die Ladung des Indikators „ff04dq4r" in beiden Bildungsgruppen signifikant unterscheidet.

Allerdings ist der Vergleich mit dem Baseline-Modell hinsichtlich des Modell-Fits nach wie vor signifikant ($\Delta\chi^2$ = 14.966, df = 7, p = .036). Dies bedeutet, dass es auch in weiteren Faktorladungen Unterschiede zwischen beiden Bildungsgruppen gibt. Allerdings zeigen die Modifikationsindizes auch, dass durch das Freisetzen weiterer Faktorladungen keine substanziellen Verbesserungen im Modell-Fit zu erwarten sind. Relevant sind wiederum die nachfolgend aufgeführten Indizes unter der Überschrift „BY Statements".

```
Minimum M.I. value for printing the modification index 10.000

                          M.I.      E.P.C.    Std E.P.C.    StdYX E.P.C.
Group MITTEL

WITH Statements

AS01Q4R  WITH RA01Q4R   15.000    −0.085      −0.085         −0.265
AS02Q4R  WITH RA03Q4R   11.387     0.056       0.056          0.169
HE05MQ4R WITH FF04DQ4R  16.116     0.109       0.109          0.237
HE05MQ4R WITH FF08DQ4R  14.848    −0.110      −0.110         −0.247

Group HOCH

BY Statements
FREMDENF BY EV03Q4R     10.511     0.202       0.157          0.178
FREMDENF BY EV04Q4R     10.508    −0.318      −0.247         −0.274

WITH Statements

SX03Q4R  WITH HE01HQ4   25.114     0.094       0.094          0.254
SX04Q4R  WITH HE01HQ4   10.679    −0.054      −0.054         −0.176
RA01Q4R  WITH EV04Q4R   14.348     0.078       0.078          0.206
```

Es werden unter den BY-Statements nur Ladungen von einzelnen manifesten Variablen auf anderen GMF-Elementen (Nebenladungen) angezeigt. Dies deutet darauf hin, dass in den weiteren, bislang gleichgesetzten Faktorladungen zwar kleinere Unterschiede zwischen den Gruppen vorliegen, die insgesamt im Vergleich zum Baseline-Modell zu einem schlechteren Modell-Fit führen. Zusammenfassend können die Ergebnisse aber als Beleg für das Vorliegen partieller metrischer Messinvarianz interpretiert werden: Während für eine Faktorladung statistisch bedeutsame Unterschiede zwischen den Gruppen vorliegen, weichen die weiteren Faktorladungen zwischen den Bildungsgruppen nur unbedeutsam voneinander ab. So erlaubt der Nachweis partieller metrischer Messinvarianz, die Beziehungen zwischen den verschiedenen latenten Variablen für die Gruppen der Befragten mittleren und höheren Bildungsniveaus miteinander zu vergleichen. Im nächsten Schritt möchten wir nun das Vorliegen skalarer Messinvarianz überprüfen (Schritt 4).

4.2.4 Überprüfung skalarer Messinvarianz

Die Überprüfung skalarer Messinvarianz beinhaltet die Beantwortung der Frage, ob sich die Intercepts der manifesten Variablen zwischen den Bildungsgruppen signifikant voneinander unterscheiden oder nicht. Hierzu setzen wir in einem ersten Schritt die Intercepts der manifesten Variablen zwischen beiden Bildungsgruppen gleich. Bei diesem Vorgehen greifen wir wiederum auf die Voreinstellungen in Mplus zurück. Der entsprechende Ausschnitt des Mplus-Inputs für das Modell zur Prüfung skalarer Messinvarianz ist nachfolgend dargestellt. Unter „MODEL hoch" haben wir im Vergleich zum Input zur Prüfung metrischer Messinvarianz in Kapitel 4.2.3 noch folgende Zeilen auskommentiert:

```
![sx03q4r sx04q4r];
![he01hq4 he02hq4r];
![as01q4r as02q4r];
![ff04dq4r ff08dq4r];
![ra01q4r ra03q4r];
![he01oq4r he02oq4r];
![he05mq4r he12mq4r];
![ev03q4r ev04q4r];

![sexism-etabl@0];
sexism-etabl*;
```

Der gesamte Input ist der Datei „MG_scalar.inp" zu entnehmen. Das Herausnehmen der ersten acht Zeilen setzt die Intercepts zwischen den Gruppen gleich. Ferner kann die Fixierung der latenten Mittelwerte in der Gruppe der Befragten hohen Bildungsniveaus nun fallengelassen werden: ![sexism-etabl@0]. Auch ohne diese Restriktionen ist das Modell aufgrund der Gleichsetzung der Intercepts in den Messmodellen identifiziert. Lediglich in der Referenzgruppe („mittel") bleiben die latenten Mittelwerte auf null fixiert. Die Varianzen der latenten Variablen werden – wie schon bei der Prüfung metrischer Messinvarianz in der Gruppe „mittel" auf eins fixiert und in der Gruppe „hoch" frei geschätzt. Den zuvor nachgewiesenen Unterschied in der Ladungen des Indikators „ff04dq4r" werden wir später wieder berücksichtigen. Wir möchten zunächst das Ergebnis des Modells ohne partielle Messinvarianz betrachten. Der Modell-Fit ist insgesamt gut (χ^2 = 358.026; df = 168; p < .001; CFI = .969; RMSEA = .040 (90 % CI = .035/.046); SRMR = .033). Der Vergleich der Modelle „metrische Messinvarianz" versus „skalare Messinvarianz" (jeweils ohne partielle Messinvarianz) weist auf eine schlechtere Passung des Modells mit skalarer Messinvarianz hin: $\Delta\chi^2$ = 22.264, df = 8, p = .004. Der Unterschied in den Freiheitsgraden ergibt sich daraus, dass anstatt 16 Intercepts (jeweils 8 Intercepts in den beiden Bildungsgruppen) jetzt nur noch 8 Intercepts geschätzt werden. Der signifikante χ^2-Differenztest deutet darauf hin, dass zumindest in einem der Intercepts Unterschiede zwischen den Bildungsgruppen vorliegen.

Um genauere Informationen darüber zu erhalten, welcher beziehungsweise welche Intercepts das sind, betrachten wir wiederum die Modifikationsindizes.

```
Minimum M.I. value for printing the modification index 10.000
```

	M.I.	E.P.C.	Std E.P.C.	StdYX E.P.C.
Group MITTEL				
Means/Intercepts/Thresholds				
[HE01HQ4]	14.398	−0.081	−0.081	−0.073
[HE02HQ4R]	14.400	0.051	0.051	0.047
Group HOCH				
Means/Intercepts/Thresholds				
[HE01HQ4]	14.396	0.135	0.135	0.128
[HE02HQ4R]	14.400	−0.196	−0.196	−0.211

Unter der Überschrift „Means/Intercepts/Thresholds" finden wir die Intercepts für die Indikatoren „he01hq4" und „h02hq4r" aufgelistet. Es handelt sich hierbei um die beiden Indikatoren für das Element „Homophobie" von GMF. Für beide Indikatoren würde das Aufheben der Gleichheitsrestriktion zu einer substanziellen und annähernd gleich guten Verbesserung des Modell-Fits führen. Erneut empfiehlt es sich, die Gleichheitsrestriktionen der Modellparameter sukzessive fallenzulassen. Somit heben wir zunächst die Gleichheitsrestriktion für den Intercept des Indikators „he01hq4" auf. Unter „MODEL hoch" müssen wir hierzu lediglich die Schätzung des entsprechenden Intercepts anfordern: [he01hq4];.

Die Anpassung des so modifizierten Modells zur Prüfung partieller skalarer Messinvarianz an die Daten (χ^2 = 343.469; df = 167; p < .001; CFI = .972; RMSEA = .039 (90 % CI = .033/.045); SRMR = .033) ist signifikant besser als der Modell-Fit des restriktiveren Modells zur Prüfung von skalarer Messinvarianz ($\Delta\chi^2$ = 14.557, df = 1, p < .001).

Um abschließend zu prüfen, ob es noch weitere bedeutsame Unterschiede in den Intercepts gibt, vergleichen wir die Modelle mit partieller metrischer Messinvarianz (Datei „MG_metric_partial") und partieller metrischer *und* skalarer Messinvarianz (Datei „MG_metric_scalar_partial.inp"). Bei letzterem haben wir zusätzlich zur Befreiung des intercepts der Variablen „he01hq4" in der Gruppe „hoch" auch wieder die Ladung des Indikators „ff04dq4r" frei geschätzt. Die beiden Modelle unterscheiden sich bezüglich des Model-Fits nicht signifikant voneinander ($\Delta\chi^2$ = 9.117, df = 7, p = .224). Somit kann davon ausgegangen werden, dass sich die Intercepts der verbleibenden Indikatoren zwischen den Bildungsgruppen ebenfalls nicht signifikant voneinander unterscheiden.

Zusammenfassend ist somit sowohl von partieller metrischer als auch partieller skalarer Messinvarianz auszugehen. Vor diesem Hintergrund sind auch Mittelwertvergleiche in den meisten latenten Variablen, hier also den Elementen von GMF, zwischen den beiden Bildungsgruppen möglich. Lediglich Vergleiche in Bezug auf das

Element „Homophobie" sollten eher vorsichtig vorgenommen werden, da hier keine skalare Messinvarianz angenommen werden kann (Steinmetz, 2013).

In Kapitel 4.3 werden wir zeigen, wie solche Mittelwertvergleiche in Mplus durchgeführt werden. Zunächst stellen wir aber noch nützliche Neuerungen in Mplus vor, die mit Version 7.1 eingeführt wurden und welche die automatisierte Prüfung von Messinvarianz ermöglichen.

4.2.5 Automatisierte Prüfung von Messinvarianz

In diesem Abschnitt wollen wir auf eine wichtige Neuerung in Mplus eingehen, die MODEL-Option im Befehlsblock ANALYSIS, mit welcher automatisiert auf Messinvarianz geprüft werden kann. Wir stellen das Verfahren kurz vor, demonstrieren dessen Verwendung anhand eines empirischen Beispiels und weisen auf Vor- bzw. Nachteile im Vergleich zum „herkömmlichen" Vorgehen (Abschnitte 4.2.1–4.2.4) hin.

Die Funktion ist im „Version 7.1 Mplus Language Addendum" detailliert beschrieben.[12] Mit ihr kann automatisiert konfigurale, metrische und skalare Messinvarianz geprüft werden. Die entsprechenden Modelle werden mittels χ^2-Differenztest gegeneinander getestet. Partielle Messinvarianz wird hierbei leider nicht unterstützt.

Wir wollen die Bedeutungen der einzelnen Einstellungsmöglichkeiten der Funktion nun anhand eines Beispiels veranschaulichen (Datei „MG_modeloption.inp"). Hier schätzen wir dasselbe Modell wie in den vorangegangenen Abschnitten, wollen aber die Testung auf die verschiedenen Arten der Messinvarianz nicht mehr manuell vornehmen, sondern mit der MODEL-Option von Mplus automatisch prüfen lassen. Der Input ist nachfolgend aufgeführt:

```
TITLE:      Multiple Gruppenvergleiche - MODEL OPTION

DATA:       FILE IS GMF05_Querschnitt_CFA.dat;

VARIABLE:   NAMES ARE qcp_ser he01hq4 sx03q4r sx04q4r he01oq4r
            he02oq4r he02hq4r ff04dq4r ff08dq4r ev03q4r ev04q4r
            ra01q4r ra03q4r as01q4r as02q4r he05mq4r he12mq4r
            ka05q4r zu01q4k;

            USEVARIABLES ARE he01hq4 sx03q4r sx04q4r he01oq4r
            he02oq4r he02hq4r ff04dq4r ff08dq4r ev03q4r ev04q4r
            ra01q4r ra03q4r as01q4r as02q4r he05mq4r he12mq4r;

            MISSING ARE he01oq4r he02oq4r (99);

            USEOBSERVATIONS = zu01q4k EQ 2 OR zu01q4k EQ 3;

            GROUPING IS zu01q4k (2=mittel 3=hoch);
```

---

12 s. https://www.statmodel.com/download/Version7.1xLanguage.pdf

```
ANALYSIS:    MODEL = CONFIGURAL METRIC SCALAR;

MODEL:       sexism BY sx03q4r* sx04q4r;
             sexism@1;
             homoph BY he01hq4* he02hq4r;
             homoph@1;
             antisem BY as01q4r* as02q4r;
             antisem@1;
             fremdenf BY ff04dq4r* ff08dq4r;
             fremdenf@1;
             rass BY ra01q4r* ra03q4r;
             rass@1;
             obdachl BY he01oq4r* he02oq4r;
             obdachl@1;
             islamph BY he05mq4r* he12mq4r;
             islamph@1;
             etabl BY ev03q4r* ev04q4r;
             etabl@1;
```

Die Befehlsblöcke DATA und VARIABLE sind identisch zu dem in Kapitel 4.2.2 vorgestellten Input des Baseline-Modells. Erläuterungen können dort nachgelesen werden. Der Input unter MODEL entspricht ferner dem übergeordneten Befehlsblock des Baseline-Modells. Im Gegensatz zu dem Modell aus Kapitel 4.2.2 müssen wir hier nun kein eigenes Modell mehr für die Gruppe mit hohem Bildungsniveau spezifizieren. Die MODEL-Option veranlasst alles Nötige. Da wir alle drei Arten von Messinvarianz testen wollen, schreiben wir unter ANALYSIS: MODEL = CONFIGURAL METRIC SCALAR;.

Bei kontinuierlichen Variablen (wie in unserem Beispiel) werden von Mplus hierdurch folgende Einstellungen vorgenommen:

Die Anforderung von CONFIGURAL schätzt alle Ladungen, Intercepts und Residualvarianzen in den Gruppen. Die latenten Mittelwerte werden hierbei auf null fixiert. Wurden die latenten Variablen durch das Fixieren jeweils einer Ladung auf den Wert eins skaliert, werden die Varianzen der latenten Variablen in den Gruppen frei geschätzt. Sollen stattdessen (wie in unserem Beispiel) alle Ladungen der Indikatoren geschätzt werden, so sind die Varianzen der latenten Variablen in allen Gruppen auf eins fixiert.

In der Einstellung METRIC werden die korrespondierenden Faktorladungen in allen Gruppen gleich gesetzt, Intercepts und Residualvarianzen werden hingegen frei geschätzt. Die Mittelwerte der latenten Variablen sind auf null fixiert. Sind die latenten Variablen über das Fixieren der Ladung eines Indikators auf den Wert eins skaliert worden, so werden die Varianzen der latenten Variablen in allen Gruppen frei geschätzt. Sollen hingegen die Ladungen aller Indikatoren geschätzt werden, so sind die Varianzen lediglich in einer Gruppe auf eins fixiert.

In der Einstellung SCALAR sind die korrespondierenden Faktorladungen in allen Gruppen gleich gesetzt und zusätzlich auch die Intercepts. Residualvarianzen werden frei geschätzt. Die Mittelwerte der latenten Variablen sind in einer Gruppe auf null fixiert und frei in der anderen Gruppe bzw. den anderen Gruppen. Wurden die latenten Variablen über das Fixieren der Ladung eines Indikators auf den Wert eins skaliert, so werden die Varianzen der latenten Variablen in allen Gruppen geschätzt. Wurden hingegen alle Faktorladungen als „frei" definiert, werden die Varianzen der latenten Variablen in einer Gruppe auf eins gesetzt und frei geschätzt in den anderen Gruppen.

Betrachten wir nun die Ergebnisse unseres Beispiels. Die Ergebnisse, die wir für das konfigurale Modell erhalten, entsprechen dem des Baseline-Modells. Hier führen wir nur einen kleinen Ausschnitt aus dem Output auf:

```
MODEL FIT INFORMATION FOR THE CONFIGURAL MODEL

Number of Free Parameters                    152

Loglikelihood

        H0 Value                      -24551.212
        H1 Value                      -24401.411

Information Criteria

        Akaike (AIC)                   49406.423
        Bayesian (BIC)                 50201.799
        Sample-Size Adjusted BIC       49718.954
          (n* = (n + 2) / 24)

Chi-Square Test of Model Fit

        Value                            299.600
        Degrees of Freedom                   152
        P-Value                           0.0000

Chi-Square Contribution and P-Value From Each Group (degrees of freedom = 76)
        MITTEL                      150.396      0.000
        HOCH                        149.205      0.000
```

Zu beachten ist, dass hier (im Gegensatz zum Baseline-Modell aus Kapitel 4.2.2) auch p-Werte für die χ^2-Statistiken der beiden Gruppen ausgegeben werden. Die Werte hier entsprechen den χ^2-Werten der in Kapitel 4.2.1 separat durchgeführten Analysen. Leider wird hier tatsächlich nur die χ^2-Statistik getrennt für die beiden Gruppen ausgegeben. Diese ist als alleinige Größe zur Modellevaluation allerdings nur bedingt geeignet. Die anderen Fit-Indizes liegen nicht gruppenspezifisch vor, was wir als großen Nachteil ansehen. Wir empfehlen daher den in Kapitel 4.2.1 vorgeschlagenen Schritt, die Modelle der beiden Gruppen zunächst separat zu evaluieren.

Die Modellergebnisse des metrischen Modells entsprechen exakt denen des in Kapitel 4.2.3 spezifizierten Modells („MG_metric.inp"). Zu betonen ist nochmals, dass die MODEL-Option aktuell keine automatisierte Prüfung partieller metrischer

Messinvarianz unterstützt, weshalb die Verwendung der Option für dieses Beispiel leider nur bedingt hilfreich ist.

Die Ergebnisse des Modells zur Prüfung skalarer Messinvarianz entsprechen denen des in Kapitel 4.2.4 spezifizierten Modells („MG_scalar.inp"). Wiederum wird hier keine Prüfung partieller skalarer Messinvarianz durchgeführt.

Der nachfolgend dargestellte Output fasst die Ergebnisse der drei Modelle und der jeweiligen Modellvergleichstests übersichtlich zusammen:

```
MODEL FIT INFORMATION

Invariance Testing

   Model              Number of    Chi-Square    Degrees of    P-Value
                      Parameters                 Freedom

   Configural            152         299.600         152        0.0000
   Metric                144         335.761         160        0.0000
   Scalar                136         358.026         168        0.0000

   Models Compared                  Chi-Square    Degrees of    P-Value
                                                  Freedom

   Metric against Configural          36.161          8         0.0000
   Scalar against Configural          58.425         16         0.0000
   Scalar against Metric              22.264          8         0.0044
```

Hier ist auf den ersten Blick zu erkennen, dass sowohl die im metrischen als auch im skalaren Modell eingeführten Gleichheitsrestriktionen zu einer Verschlechterung der Modellpassung führen und somit nicht ohne Weiteres von metrischer oder skalarer Messinvarianz ausgegangen werden kann – was in unserem Fall die Durchführung der in Kapitel 4.2.1 – 4.2.4 beschriebenen Schritte sinnvoll erscheinen lässt.

Zusammenfassend ist die MODEL-Option hauptsächlich für Modelle sinnvoll, die nicht auf die Prüfung partieller Messinvarianz angewiesen sind. In solch einem Fall erspart die Option Zeit für das Schreiben der jeweiligen Input-Dateien. Ferner erleichtert die MODEL-Option Mplus-Einsteigerinnen und Einsteigern sicherlich das Verständnis des syntaxgesteuerten Vorgehens bei multiplen Gruppenvergleichen.

Eine Alternative, die nicht auf den strikten Nachweis von metrischer oder skalarer Messvarianz abzielt, ist die ebenfalls mit Mplus 7.1 neu eingeführte ALIGNMENT-Option, auf welche wir an dieser Stelle kurz hinweisen wollen.

Mit der ALIGNMENT-Funktion kann ebenfalls auf Messinvarianz getestet werden. Anders allerdings als bei der oben vorgestellten MODEL-Option wird hierbei nicht strikt auf konfigurale, skalare oder metrische Invarianz geprüft (wobei partielle Messinvarianz jeweils nicht zugelassen ist), sondern es werden automatisiert die Modellparameter zwischen den Gruppen auf Gleichheit getestet und dabei diejenigen Parameter identifiziert, die besonders deutlich ungleich sind. Die Option und ihre verschiedenen Einstellungsmöglichkeiten sind bei Asparouhov und Muthén (2014) sowie im „Version 7.1. Mplus Language Addendum" beschrieben.[13] Wichtige Veröffentlichungen zum Thema Alignment sind zudem auf der Seite https://www.statmodel.com/Alignment.shtml gelistet.

Die Verwendung der Option kann insbesondere dann attraktiv sein, wenn recht viele Gruppen und viele Parameter miteinander verglichen werden sollen. Hier kann die Funktion den Anwenderinnen und Anwendern viel mühsame „Handarbeit" abnehmen. Insbesondere das mühsame, schrittweise Fallenlassen von Restriktionen anhand der Modifikationsindizes sowie die Modellvergleiche zur Bewertung dieser Modifikationen entfallen.

Interessierte Leserinnen und Leser finden Anwendungsbeispiele der ALIGN-MENT-Funktion bei Asparouhov und Muthén (2014), de Bondt und van Petegem (2015), van de Schoot et al. (2013), oder Weziak-Bialowolska (2015). Im Begleitmaterial zu Asparouhov und Muthén (2014) werden Datensätze und dazugehöriger Mplus-Input zur Verfügung gestellt, sodass Leserinnen und Leser die dort erläuterten Beispiele auch selbst nachvollziehen können. Der Text von van de Schoot et al. (2013) ist insbesondere lesenswert, weil Fallstricke bei der Prüfung auf Messinvarianz gut herausgearbeitet werden und der Artikel eine anschauliche Einführung des bayesschen Ansatzes der annähernden Messinvarianz (Muthén & Asparouhov, 2013) gibt.

4.3 Vergleich latenter Mittelwerte

Wir kommen nun auf unser Beispiel bezüglich des Datensatzes „GMF05_Querschnitt_CFA.dat" zurück. In den Abschnitten 4.2.1 – 4.2.4 konnten wir partielle metrische und skalare Invarianz für die beiden Bildungsgruppen absichern. In diesem Abschnitt zeigen wir, wie ein Vergleich latenter Mittelwerte in Mplus durchgeführt wird. Aus inhaltlicher Perspektive dient der Vergleich latenter Mittelwerte zur Beantwortung der Frage, ob sich das durch die verschiedenen GMF-Elemente gemessene Ausmaß von GMF für Befragte mit mittlerem Bildungsniveau signifikant von dem Ausmaß von GMF für Befragte mit höherem Bildungsniveau unterscheidet. In Mplus greift an dieser Stelle erneut eine von uns bereits am Anfang dieses Kapitels erwähnte Voreinstellung. Während die Mittelwerte in den latenten Variablen für die Referenzgruppe der Befragten mit mittlerem Bildungsniveau auf den Wert null fixiert bleiben, werden die Mittelwerte bei den als Vergleichsgruppe dienenden Befragten mit hohem Bildungsniveau frei geschätzt. Wie bei latenten Mittelwertvergleichen üblich, wird hierdurch nicht das absolute Ausmaß der latenten Mittelwerte, sondern die Differenz zwischen Vergleichs- und Referenzgruppe in den latenten Mittelwerten berechnet.

---

13 erhältlich unter: https://www.statmodel.com/download/Version7.1xLanguage.pdf

Im Vergleich zu unserem obigen Modell mit partieller skalarer Invarianz („MG_ metric_scalar_partial.inp") erfordert die Umsetzung eines latenten Mittelwertvergleichs in Mplus keine weiteren Veränderungen. An dieser Stelle konzentrieren wir uns somit direkt auf die Interpretation der entsprechenden Ergebnisse. Nachfolgend sind die Schätzungen der latenten Mittelwerte für die Gruppe der Befragten mit mittlerem Bildungsniveau aufgeführt:

```
MODEL RESULTS
                 Estimate    S.E.    Est./S.E.    Two-Tailed
                                                   P-Value
Means
     SEXISM       0.000     0.000     999.000      999.000
     HOMOPH       0.000     0.000     999.000      999.000
     ANTISEM      0.000     0.000     999.000      999.000
     FREMDENF     0.000     0.000     999.000      999.000
     RASS         0.000     0.000     999.000      999.000
     OBDACHL      0.000     0.000     999.000      999.000
     ISLAMPH      0.000     0.000     999.000      999.000
     ETABL        0.000     0.000     999.000      999.000
```

Gut zu erkennen ist die aufgrund der Voreinstellung von Mplus vorgenommene Fixierung der latenten Mittelwerte der Referenzgruppe auf den Wert null. Die geschätzten Differenzen der latenten Mittelwerte, d. h. die Schätzungen der latenten Mittelwerte in der Gruppe „hoch" lauten:

```
MODEL RESULTS
                 Estimate    S.E.    Est./S.E.    Two-Tailed
                                                   P-Value
Means
     SEXISM      -0.410     0.061     -6.710        0.000
     HOMOPH      -0.490     0.076     -6.463        0.000
     ANTISEM     -0.484     0.060     -8.031        0.000
     FREMDENF    -0.691     0.066    -10.481        0.000
     RASS        -0.651     0.086     -7.578        0.000
     OBDACHL     -0.316     0.063     -5.051        0.000
     ISLAMPH     -0.645     0.071     -9.060        0.000
     ETABL       -0.556     0.079     -7.051        0.000
```

Der Vergleich der Befragten mittleren Bildungsniveaus mit den Befragten hohen Bildungsniveaus zeigt, dass die Befragten mit hohem Bildungsniveau in allen acht Elementen von GMF signifikant niedrigere Werte aufweisen. So ist beispielsweise der Mittelwert im GMF-Element „Fremdenfeindlichkeit" („fremdenf") bei den Befragten mit hohem Bildungsniveau um 0.691 (p < .001) Skalenwerte niedriger als bei den

Befragten mit mittlerem Bildungsniveau. Zu beachten ist allerdings die fehlende skalare Messinvarianz für das Element „Homophobie". Entsprechend sollte hier keine oder nur eine sehr vorsichtige Interpretation des Ergebnisses erfolgen.

Dieses Beispiel demonstriert, dass der Vergleich latenter Mittelwerte in Mplus einfach durchgeführt werden kann. Von zentraler Bedeutung ist hierbei aber, dass – wie in unserem Beispiel geschehen – bereits im Vorfeld der eigentlich interessierenden Analysen konfigurale, (partielle) metrische und (partielle) skalare Messinvarianz überprüft und abgesichert wurden.

4.4 Vergleich von Beziehungen zwischen latenten Variablen

Neben dem Vergleich von latenten Mittelwerten interessiert in vielen Fällen auch der Vergleich von Beziehungen zwischen latenten Variablen für verschiedene Gruppen. Im Folgenden möchten wir daher vorstellen, wie ein solcher Vergleich in Mplus durchgeführt werden kann. Voraussetzung für den Vergleich von Beziehungen zwischen latenten Variablen ist das Vorliegen von zumindest partieller metrischer Messinvarianz. Diese Form von Invarianz haben wir für das GMF-Syndrom bereits absichern können.

Hinsichtlich unseres Beispiels kann mit dem multiplen Gruppenvergleich geprüft werden, ob die Zusammenhänge der GMF-Elemente zwischen den beiden Bildungsgruppen übereinstimmen oder signifikant voneinander abweichen. Wir beziehen uns hier nur auf Kovarianzen (WITH-Statements im Befehlsblock MODEL). Das Vorgehen beim Vergleich von gerichteten Beziehungen (Regressionsparameter; ON-Statements im Befehlsblock MODEL) unterscheidet sich hiervon allerdings nicht.

Für den Vergleich der Kovarianzen verwenden wir die gleiche Logik wie bei der Prüfung unterschiedlicher Formen von Messinvarianz. Wir vergleichen ein Modell *ohne* Gleichheitsrestriktionen hinsichtlich der entsprechenden Modellparameter mit einem Modell *mit* solchen Gleichheitsrestriktionen. Falls das restriktivere Modell keine signifikant schlechtere Datenanpassung zeigt als das weniger restriktive Modell, ist davon auszugehen, dass sich die Kovarianzen zwischen beiden Gruppen *nicht* signifikant voneinander unterscheiden. Beim weniger restriktiven Modell werden die Kovarianzen frei geschätzt. Hierbei handelt es sich um das Modell unter Annahme partieller metrischer und skalarer Messinvarianz, welches wir in Kapitel 4.2.4 geschätzt haben. Der Modell-Fit war gut (χ^2 = 323.683; df = 166; p < .001; CFI = .975; RMSEA = .037 (90 % CI = .031/.043); SRMR = .029). Dieses Modell ohne Gleichheitsrestriktionen für die Kovarianzen vergleichen wir nun mittels χ^2-Differenztest mit einem Modell, in dem wir die Kovarianzen zwischen den beiden Bildungsgruppen gleichsetzen. Anders als zuvor können wir an dieser Stelle nicht auf Voreinstellungen in Mplus zurückgreifen, sondern müssen die entsprechenden Gleichheitsrestriktionen im Mplus-Input selbst spezifizieren (Datei „MG_cov_comp.inp"). Im allgemeinen Teil des Modells haben wir folgende Zeilen eingefügt:

```
HOMOPH     WITH
    SEXISM    (1);

ANTISEM   WITH
    SEXISM    (2)
    HOMOPH    (3);

FREMDENF  WITH
    SEXISM    (4)
    HOMOPH    (5)
    ANTISEM   (6);

RASS       WITH
    SEXISM    (7)
    HOMOPH    (8)
    ANTISEM   (9)
    FREMDENF (10);

OBDACHL    WITH
    SEXISM   (11)
    HOMOPH   (12)
    ANTISEM  (13)
    FREMDENF (14)
    RASS     (15);

ISLAMPH    WITH
    SEXISM   (16)
    HOMOPH   (17)
    ANTISEM  (18)
    FREMDENF (19)
    RASS     (20)
    OBDACHL  (21);

ETABL      WITH
    SEXISM   (22)
    HOMOPH   (23)
    ANTISEM  (24)
    FREMDENF (25)
    RASS     (26)
    OBDACHL  (27)
    ISLAMPH  (28);
```

Für die Spezifikation von Gleichheitsrestriktionen (englisch: equality constraints) werden nach den entsprechenden Modellparametern Werte in Klammern eingefügt, in unserem Fall die Zahlen 1–28. Bei acht latenten Variablen werden insgesamt $\binom{8}{2} = 28$ Kovarianzen geschätzt.

Bei der Spezifikation von Gleichheitsrestriktionen in Mplus sind folgende Aspekte zu beachten: Zunächst muss die Zahl in Klammern jeweils am Ende einer Zeile stehen – nicht aber notwendigerweise am Ende des Befehls. So konnten wir beispielsweise in dem Block

```
ANTISEM  WITH
    SEXISM    (2)
    HOMOPH    (3);
```

zwei verschiedene Gleichheitsrestriktionen in einem WITH-Statement definieren und diesen Befehl erst in der zweiten Zeile mit dem nötigen Semikolon abschlie-ßen. Weiterhin ist zu beachten, dass die Zahl in Klammern am Ende einer Befehls-zeile *alle* Parameter in dieser Zeile gleichsetzt. Dies bedeutet, dass unterschiedliche Gleichheitsrestriktionen in unterschiedlichen Zeilen stehen müssen und auch unter-schiedliche Zahlen in Klammern zugewiesen bekommen müssen. Bei Bedarf können zusätzliche Parameter auf den selben Wert fixiert werden (auch wenn sie nicht in einer Zeile stehen), indem das selbe Label an anderer Stelle im Modell erneut vergeben wird.

Mit den hier spezifizierten Restriktionen werden nun alle 28 Kovarianzen zwi-schen den Gruppen gleichgesetzt.

Der Modell-Fit dieses restringierten Modells (χ^2 = 391.407; df = 194; p < .001; CFI = .968; RMSEA = .038 (90 % CI = .033/.044); SRMR = .041) ist gut, unterscheidet sich aber vom Modell-Fit des unrestringierten Modells ($\Delta\chi^2$ = 67.724; df = 28; p < .001). Der Vergleich dieser beiden Modelle zeigt also, dass sich mindestens eine der Kova-rianzen zwischen den Bildungsgruppen unterscheidet. Um – falls gewünscht – zu noch genaueren Erkenntnissen zu gelangen, bietet sich ein schrittweises Vorgehen an. Der Ausgangspunkt besteht hierbei in der visuellen Inspektion der Kovarianzen des unrestringierten Modells ohne Gleichheitsrestriktionen für die Kovarianzen. Im Rahmen des jeweiligen Prüfmodells mit Gleichheitsrestriktionen für die Kovarianzen sind dann nach und nach die Kovarianzen mit den höchsten Gruppenunterschie-den freizusetzen. Beendet werden kann dieses Vorgehen sobald der χ^2-Differenztest keine bedeutsamen Abweichungen mehr zwischen dem jeweiligen Prüfmodell und dem unrestringierten Vergleichsmodell mit komplett frei geschätzten Kovarianzen zeigt.

4.5 Multiple Gruppenvergleiche zur Analyse konditionaler indirekter Effekte

Neben der Analyse verschiedener Formen von Messinvarianz besteht eine weitere attraktive Anwendungsmöglichkeit von multiplen Gruppenvergleichen in der Über-prüfung konditionaler indirekter Effekte. Vereinfacht ausgedrückt geht es hierbei für unterschiedliche Subgruppen der Gesamtstichprobe um die Überprüfung möglicher

Unterschiede in der Stärke und/oder dem Vorzeichen einer theoretisch erwarteten Mediation. Der Ausgangspunkt dieses Vorgehens liegt darin, dass die zu überprüfenden Subgruppen auf Grundlage einer manifesten kategorialen Variablen mit einer überschaubaren Anzahl von Kategorien gebildet werden. Zur Illustration der Umsetzung eines solchen Modells in Mplus nutzen wir im Folgenden Daten aus dem GMF-Projekt des Jahres 2005 (Datensatz „MG_moderated_mediation.dat"). Grundlage der folgenden Analysen stellt zunächst ein einfaches Mediationsmodell dar, in dem der annahmegemäß negative Effekt von Bildung („edu") auf fremdenfeindliche Vorurteile („prej") durch das jeweilige Ausmaß des Autoritarismus („autho") der Befragten mediiert wird. Überprüft werden soll, ob dieser indirekte Effekt von Bildung auf fremdenfeindliche Vorurteile in den neuen und alten Bundesländern („eastwest") gleich stark ausfällt oder nicht. Im Hintergrund stehen hierbei Untersuchungen zur politischen Sozialisation, denen zufolge die vorurteilsreduzierende Wirkung von Bildung in bedeutsamem Maße auf die jeweils durch Bildungsinstitutionen vermittelten demokratischen Werthaltungen basiert. Somit kann vermutet werden, dass aufgrund der vergleichsweise längeren demokratischen Tradition der alten Bundesländer der indirekte vorurteilsreduzierende Effekt von Bildung bei Befragten aus den neuen Bundesländern geringer ausfällt. Anders ausgedrückt wird davon ausgegangen, dass die Ausprägung des indirekten vorurteilsreduzierenden Effekts von Bildung (Mediationshypothese) von der Zugehörigkeit der Befragten zur Gruppe der Befragten aus den alten oder neuen Bundesländern abhängig ist (Moderator-Hypothese). Sind überzufällige Unterschiede in den indirekten Effekten zwischen den beiden Gruppen erkennbar, so spricht dies für das Vorliegen einer moderierten Mediation. Nachfolgend ist der Input zu diesem Beispiel (Datei „MG_moderated_mediation.inp") aufgeführt:

```
TITLE:   Moderierte Mediation, Multigruppen-Analysen

DATA:    FILE IS "MG_moderated_mediation.dat";

VARIABLE:
         NAMES ARE Edu eastwest autho1 autho2 autho3 autho4 prej1 prej2 sdo1
         sdo2 sdo3;

         USEVARIABLES ARE Edu prej1 prej2 autho1 autho2;

         MISSING ARE ALL (99);

         GROUPIN IS eastwest (1 = west 2 = east);

MODEL:
         prej BY prej1 prej2;      ! Messmodell für Vorurteile
         autho BY autho1 autho2;   ! Messmodell für Autoritarismus

         prej ON edu;              ! Direkter Effekt
         autho ON edu (a_west);    ! Pfad_a
         prej ON autho (b_west);   ! Pfad_b
```

```
MODEL EAST:                         ! Modell Gruppe 'East'

        prej ON autho (b_east);  ! Pfad_b
        prej ON edu;             ! Direkter Effekt
        autho ON edu (a_east);   ! Pfad_a

MODEL CONSTRAINT:

NEW
(ind_west ind_east ind_diff);     ! Anforderung von drei neuen Parametern:
                                  ! Indirekte Effekte für
                                  ! Gruppe 'west', Gruppe 'east', und
                                  ! deren Differenz
ind_west = a_west*b_west;          ! Indirekter Effekt a_west*b_west
ind_east = a_east*b_east;          ! Indirekter Effekt a_east*b_east
ind_diff = ind_west - ind_east;   ! Differenz der indirekten Effekte
```

Unter USEVARIABLES wählen wir zunächst die für die Umsetzung dieses Beispiels benötigten Variablen aus: Die manifeste Variable „edu", die manifesten Indikatoren „prej1" und „prej2" zur Messung der latenten Variablen fremdenfeindliche Vorurteile („prej"), sowie die manifesten Indikatoren „autho1" und „autho2" zur Messung der latenten Variablen Autoritarismus („autho"). Unter GROUPING definieren wir die beiden zu vergleichenden Gruppen: Grouping IS eastwest (1 = west 2 = east), wobei Gruppe eins (hier: Befragte aus den alten Bundesländern) in Mplus standardmäßig die Referenzgruppe ist. Danach folgen die Messmodelle der beiden latenten Variablen „prej" und „autho", sowie die Spezifikation des direkten Effektes von Bildung auf fremdenfeindliche Vorurteile und des indirekten, durch Autoritarismus mediierten Bildungseffektes. Für die Gruppe West vergeben wir die Label (a_west) zur Vorhersage von Autoritarismus aufgrund von Bildung und (b_west) zur Vorhersage von fremdenfeindlichen Vorurteilen aufgrund von Autoritarismus. Auf diese Label greifen wir später zurück.

Über MODEL CONSTRAINT fordern wir nun die Berechnung drei neuer Parameter an, und zwar (1) den indirekten Effekt für die Gruppe West ind_west, (2) den indirekten Effekt für die Gruppe Ost ind_east, sowie (3) die Differenz zwischen den beiden Gruppen ind_diff. Die zuvor definierten Labels dienen zur Berechnung dieser Parameter.

Den Ergebnissen zufolge ist das Modell insgesamt gut an die Daten angepasst: (χ^2 = 8.389, df = 9, p = .496; CFI = 1.000, RMSEA = 0.000 (90 % CI =.000/0.065); SRMR = .030).

	Estimate	S.E.	Est./S.E.	Two-Tailed P-Value
New/Additional Parameters				
IND_WEST	−0.075	0.017	−4.512	0.000
IND_EAST	−0.054	0.018	−3.013	0.003
IND_DIFF	−0.021	0.024	−0.876	0.381

Der Output zeigt, dass die beiden gruppenspezifischen indirekten Effekte von Bildung auf fremdenfeindliche Vorurteile über Autoritarismus jeweils statistische Signifikanz erreichen (p < .001 beziehungsweise p = .003). Zu erkennen ist auch, dass sich die jeweiligen indirekten Effekte in den Gruppen West (–.075) und Ost (–.054) deskriptiv in geringem Ausmaß unterscheiden. Die Differenz der beiden indirekten Effekte wird jedoch als nicht signifikant ausgewiesen (p > .05). Ein Unterschied zwischen den alten und neuen Bundesländern in der durch Autoritarismus vermittelten indirekten Wirkung von Bildung auf Vorurteile lässt sich statistisch also nicht absichern.

Abschließend weisen wir darauf hin, dass alternativ zu der hier gezeigten manuellen Erstellung der Syntax auf Grundlage der MODEL CONSTRAINT-Option auch die MODEL INDIRECT-Option genutzt werden kann. Diese Variante haben wir zu Anschauungszwecken in einer Erweiterung des oben gezeigten Beispiels mit aufgenommen:

MODEL INDIRECT: prej IND autho edu;

Allerdings führt dieser Befehl lediglich zur Darstellung der gruppenspezifischen Schätzer. Die oftmals eigentlich interessierende Differenz des indirekten Effektes zwischen den jeweiligen Gruppen wird statistisch nicht getestet. Entsprechend beschränkt sich der Ergebnisoutput auf die Wiedergabe der gruppenspezifischen indirekten vorurteilsreduzierenden Effekte.

```
TOTAL, TOTAL INDIRECT, SPECIFIC INDIRECT, AND DIRECT EFFECTS

                                              Two-Tailed
                    Estimate    S.E.    Est./S.E.    P-Value
Group WEST
Effects from EDU to PREJ
Indirect            -0.075     0.017     -4.512       0.000
Group EAST
Effects from EDU to PREJ
Indirect            -0.054     0.018     -3.013       0.003
```

Mit der MODEL INDIRECT-Option wäre somit im ersten Schritt nur eine deskriptive Prüfung der Moderatorhypothese möglich gewesen.

4.6 Literaturhinweise

Nachfolgend möchten wir wieder aus unserer Sicht hilfreiche Texte zum Thema multiple Gruppenvergleiche vorstellen und kommentieren.

Brown, T. A. (2015). *Confirmatory factor analysis for applied research* (2nd ed.). New York, NY: Guilford. *Dieses Lehrbuch enthält ein sehr gutes Kapitel zum Thema multiple Gruppenvergleiche.*

Kline, R. B. (2015). *Principles and practice of structural equation modeling* (3rd ed.). New York, NY: Guilford. *Auch in diesem Lehrbuch werden multiple Gruppenvergleiche ausführlich behandelt.*

5 Strukturgleichungsmodelle für Paneldaten

Die Untersuchung von Prozessen und Veränderungen über die Zeit ist in den Sozialwissenschaften von zentraler Bedeutung. Typischerweise basieren solche Studien auf der Analyse von Paneldaten, also der wiederholten Erhebung von Informationen über dieselben Merkmale (z. B. Einstellungen, Verhalten) an einer großen Zahl gleicher Beobachtungseinheiten (z. B. Personen, Haushalte) zu mehreren Messzeitpunkten. Zur Analyse von Paneldaten bieten sich verschiedene Strukturgleichungsmodelle an. In diesem Kapitel stellen wir mit dem autoregressiven Modell (ARM) und dem latenten Wachstumskurvenmodell (englisch: latent growth curve model, LGC) zwei wichtige und häufig eingesetzte Strukturgleichungsmodelle für Paneldaten vor und veranschaulichen die praktische Anwendung dieser Verfahren in Mplus. Verschiedene Anwendungsmöglichkeiten von ARM und LGC wollen wir anhand empirischer Beispiele veranschaulichen.

5.1 Das autoregressive Modell

In den Sozialwissenschaften herrscht die Annahme vor, dass Vorurteile und Diskriminierung gegenüber Fremdgruppen (z. B. Ausländer) durch Kontakte mit Mitgliedern dieser Fremdgruppen, dem sogenannten Intergruppenkontakt, reduziert werden. Die meisten Untersuchungen in diesem Bereich basieren allerdings auf Querschnittsdaten (Pettigrew & Tropp, 2006). Aussagen über die kausale Richtung der Beziehung zwischen Intergruppenkontakt und Vorurteilen sind auf dieser Grundlage nicht möglich. Paneldaten bieten hier den Vorteil, dass Messdaten unterschiedlicher Zeitpunkte für die interessierenden Merkmale vorliegen. Somit ist es möglich, zumindest eine wichtige Bedingung für einen kausalen Effekt zu berücksichtigen, nämlich die zeitliche Vorgeordnetheit der Ursache (Shadish, Cook, & Campbell, 2002).

Unter Verwendung der GMF-Paneldaten haben Christ und Wagner (2008) die Beziehung zwischen Intergruppenkontakt und Fremdenfeindlichkeit im Zeitverlauf untersucht. Sie gingen von der Annahme aus, dass Intergruppenkontakt das Ausmaß an Fremdenfeindlichkeit zu einem späteren Zeitpunkt reduziert. Zur Untersuchung der Fragestellung haben die Autoren auf das autoregressive Modell (ARM) zurückgegriffen.

Generell ist das ARM (Jöreskog, 1979) das wohl prominenteste und am häufigsten eingesetzte statistische Verfahren zur Auswertung von Paneldaten (Christ, Schmidt, Schlüter, & Wagner, 2006). Im ARM werden spätere Messungen eines Merkmals durch vorherige Messungen des gleichen Merkmals vorhergesagt (autoregressive Beziehungen). Damit ist gemeint, dass beispielsweise das Ausmaß an Fremdenfeindlichkeit zu einem bestimmten Zeitpunkt durch das Ausmaß an Fremdenfeindlichkeit zu einem früheren Zeitpunkt vorhergesagt werden kann. Darüber hinaus können auch frühere Messungen anderer Merkmale (z. B. „Intergruppenkontakt") das spätere Merkmal („Fremdenfeindlichkeit") über die autoregressive Beziehung hinaus vorhersagen (sogenannte *Cross-Lagged*-Beziehungen). Abbildung 5.1 zeigt ein bivariates ARM.

DOI 10.1515/9783486989458-005

Autoregressive Beziehung (Stabilität eines Merkmals)

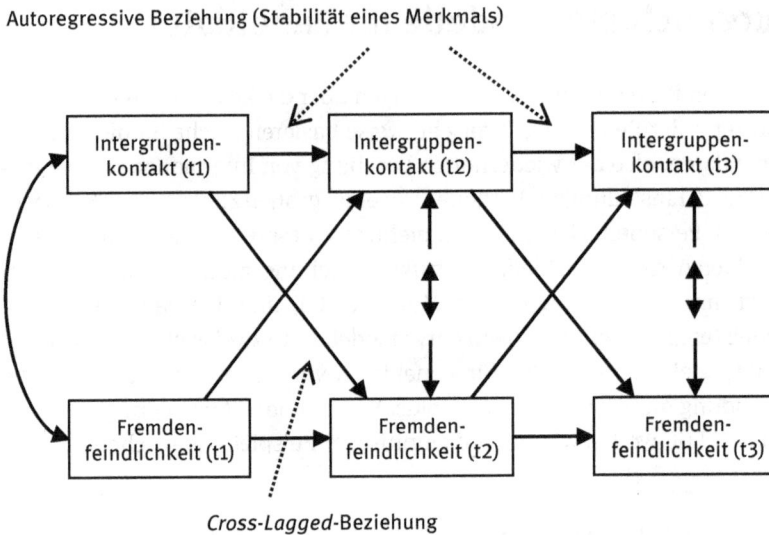

Abbildung 5.1: Bivariates autoregressives Modell mit manifesten Variablen und drei Wiederholungs-messungen (t1 = Messzeitpunkt 1; t2 = Messzeitpunkt 2; t3 = Messzeitpunkt 3)

Mit dem ARM kann die Stabilität von Merkmalen über die Zeit abgeschätzt werden. Dies wird durch die autoregressiven Beziehungen abgebildet. Eine hohe Stabilität eines Merkmals zeigt, dass die Rangreihe von Merkmalsausprägungen der unter-suchten Beobachtungseinheiten (z. B. Befragte) über die Zeit hinweg stabil ist: Indi-viduen, welche zu einem früheren Messzeitpunkt höhere Merkmalsausprägungen im Vergleich zu anderen Individuen aufwiesen, haben auch zu einem späteren Mess-zeitpunkt höhere Werte. Dies ist unabhängig von Veränderungen in den absoluten Werten, also Veränderungen des Stichprobenmittelwerts. Es wird somit die relative interindividuelle Stabilität abgebildet. Da die Mittelwertinformation nicht direkt in das ARM einfließt (eine Ausnahme bilden multiple Gruppenvergleiche, s. hierzu Rei-necke, 2014, Kapitel 8.1.6 sowie Kapitel 9), ist es durchaus möglich, dass sich die Mit-telwerte trotz hoher interindividueller Stabilität über die Zeit ändern. Das ARM ist immer dann die Methode der Wahl, wenn es um die Analyse von Kausalbeziehungen geht (zur Kritik der Interpretation von *Cross-Lagged*-Parametern, siehe z. B. Rogosa, 1980). Angewandt auf das Praxisbeispiel ist das ARM das geeignete statistische Ver-fahren zur Untersuchung der Fragestellung, ob Intergruppenkontakt zu einem frühe-ren Zeitpunkt Fremdenfeindlichkeit zu einem späteren Zeitpunkt beeinflusst. Gleich-zeitig lässt sich mit dem ARM auch die umgekehrte zeitliche Beziehung zwischen den Merkmalen untersuchen. Bezogen auf das Praxisbeispiel kann somit auch überprüft werden, ob das Ausmaß an Fremdenfeindlichkeit zu einem früheren Zeitpunkt Inter-gruppenkontakt zu einem späteren Zeitpunkt beeinflusst. Einen guten Überblick über das autoregressive Model liefert Finkel (1995).

Das autoregressive Modell ist nicht auf manifeste Variablen beschränkt, sondern kann ebenso auf latente Variablen erweitert werden. Die Verwendung latenter Variablen ermöglicht zum einen die Überprüfung der Messmodelle und, hiermit verknüpft, die Überprüfung der Messinvarianz (siehe auch Kapitel 5.3). Zum anderen wird durch die Spezifizierung latenter Variablen der Messfehler berücksichtigt. Dies hat den Vorteil, dass autoregressive und *Cross-Lagged*-Beziehungen ohne Messfehlerverzerrungen geschätzt werden können. Ein weiterer Vorteil ist darin zu sehen, dass die Verwendung von mehreren Indikatoren für die Spezifikation der latenten Variablen die Korrelation zwischen den Messfehlern eines Indikators über die Zeit berücksichtigt (Autokorrelation der Residuen der Indikatoren). Die fehlende Berücksichtigung solcher autokorrelierter Fehler führt häufig zu einem schlechteren Modell-Fit und somit in ungünstigen Fällen zur Ablehnung eines eigentlich gut passenden Modells. Aus den genannten Gründen sollten bei der Spezifikation von autoregressiven Modellen möglichst immer latente Variablen verwendet werden.

Christ und Wagner (2008) haben in ihrer Untersuchung ein ARM mit latenten Variablen verwendet. Die Ergebnisse ihrer Analyse zeigen, dass Intergruppenkontakt zu einem früheren Zeitpunkt einen signifikant negativen und somit vorurteilsreduzierenden Einfluss auf Fremdenfeindlichkeit zu einem späteren Zeitpunkt ausübt. Umgekehrt hat Fremdenfeindlichkeit über die Zeit keinen Effekt auf das Ausmaß an Intergruppenkontakten. Die Ergebnisse sprechen also für die Annahme, dass Intergruppenkontakte Fremdenfeindlichkeit reduzieren können.

Die praktische Umsetzung eines ARM in Mplus sowie die Interpretation der Ergebnisse werden wir in Kapitel 5.4 behandeln.

5.2 Das latente Wachstumskurvenmodell

Eines der wichtigsten alternativen Verfahren zum ARM stellt das latente Wachstumskurvenmodell dar (*Latent Growth Curve Model*; LGC; Bollen & Curran, 2006; Christ & Schlüter, 2007; Meredith & Tisak, 1990; Preacher, Wichman, MacCallum, & Briggs, 2008).

Auch hier wollen wir einzelne Anwendungsmöglichkeiten wieder anhand empirischer Beispiele erläutern:

Davidov, Thörner, Schmidt, Gosen und Wolf (2011) verwendeten ein LGC, um die Veränderung in unterschiedlichen Elementen gruppenbezogener Menschenfeindlichkeit („Antisemitismus", „Rassismus", „Fremdenfeindlichkeit", „Homophobie", „Vorurteile gegenüber Obdachlosen" und „Etabliertenvorrechte") zu untersuchen. Dabei interessierte die Autoren neben der mittleren Veränderung der Komponenten auch die Variabilität in der Veränderung zwischen den befragten Personen. Die Autoren haben auf vier Wellen (2002, 2003, 2004 und 2006) des GMF-Panels zurückgegriffen.

Im LGC wird eine einzelne Wachstumskurve, die sogenannte Trajektorie, für jede Person über alle Messzeitpunkte hinweg geschätzt. Diese Wachstumskurve besteht aus einem latenten Intercept-Faktor und einem latenten Slope-Faktor. Der latente Intercept zeigt in der Regel das Ausgangsniveau einer Person in einem Merkmal (Niveau zum ersten Messzeitpunkt) an, wobei in der Modellspezifikation hiervon abgewichen werden kann.[14] Der latente Slope (Steigungsparameter) modelliert die Veränderung der Ausprägung des Merkmals über die Zeit. Ein positiver Slope entspricht einer Zunahme der Merkmalsausprägung, ein negativer Slope bedeutet eine Abnahme. Die Intercepts und Slopes aller Personen werden gemittelt und stellen dann den mittleren Intercept und mittleren Slope der untersuchten Stichprobe dar (*fixed effects*). In der Regel bedeutet dies die Darstellung des mittleren Ausgangsniveaus der Stichprobe in einem Merkmal und der mittleren Veränderung dieses Merkmals über die Zeit. Darüber hinaus wird die Variabilität in den mittleren Intercept- und Slope-Faktoren geschätzt (*random effects*). Eine signifikante Varianz des latenten Intercept-Faktors zeigt, dass es interindividuelle Unterschiede in einem Merkmal zum ersten Messzeitpunkt gibt. Bedeutsame Varianz im latenten Slope-Faktor bedeutet, dass interindividuelle Unterschiede im Ausmaß der *Veränderung* eines Merkmals vorliegen. Wenn sich also eine Komponente gruppenbezogener Menschenfeindlichkeit (z. B. Fremdenfeindlichkeit) im Mittel ändert, weist eine zusätzliche signifikante Varianz im Slope-Faktor darauf hin, dass sich diese Komponente über die Zeit unterschiedlich verändert. Im Gegensatz zum ARM werden Veränderungen im LGC direkt in der absoluten Ausprägung eines Merkmals abgebildet. Das LGC und das ARM bilden somit unterschiedliche Formen der Veränderungen ab: Während das ARM Aussagen über die Stabilität bzw. Veränderungen in der Rangreihe von Personen ermöglicht, können mit dem LGC Veränderungen in der absoluten Ausprägung eines Merkmals einzelner Personen analysiert werden (Christ et al., 2006).

Die grundlegenden Aspekte eines univariaten LGC sind in Abbildung 5.2 exemplarisch dargestellt. Die Abbildung zeigt ein LGC über drei Messzeitpunkte. Aus den beobachteten Daten – genauer: aus der beobachteten Kovarianzmatrix und dem Mittelwertvektor – werden ein latenter Intercept- und ein latenter Slope-Faktor geschätzt. Die Ladungen der Indikatoren auf dem latenten Intercept-Faktor werden in der Regel auf eins fixiert, da das Ausgangsniveau konstant ist. Die Ladungen auf dem latenten Slope-Faktor wurden hier so restringiert (0, 1, 2), dass ein lineares Wachstum angenommen wird. Es können aber auch andere Veränderungsverläufe modelliert werden, wie quadratische Veränderungen (0, 1, 4) oder polynomiale Trajektorien höherer Ordnung (siehe Bollen & Curran, 2006, S. 88ff). Weiterhin wurde die Kovarianz zwischen dem latenten Intercept- und Slope-Faktor zugelassen. Inhaltlich lässt sich eine statistisch bedeutsame Kovarianz so interpretieren: In Abhängigkeit des Ausgangsniveaus fällt die Veränderung in dem Merkmal unterschiedlich aus. Die Steigung (Größe des Slopes) hängt also von dem Ausgangsniveau im Merkmal ab. Angewandt auf unser

---

14 Wir werden auf diesen Punkt in Kapitel 5.5 zurückkommen, wenn wir die Spezifikation eines LGC in Mplus demonstrieren.

Beispiel könnte es so sein, dass eine Komponente gruppenbezogener Menschenfeindlichkeit besonders dann zunimmt, wenn die Ausprägung in dieser Komponente
anfänglich niedrig war. Davidov et al. (2011) fanden unter Verwendung des LGC Veränderungen in allen untersuchten Komponenten von GMF, wobei die Form der Veränderung unterschiedlich ausfiel. Gleichzeitig zeigten die Analysen aber, dass in nur
zwei der sechs Komponenten, nämlich Fremdenfeindlichkeit und Homophobie, eine
bedeutsame, d. h. statistisch signifikante Varianz in den Veränderungen – dem latenten Slope-Faktor – vorlag. Nur in diesen beiden Komponenten konnten interindividuelle Unterschiede in den intraindividuellen Veränderungen nachgewiesen werden.

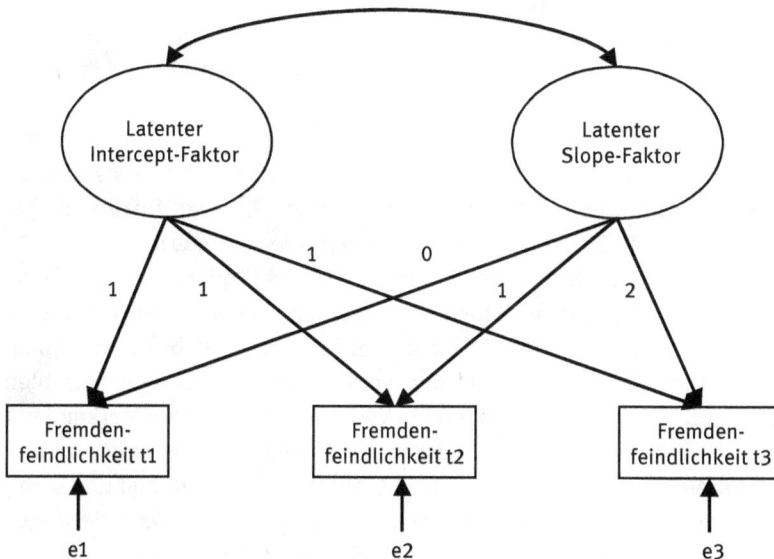

Abbildung 5.2: Unkonditionales latentes Wachstumskurvenmodell mit manifesten Variablen und drei
Wiederholungsmessungen (t1 = Messzeitpunkt 1; t2 = Messzeitpunkt 2; t3 = Messzeitpunkt 3)

Das univariate unkonditionale LGC kann zudem auf einfache Weise erweitert werden,
um die Veränderungen über die Zeit in zwei oder mehreren Variablen zu berücksichtigen. Im Prinzip werden simultan mehrere univariate LGC-Modelle geschätzt
(multivariates LGC). Darüber hinaus können zeitinvariante exogene Variablen (z. B.
Geschlecht) in das LGC aufgenommen werden, die auf den latenten Intercept- und
Slope-Faktor wirken können (konditionales LGC-Modell).

Davidov et al. (2011) haben eine solche Erweiterung für die LGC von Fremdenfeindlichkeit und Homophobie vorgenommen, da nur hier bedeutsame Varianz in der
Veränderung zwischen den Befragten zu verzeichnen war. Zur Erklärung der Varianz
im latenten Slope-Faktor wurden unterschiedliche zeitinvariante, soziodemogra-
fische Variablen verwendet. Die Ergebnisse zeigen, dass die Veränderungsraten in

Fremdenfeindlichkeit und Homophobie für ältere und weniger gebildete Befragte im Vergleich zu jüngeren, gebildeteren Befragten, geringer ausfielen.

Schließlich können auch Modelle mit latenten Variablen und multiplen Indikatoren als LGC-Modelle 2. oder 3. Ordnung spezifiziert und geschätzt werden (siehe Bollen & Curran, 2006; Preacher et al., 2008 für eine ausführliche Darstellung des LGC). So können für die Messung der Komponenten von GMF mehrere Indikatoren herangezogen werden. Dies hat den Vorteil, dass der Messfehler bei der Schätzung des LGC berücksichtigt wird und die Schätzung des latenten Intercept- und Slope-Faktors somit effizienter ist. Davidov et al. (2011) haben jeweils solche LGC 2. Ordnung verwendet. Dies bedeutet, dass die Schätzung des latenten Intercept- und Slope-Faktors durch latente Indikatoren erfolgte. Wir werden bei der Demonstration der Spezifikation eines LGC in Mplus (siehe Kapitel 5.5) ebenfalls ein LGC 2. Ordnung vorstellen, da – wie bereits beim ARM – die Verwendung latenter Variablen grundsätzlich zu bevorzugen ist.

Insgesamt lässt sich sagen, dass LGC-Modelle die Beantwortung einer Vielzahl von unterschiedlichen Fragestellungen ermöglichen (McArdle & Bell, 2000): Es können (a) intraindividuelle Veränderungen direkt geschätzt werden. Ein signifikanter Slope-Faktor zeigt an, dass sich ein Merkmal über die Zeit verändert. Weiterhin können (b) interindividuelle Unterschiede in den intraindividuellen Veränderungen geschätzt werden. Eine signifikante Varianz des Slope-Faktors zeigt an, dass interindividuelle Variabilität in der Veränderung eines Merkmals vorliegt. Zusätzlich (c) ermöglicht das LGC, wechselseitige Abhängigkeiten in den Veränderungen mehrerer Variablen zu bestimmen. So kann überprüft werden, ob die Veränderung in einem Merkmal mit der Veränderung in einem anderen Merkmal kovariiert. Es können (d) Determinanten für intraindividuelle Veränderungen in das LGC aufgenommen werden und somit Ursachen von interindividuellen Unterschieden in intraindividuellen Veränderungen untersucht werden (z. B. durch Hinzunahme von weiteren Variablen oder durch den Vergleich von Subgruppen). Die Anwendung des LGC hat somit ein großes Potenzial für die Analyse einer Vielzahl von Fragestellungen.

5.3 Messinvarianz über die Zeit

Ähnlich wie beim Vergleich unterschiedlicher Gruppen im Hinblick auf ein Mess- oder Strukturmodell stellt sich auch bei Längsschnittanalysen die Frage, ob die Merkmale über die Zeit hinweg das gleiche zugrunde liegende Konstrukt abbilden. So ist es durchaus möglich, dass sich die Bedeutung von Merkmalen über die Zeit ändern kann. Werden mehrere Indikatoren zur Messung eines Merkmals verwendet, lassen sich die unterschiedlichen Kriterien von Messinvarianz empirisch prüfen (siehe auch Kapitel 4.1 und 4.2).

Messinvarianz wird durch den Vergleich von unterschiedlich restriktiven Modellen nachgewiesen. Meist wird mit einem Basismodell begonnen (*Step-Up*-Ansatz,

Brown, 2015), in dem die Beziehung zwischen Indikatoren und latenter Variable wie in den anderen Modellen aufgebaut sind, die Modellparameter aber frei geschätzt werden. In Abbildung 5.3 ist exemplarisch eine solche längsschnittliche konfirmatorische Faktorenanalyse dargestellt (siehe auch Little, Preacher, Selig, & Card, 2007). In diesem Fall werden die Messmodelle für zwei Merkmale betrachtet: Intergruppenkontakt und Fremdenfeindlichkeit. Diese wurden mit jeweils drei Indikatoren zu drei Messzeitpunkten erfasst.

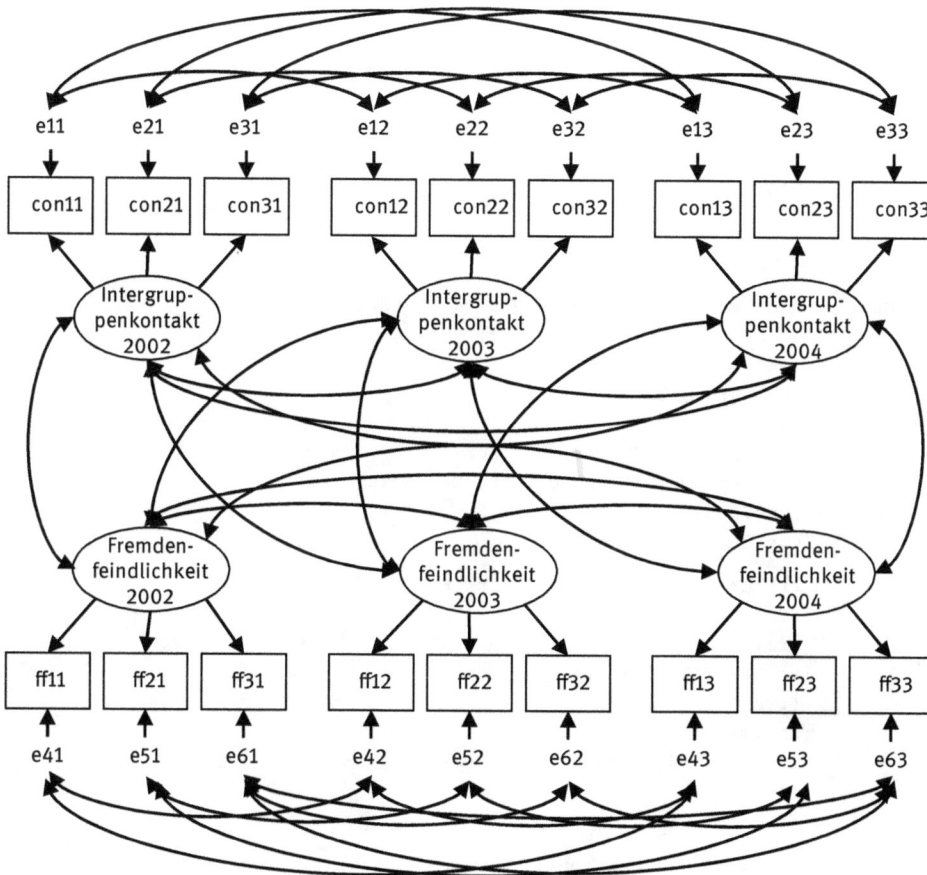

Abbildung 5.3: Längsschnittliche konfirmatorische Faktorenanalyse für Intergruppenkontakt und Fremdenfeindlichkeit

Die Daten dieses Beispiels entstammen wiederum dem GMF-Projekt (Erhebungen 2002, 2003 und 2004). Wir stellen nun auf Grundlage dieses Datensatzes (Datei „GMF_Panel_020304.dat") die zentralen Schritte zur Prüfung von Messinvarianz vor. Zu beachten ist, dass die in Kapitel 4.2.5 vorgestellte Funktion

ANALYSIS: MODEL = CONFIGURAL METRIC SCALAR;
zur automatisierten Prüfung von Messinvarianz in diesem Kontext leider nicht verwendet werden kann, da sie gegenwärtig ausschließlich zur Verwendung bei multiplen Gruppenvergleichen konzipiert ist. Ein „händisches" Vorgehen ist somit erforderlich.

Der Mplus-Input für das Baseline-Modell lautet (Datei „LängsCFA_Baseline.inp"):

```
TITLE:      Konfirmatorische Faktorenanalyse mit Längsschnittdaten zur
            Überprüfung der Messinvarianz - Basismodell

DATA:       FILE IS GMF_Panel_020304.dat;

VARIABLE:   NAMES ARE qcp_ser
            con11 con12 con13 con21 con22 con23 con31 con32 con33
            ff11 ff12 ff13 ff21 ff22 ff23 ff31 ff32 ff33;

            USEVARIABLES ARE con11 con12 con13 con21 con22 con23
            con31 con32 con33 ff11 ff12 ff13 ff21 ff22 ff23 ff31 ff32 ff33;

            MISSING ARE all (99);

MODEL:      con1 BY con11 ! Messmodell für Intergruppenkontakt
            con21         ! zum ersten,
            con31;
            con2 BY con12 ! zweiten
            con22
            con32;
            con3 BY con13 ! und dritten Messzeitpunkt
            con23
            con33;

            ff1 BY ff11 ! Messmodell für Fremdenfeindlichkeit
            ff21        ! zum ersten,
            ff31;
            ff2 BY ff12 ! zweiten
            ff22
            ff32;
            ff3 BY ff13 ! und dritten Messzeitpunkt
            ff23
            ff33;

            con11 WITH con12 con13;    ! Autokorrelation der Fehler
            con12 WITH con13;          ! der Indikatoren für Intergruppenkontakt
            con21 WITH con22 con23;
            con22 WITH con23;
            con31 WITH con32 con33;
            con32 WITH con33;

            ff11 WITH ff12 ff13;       ! Autokorrelation der Fehler
            ff12 WITH ff13;            ! der Indikatoren für Fremdenfeindlichkeit
            ff21 WITH ff22 ff23;
            ff22 WITH ff23;
```

```
ff31 WITH ff32 ff33;
ff32 WITH ff33;

[con11@0 con12@0 con13@0];    ! Der Intercept des ersten Indikators
[con21 con22 con23];          ! für Intergruppenkontakt wird auf 0
[con31 con32 con33];          ! fixiert,
[ff11@0 ff12@0 ff13@0];       ! ebenso der erste Indikator für
[ff21 ff22 ff23];             ! Fremdenfeindlichkeit
[ff31 ff32 ff33];

[con1 con2 con3];             ! Die latenten Mittelwerte werden
[ff1 ff2 ff3];                ! frei geschätzt
```

Die Variablenbezeichnungen der Indikatoren wurden hier so gewählt, dass die erste Zahl jeweils für die Nummer des Indikators steht und die zweite Zahl den Messzeitpunkt angibt. „con12" stünde demnach für den ersten Indikator der Variablen Intergruppenkontakt zu Messzeitpunkt zwei (also die Erhebung aus dem Jahr 2003). Ferner ist zu beachten, dass wir hier die Autokorrelationen zwischen den jeweils korrespondierenden Residuen der Indikatoren zugelassen haben (beispielsweise `ff11 WITH ff12 ff13;`). Dies ist insofern plausibel (und in der Regel auch notwendig), da die Residuen der Indikatoren neben dem zufälligen Messfehler auch itemspezifische Varianzanteile enthalten, die über die Zeit entsprechend korrelieren sollten. Auf die alternativen Modellierungsmöglichkeiten dieser itemspezifischen Varianzkomponente in Längsschnittanalysen wird an dieser Stelle nicht weiter eingegangen (siehe hierzu Finkel, 1995; Marsh & Grayson, 1994). Ferner haben wir die Intercepts der jeweils ersten Indikatoren auf null gesetzt. Die anderen Intercepts sowie die latenten Mittelwerte werden frei geschätzt.

Der Modell-Fit des Basismodells ist gut ($\chi^2 = 142.73$; df = 102; p = .005; CFI = 0.996; RMSEA = .022 (90 % CI = .013/.030); SRMR = .020).

Im nächsten Schritt testen wir metrische Invarianz. Hierzu schätzen wir ein Modell, in dem wir die jeweils korrespondierenden Faktorladungen über die Zeit gleich setzen und vergleichen es mit dem Basismodell. Nachfolgend ist der Ausschnitt aus dem Mplus-Input gezeigt, in dem die entsprechenden Gleichheitsrestriktionen vorgenommen wurden. Ansonsten hat sich im Mplus-Input (Datei „LängsCFA_Metric. inp") im Vergleich zur Spezifikation des Basismodells nichts verändert.

```
MODEL:    con1 BY con11
          con21 (1)          ! Gleichsetzen der Faktorladungen für
          con31 (2);         ! gleiche Indikatoren über die Zeit
          con2 BY con12
          con22 (1)
          con32 (2);
          con3 BY con13
          con23 (1)
```

```
con33 (2);

ff1 BY ff11
ff21 (3)
ff31 (4);
ff2 BY ff12
ff22 (3)
ff32 (4);
ff3 BY ff13
ff23 (3)
ff33 (4);
```

Die Ergebnisse zeigen, dass der Modell-Fit für das restriktivere Modell gut ist (χ^2 = 152.80; df = 110; p = .004; CFI = 0.995; RMSEA = .022 (90 % CI = .013/.030); SRMR = .023). Deskriptiv betrachtet ist dieser Fit vergleichbar mit der Modellpassung des Basismodells. Das restriktivere Modell weist acht zusätzliche Freiheitsgrade auf, da statt zwölf nur vier Faktorladungen geschätzt werden mussten. Mittels χ^2-Differenztest kann nun überprüft werden, ob die Gleichheitsrestriktionen haltbar sind. Die Frage ist also, ob der Modell-Fit vergleichbar mit dem des Basismodells ist, oder ob die Gleichheitsrestriktionen zu einem signifikant schlechteren Modell-Fit führen, so dass die Annahme gleicher Faktorladungen über die Zeit fallengelassen werden muss. Der χ^2-Differenztest zeigt, dass der Modell-Fit tatsächlich vergleichbar ist, da die χ^2-Differenz nicht statistisch signifikant ist ($\Delta\chi^2$ = 10.08; df = 8; p = .26). In diesem Fall können wir also davon ausgehen, dass metrische Invarianz gegeben ist. Metrische Invarianz muss bei autoregressiven Modellen vorliegen. Nur dann ist es möglich, die Beziehung zwischen Variablen über die Zeit sinnvoll zu interpretieren (Little et al., 2007).

Im nächsten Schritt führen wir weitere Restriktionen ein. In diesem Fall setzen wir zusätzlich zu den Faktorladungen auch die jeweils korrespondierenden Intercepts der Indikatoren über die Zeit gleich. Hiermit prüfen wir das Vorliegen von skalarer Messinvarianz. Nachfolgend ist wieder nur der entsprechende Ausschnitt aus dem MODEL-Befehl des Mplus-Inputs (Datei „LängsCFA_Scalar.inp") dargestellt. Die Gleichheitsrestriktionen für die Faktorladungen wurden beibehalten.

```
[con11@0 con12@0 con13@0];
[con21 con22 con23] (5);     ! Gleichsetzen der Intercepts für
[con31 con32 con33] (6);     ! gleiche Indikatoren über die Zeit
[ff11@0 ff12@0 ff13@0];
[ff21 ff22 ff23] (7);
[ff31 ff32 ff33] (8);
[con1 con2 con3];
[ff1 ff2 ff3];
```

Der Modell-Fit dieses Modells ist ebenfalls gut (χ^2 = 210.25; df = 118; p < .001; CFI = 0.990; RMSEA = .031 (90 % CI = .024/.037); SRMR = .024). Das Modell mit Gleichheitsrestriktionen für die Intercepts weist acht Freiheitsgrade mehr auf als das zuvor geschätzte Modell, da aufgrund der Gleichheitsrestriktionen nur vier statt zwölf Intercepts geschätzt werden mussten. Der Vergleich mit dem metrischen Modell anhand des χ^2-Differenztests zeigt allerdings, dass die zusätzlichen Restriktionen für die Intercepts zu einem signifikant schlechteren Modell-Fit geführt haben ($\Delta\chi^2$ = 57.451; df = 8; p < .001). Die Annahme skalarer Invarianz kann daher nicht aufrechterhalten werden. Vielmehr zeigt der Modellvergleich, dass bei mindestens einem Intercept nicht von zeitlicher Konstanz auszugehen ist, d. h. dass ein Teil der Intercepts nicht invariant über die Zeit ist. In diesem Fall sollte geprüft werden, ob zumindest partielle skalare Invarianz vorhanden ist (Brown, 2015; Byrne et al., 1989; siehe auch Kapitel 4.1 und 4.2). Zur Prüfung von partieller skalarer Invarianz müssen die Gleichheitsrestriktionen für die Intercepts nun sukzessive fallengelassen werden. Für die Entscheidung, welche der Gleichheitsrestriktionen aufgegeben werden sollen, können Modifikationsindizes herangezogen werden (Option MODINDICES im Befehlsblock OUTPUT). Aufgrund der großen Stichprobe behalten wir die Voreinstellung von Mplus bei, dass nur Modifikationsindizes für Parameter ausgeben werden, für welche die geschätzte Veränderung im χ^2-Wert größer 10 ist. Nachfolgend führen wir die Modifikationsindizes für die Intercepts auf:

```
Minimum M.I. value for printing the modification index 10.000
                          M.I.    E.P.C.   Std E.P.C.   StdYX E.P.C.
Means/Intercepts/Thresholds

[ CON11 ]                18.581  -0.095     -0.095        -0.135
[ CON31 ]                15.605   0.091      0.091         0.089
[ CON33 ]                10.504  -0.061     -0.061        -0.061
[ FF13  ]                13.949   0.090      0.090         0.097
[ FF21  ]                17.037   0.057      0.057         0.054
[ FF23  ]                11.252  -0.078     -0.078        -0.079
[ FF31  ]                10.837  -0.039     -0.039        -0.042
[ FF32  ]                10.701   0.051      0.051         0.056
```

Die Modifikationsindizes zeigen, dass die Aufgabe eines Teils der Gleichheitsrestriktionen für die Intercepts eine deutliche Verbesserung des Modell-Fits erwarten lassen. Die geschätzte Verbesserung des Modell-Fits bei der Gleichheitsrestriktion des Intercepts von Indikator „ff21" beträgt 17.037. Bei Verlust eines Freiheitsgrades bedeutet dies eine statistisch signifikante Verbesserung. Der entsprechend modifizierte Modell-Input lautet (Datei „LängsCFA_Scalarpartial_1.inp"):

```
[con11@0 con12@0 con13@0];
[con21 con22 con23] (5);
[con31 con32 con33] (6);
[ff11@0 ff12@0 ff13@0];
[ff22 ff23] (7);              ! Die Gleichheitsrestriktion
[ff31 ff32 ff33] (8);         ! für ff21 wurde aufgegeben
```

Zu erkennen ist hier, dass im Vergleich zum vorherigen Modell aus der Zeile [ff22 ff23] (7); nun der Eintrag ff21 gelöscht wurde und somit lediglich die Gleichheitsrestriktion für den Intercept „ff21" aufgehoben wurde. Alle übrigen Gleichheitsrestriktionen wurden beibehalten. Die entsprechenden Schätzwerte sind dem Mplus-Output unter der Überschrift Intercepts zu entnehmen:

```
MODEL RESULTS

                                           Two-Tailed
             Estimate    S.E.    Est./S.E.   P-Value
Intercepts
CON11          0.000    0.000     999.000    999.000
CON12          0.000    0.000     999.000    999.000
CON13          0.000    0.000     999.000    999.000
CON21         -0.411    0.120      -3.423      0.001
CON22         -0.411    0.120      -3.423      0.001
CON23         -0.411    0.120      -3.423      0.001
CON31         -0.266    0.126      -2.110      0.035
CON32         -0.266    0.126      -2.110      0.035
CON33         -0.266    0.126      -2.110      0.035
FF11           0.000    0.000     999.000    999.000
FF12           0.000    0.000     999.000    999.000
FF13           0.000    0.000     999.000    999.000
FF21          -0.160    0.079      -2.022      0.043
FF22          -0.278    0.081      -3.444      0.001
FF23          -0.278    0.081      -3.444      0.001
FF31           0.104    0.072       1.457      0.145
FF32           0.104    0.072       1.457      0.145
FF33           0.104    0.072       1.457      0.145
```

Zu sehen ist hier, dass „ff21" nun frei geschätzt wurde und „ff22" und „ff23" weiterhin gleich gesetzt sind.

Dieses partielle skalare Modell weist einen guten Modell-Fit auf (χ^2 = 192.90; df = 117; p < .001; CFI = 0.992; RMSEA = .028 (90 % CI = .021/.035); SRMR = .023), der im Vergleich zu dem Modell, bei welchem volle skalare Invarianz angenommen wurde, signifikant besser ist ($\Delta\chi^2$ = 17.35; df = 1; p < .001). Allerdings ist der Modell-Fit im Vergleich zum Modell, in dem von metrischer Invarianz ausgegangen wurde, immer noch signifikant schlechter ($\Delta\chi^2$ = 40.10; df = 7; p < .001). Dies bedeutet, dass auch für weitere Intercepts von Unterschieden ausgegangen werden muss. Werden die Gleichheitsrestriktionen für die Intercepts „con31", „con21" und „ff32" schrittweise fallengelassen (Datei „LängsCFA_Scalarpartial_2.inp"), so fällt der Vergleich mit dem Modell, in dem von metrischer Invarianz ausgegangen wird, immer noch signifikant aus ($\Delta\chi^2$ = 12.70; df = 4; p = .013). Wird aber aufgrund der Sensitivität des χ^2-Differenztests für große Stichproben (hier N = 885) ein strengeres Signifikanzniveau angelegt (z. B. p < .001), so kann in diesem Fall für zumindest partielle skalare Messinvarianz argumentiert werden.

Für einen Teil der Intercepts der Indikatoren lässt sich demnach die Invarianz absichern. Der Vergleich der latenten Mittelwerte über die Zeit sollte dennoch nur unter Vorbehalt vorgenommen werden. Wir empfehlen den Leserinnen und Lesern ausdrücklich, sich intensiver mit dieser Problematik auseinanderzusetzen, sollte dieses Problem bei eigenen Anwendungen auftreten. Eine ausführlichere Diskussion der Problematik von partieller Messinvarianz findet sich bei Brown (2015) und Byrne et al. (1989).

Insgesamt zeigt die Prüfung der Messinvarianz mittels der längsschnittlichen konfirmatorischen Faktorenanalyse, dass metrische Invarianz, aber nur partielle skalare Invarianz für den Beispieldatensatz gegeben ist. Wie bereits erwähnt, ist metrische Invarianz eine Voraussetzung für das ARM. Nur in diesem Fall sind die Beziehungen der Variablen über die Zeit sinnvoll zu interpretieren. Im Falle des LGC muss zusätzlich skalare Invarianz vorliegen, da die Veränderungen in den latenten Mittelwerten nur dann interpretiert werden können. Unter Verwendung dieses Beispieldatensatzes demonstrieren wir in den nächsten Abschnitten die Spezifikation des ARM und LGC in Mplus.

5.4 Das autoregressive Modell in Mplus

Im Folgenden werden wir die Schätzung eines latenten autoregressiven Modells in Mplus demonstrieren. Christ und Wagner (2008) haben die Beziehung zwischen Intergruppenkontakt und Fremdenfeindlichkeit unter Verwendung des GMF-Paneldatensatzes „GMF_Panel_020304.dat" untersucht, welcher im Begleitmaterial des Buchs enthalten ist. Der Datensatz umfasst die Wellen 2002, 2003 und 2004. Als Indikatoren für Intergruppenkontakt wurden jeweils drei Aspekte abgefragt: „Wie viele Ihrer Freunde und Bekannte sind in Deutschland lebende Ausländerinnen und Ausländer?"; „Wie oft ist es vorgekommen, dass Ihnen eine Ausländerin oder ein Ausländer geholfen hat?"; „Wie oft ist es vorgekommen, dass Sie mit einer Ausländerin oder einem Ausländer ein interessantes Gespräch geführt haben?". Als Indikatoren für Fremdenfeindlichkeit wurden folgende Aussagen verwendet: „Es leben zu viele Ausländer in Deutschland."; „Wenn Arbeitsplätze knapp werden, sollte man die in Deutschland lebenden Ausländer wieder in ihre Heimat zurückschicken."; „Die in Deutschland lebenden Ausländer sind eine Belastung für das soziale Netz.". Alle Fragen konnten auf einer vierstufigen Ratingskala beantwortet werden, wobei höhere Werte eine höhere Zustimmung anzeigen.

Die Forschungsfrage lautete, ob mehr Intergruppenkontakt zu einem früheren Zeitpunkt mit weniger Fremdenfeindlichkeit zu einem späteren Zeitpunkt einhergeht und/oder ob mehr Fremdenfeindlichkeit zu einem früheren Zeitpunkt mit weniger Intergruppenkontakt zu einem späteren Zeitpunkt einhergeht. In Abbildung 5.4 ist das zu prüfende Modell dargestellt. Für die Beantwortung der Fragestellung sind vor allem die *Cross-Lagged*-Beziehungen relevant, die Stabilitätsparameter spielen zunächst nur eine untergeordnete Rolle.

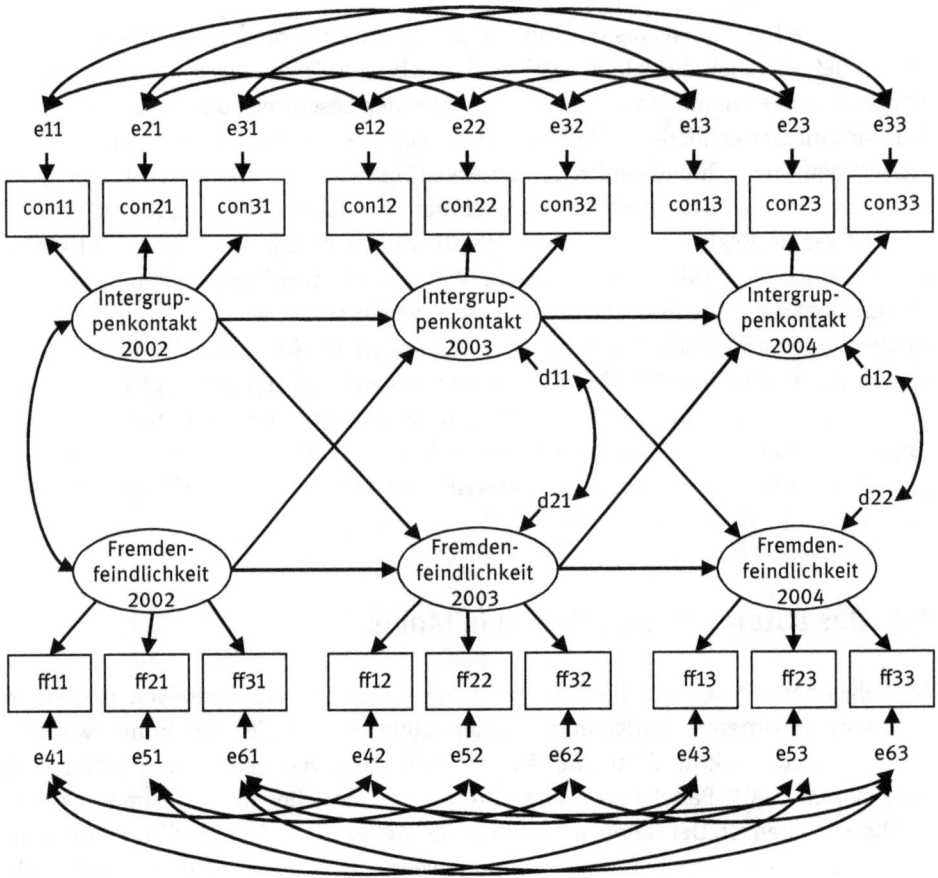

Abbildung 5.4: Latentes ARM für Intergruppenkontakt und Fremdenfeindlichkeit

Der Mplus-Input für das in Abbildung 5.4 dargestellte Modell ist nachfolgend aufgeführt (Datei „LatentCL_KontaktFF_1.inp"):

```
TITLE:      Beispiel Cross-lagged Analyse

DATA:       FILE IS GMF_Panel_020304.dat;

VARIABLE:   NAMES ARE qcp_ser
            con11 con12 con13 con21 con22 con23 con31 con32 con33
            ff11 ff12 ff13 ff21 ff22 ff23 ff31 ff32 ff33;

            USEVARIABLES ARE con11 con12 con13 con21 con22 con23
            con31 con32 con33 ff11 ff12 ff13 ff21 ff22 ff23 ff31 ff32 ff33;

            MISSING ARE all (99);
```

```
MODEL:     con1 BY con11 ! Spezifikation der Messmodelle für Kontakt
           con21 (1)
           con31 (2);
           con2 BY con12
           con22 (1)
           con32 (2);
           con3 BY con13
           con23 (1)
           con33 (2);

           ff1 BY ff11     ! Messmodelle für Fremdenfeindlichkeit
           ff21 (3)
           ff31 (4);       ! Jeweils korrespondierende Faktorladungen
           ff2 BY ff12     ! wurden gleichgesetzt
           ff22 (3)
           ff32 (4);
           ff3 BY ff13
           ff23 (3)
           ff33 (4);

           con2 ON con1 ff1;  ! Spezifikation der autoregressiven und
           con3 ON con2 ff2;  ! Cross-Lagged-Beziehungen
           ff2 ON ff1 con1;
           ff3 ON ff2 con2;

           con2 WITH ff2;      ! Korrelation der Residuen von Kontakt
                               ! und Fremdenfeindlichkeit zum
                               ! 2. Messzeitpunkt

           con11 WITH con12 con13;    ! Autokorrelation der Residuen
           con12 WITH con13;          ! der Indikatoren
           con21 WITH con22 con23;    ! von Intergruppenkontakt
           con22 WITH con23;
           con31 WITH con32 con33;
           con32 WITH con33;

           ff11 WITH ff12 ff13;       ! und Fremdenfeindlichkeit
           ff12 WITH ff13;
           ff21 WITH ff22 ff23;
           ff22 WITH ff23;
           ff31 WITH ff32 ff33;
           ff32 WITH ff33;

           [con11@0 con12@0 con13@0]; ! Gleichheitsrestriktionen
           [con22 con23] (5);         ! korrespondierender Intercepts
           [con32 con33] (6);         ! unter Berücksichtigung der
           [ff11@0 ff12@0 ff13@0];    ! Ergebnisse der
           [ff22 ff23] (7);           ! Längsschnitt-CFA
           [ff31 ff33] (8);

           [con1 con2 con3];
           [ff1 ff2 ff3];

OUTPUT:    STDYX MODINDICES;
```

Im Mplus-Input sehen wir zunächst die Messmodelle für Intergruppenkontakt und Fremdenfeindlichkeit für alle drei Messzeitpunkte, also für 2002, 2003 und 2004. Die Ergebnisse der Längsschnitt-CFA (siehe Kapitel 5.3) haben gezeigt, dass metrische Invarianz für diese beiden Merkmale gegeben ist. Daher haben wir die Gleichheits-restriktionen für die jeweils korrespondierenden Faktorladungen übernommen. Da gemäß den Ergebnissen der Längsschnitt-CFA lediglich partielle skalare Invarianz vorliegt, haben wir Gleichheitsrestriktionen nur für diejenigen korrespondierenden Intercepts spezifiziert, für welche die Gleichheit über die Zeit angenommen werden konnte.

Danach folgt in einem vierzeiligen Block unter Verwendung von ON-Statements die Spezifikation der autoregressiven und *Cross-Lagged*-Beziehungen:

```
con2 ON con1 ff1;
con3 ON con2 ff2;
ff2 ON ff1 con1;
ff3 ON ff2 con2;
```

Darüber hinaus haben wir alle Autokorrelationen zwischen den korrespondierenden Residuen der Indikatoren zugelassen. Die Korrelation zwischen den latenten Variablen Intergruppenkontakt und Fremdenfeindlichkeit zum ersten Messzeitpunkt wird ebenso wie die Residualkorrelationen zwischen den beiden latenten Variablen zum dritten Messzeitpunkt in Mplus automatisch geschätzt. Die Korrelation zwischen den Residuen von Intergruppenkontakt und Fremdenfeindlichkeit zum zweiten Messzeit-punkt muss im Mplus-Input spezifiziert werden, da sie von Mplus sonst automatisch auf null fixiert wird. Dies geschieht über das WITH-Statement con2 WITH ff2;.

Der Modell-Fit des latenten ARM ist insgesamt gut (χ^2 = 175.95; df = 118; p = .001; CFI = 0.994; RMSEA = .024 (90 % CI = .016/.032); SRMR = .023). Die Ergebnisse zeigen, dass die Korrelationen zwischen den Residuen von Intergruppenkontakt und Fremdenfeindlichkeit zum zweiten und dritten Messzeitpunkt nicht signifikant sind.

```
MODEL RESULTS

                                                  Two-Tailed
               Estimate      S.E.    Est./S.E.     P-Value
CON2  WITH
   FF2          -0.004      0.006     -0.713        0.476

FF1   WITH
   CON1         -0.196      0.019    -10.148        0.000

FF3   WITH
   CON3         -0.007      0.005     -1.260        0.208
```

Wir fixieren daher im Folgenden die beiden Residualkorrelationen auf null. Unter MODEL fügen wir hierzu folgende Zeile ein: con3 WITH ff3@0; und löschen den

Eintrag: `con2 WITH ff2;` (Datei „LatentCL_KontaktFF_2.inp"). Dieses Modell weist einen guten Modell-Fit auf (χ^2 = 178.11; df = 120; p = .001; CFI = 0.994; RMSEA = .024 (90 % CI = .016/.031); SRMR = .023) der mit dem Modell-Fit des weniger restriktiven Modells ($\Delta\chi^2$ = 2.15; df = 2; p = .34) vergleichbar ist.

In einem weiteren Schritt haben wir geprüft, ob die jeweils korrespondierenden Stabilitäts- und *Cross-Lagged*-Parameter über die Zeit stabil sind. Hierbei wird angenommen, dass die kausale Struktur dieser Parameter über die Zeit stabil ist. Dies wird als „Stationaritätsannahme" bezeichnet (Kenny, 1979). Anders ausgedrückt bedeutet dies, dass das Ausmaß, in dem bestimmte Variablenausprägungen Änderungen in den Ausprägungen anderer Variablen verursachen, über die Zeit hinweg gleich bleibt. Dazu haben wir im Mplus-Input entsprechende Gleichheitsrestriktionen vorgenommen (Datei „LatentCL_KontaktFF_3.inp"). Nachfolgend ist nur der Ausschnitt aus dem Mplus-Input aufgeführt, der diese Gleichheitsrestriktionen enthält:

```
con2 ON con1 (9)        ! Gleichheitsrestriktionen auf
ff1 (10);               ! korrespondierende Stabilitäts-
con3 ON con2 (9)        ! und Cross-Lagged-Parameter
ff2 (10);
ff2 ON ff1    (11)
con1 (12);
ff3 ON ff2    (11)
con2 (12);
```

Das ARM-Modell mit diesen zusätzlichen Gleichheitsrestriktionen weist einen guten Modell-Fit auf (χ^2 = 180.91; df = 124; p = .001; CFI = 0.994; RMSEA = .024 (90 % CI = .016/.031); SRMR = .024), der statistisch nicht schlechter ist als das zuvor geschätzte, weniger restriktive Modell ($\Delta\chi^2$ = 2.80; df = 4; p = .59). Die angenommene Gleichheit der autoregressiven und *Cross-Lagged*-Beziehungen über die Zeit kann also aufrechterhalten werden. Nachfolgend führen wir die unstandardisierten und standardisierten Parameterschätzer für die autoregressiven und die *Cross-Lagged*-Beziehungen auf, welche für die Beantwortung unserer Fragestellung zentral sind (ON-Statements im Output):

```
MODEL RESULTS

                                               Two-Tailed
            Estimate      S.E.    Est./S.E.     P-Value
CON2    ON
    CON1       0.920     0.021      43.133        0.000
    FF1       −0.006     0.012      −0.481        0.631

CON3    ON
    CON2       0.920     0.021      43.133        0.000
    FF2       −0.006     0.012      −0.481        0.631
```

```
FF2    ON
    FF1         0.837       0.019       43.895       0.000
    CON1       -0.115       0.030       -3.872       0.000

FF3    ON
    FF2         0.837       0.019       43.895       0.000
    CON2       -0.115       0.030       -3.872       0.000
```

```
STANDARDIZED MODEL RESULTS

STDYX Standardization
                                                    Two-Tailed
                Estimate      S.E.      Est./S.E.    P-Value
CON2   ON
    CON1         0.939       0.019       50.127       0.000
    FF1         -0.009       0.019       -0.481       0.631

CON3   ON
    CON2         0.930       0.016       57.176       0.000
    FF2         -0.009       0.019       -0.480       0.631

FF2    ON
    FF1          0.849       0.017       50.486       0.000
    CON1        -0.073       0.019       -3.918       0.000

FF3    ON
    FF2          0.855       0.016       53.567       0.000
    CON2        -0.073       0.019       -3.902       0.000
```

Die unstandardisierten Ergebnisse zeigen, dass die autoregressiven Pfade für Intergruppenkontakt und Fremdenfeindlichkeit statistisch signifikant von null abweichen. Ein Blick auf die standardisierten Parameter für die autoregressiven Pfade zeigt, dass die Stabilitätswerte bei etwa .85 für Fremdenfeindlichkeit und bei etwa .94 für Intergruppenkontakt liegen. Beide Merkmale sind also über den betrachteten Zeitraum hinweg relativ stabil, wenngleich keine perfekte Stabilität vorliegt und es somit intraindividuelle Unterschiede in der Veränderung gibt. Dies zeigt sich auch in den statistisch bedeutsamen *Cross-Lagged*-Beziehungen von Intergruppenkontakt auf Fremdenfeindlichkeit. Intergruppenkontakt in 2002 kann Varianz in Fremdenfeindlichkeit in 2003 über die autoregressive Beziehung zwischen Fremdenfeindlichkeit in 2002 und 2003 hinaus vorhersagen. Gleiches gilt für die Beziehung zwischen Intergruppenkontakt in 2003 und Fremdenfeindlichkeit in 2004. Die *Cross-Lagged*-Beziehungen sind signifikant und negativ (−.073, p < .001; standardisierte Schätzer). Mehr Intergruppenkontakt geht also mit geringerer Fremdenfeindlichkeit zu einem späteren Zeitpunkt einher. Anders formuliert: Individuen mit einem höheren Ausmaß an Intergruppenkontakt haben im Vergleich zu Individuen mit einem niedrigeren Ausmaß an Intergruppenkontakt zu einem späteren Messzeitpunkt niedrigere Fremdenfeindlichkeitswerte. Diese Beziehung lässt sich trotz Kontrolle der autoregressiven Beziehung von Fremdenfeindlichkeit und der Korrelation zwischen Intergruppenkontakt und

Fremdenfeindlichkeit zum ersten Messzeitpunkt nachweisen. Fremdenfeindlichkeit kann dagegen keine Varianz in Intergruppenkontakt zum nächstfolgenden Zeitpunkt erklären. Die *Cross-Lagged*-Beziehungen weichen nicht statistisch signifikant von null ab (–.009, p = .631; standardisierte Parameter).

5.4.1 Überprüfung des Einflusses von Drittvariablen

Die im obigen Beispiel gefundenen signifikanten *Cross-Lagged*-Effekte von Intergruppenkontakt auf Fremdenfeindlichkeit bestätigen die Annahme, dass Intergruppenkontakt Fremdenfeindlichkeit zu einem späteren Zeitpunkt vorhersagt. Trotzdem kann bei der Anwendung von ARM nicht ausgeschlossen werden, dass die jeweiligen statistischen Beziehungen auf Drittvariablen zurückgehen. Zwar besteht für gemessene Drittvariablen immer die Möglichkeit der statistischen Kontrolle (siehe hierzu Little et al., 2007). Der Einfluss ungemessener Drittvariablen kann hierdurch aber nicht ausgeschlossen werden. Um solche fälschlichen (*spurious*) Beziehungen zwischen den Variablen auszuschließen, können sogenannte *common factor models* und *unmeasured variable models* geschätzt werden (Finkel, 1995; Newsom, 2015).

Im *Common-Factor*-Modell wird geprüft, ob die Beziehungen zwischen zwei Variablen (hier: Intergruppenkontakt und Fremdenfeindlichkeit) durch einen gemeinsamen zugrunde liegenden Faktor (daher der Name *common factor*) erklärbar sind. Diese Konzeptualisierung stellt eine Alternative zu den im ARM gemachten Annahmen über die zeitliche Beziehung zwischen den Variablen dar. In Abbildung 5.5 ist ein *Common-Factor*-Modell für unser Beispiel schematisch (und aus Gründen der Übersichtlichkeit etwas vereinfacht) dargestellt: „ff1" bis „ff3" repräsentieren hierbei den oder die Indikatoren für Fremdenfeindlichkeit zu den drei Messzeitpunkten, und „con1" bis „con3" die Indikatoren für Intergruppenkontakt. Die angenommenen gemeinsamen Faktoren bezeichnen wir mit „cf1" bis „cf3". Das *Common-Factor*-Modell erfordert für jeden gemeinsamen Faktor mindestens einen Indikator für die Variable Kontakt und mindestens einen Indikator für die Variable Fremdenfeindlichkeit. Wird jeweils nur ein manifester Indikator verwendet, müssten noch (längsschnittliche) Gleichheitsrestriktionen gesetzt werden, damit das Modell identifiziert ist. Uns stehen hier jeweils drei Indikatoren zu jedem Messzeitpunkt zur Verfügung. Im Prinzip handelt es sich bei dem Modell um eine längsschnittliche konfirmatorische Faktorenanalyse. Autoregressive Pfade oder *Cross-Lagged*-Pfade der Indikatoren werden nicht spezifiziert. Die Residuen dürfen aber über die Zeit korrelieren.

In dem in Abbildung 5.5 dargestellten Modell werden die gemeinsamen Faktoren jeweils durch manifeste Variablen bestimmt. Alternativ können die gemeinsamen Faktoren auch durch latente Variablen definiert werden. Aufbauend auf den im obigen Beispiel (Datei „LatentCL_KontaktFF_1.inp") spezifizierten Messmodellen für Intergruppenkontakt und Fremdenfeindlichkeit würden wir hierzu im Mplus Input unter MODEL schreiben:

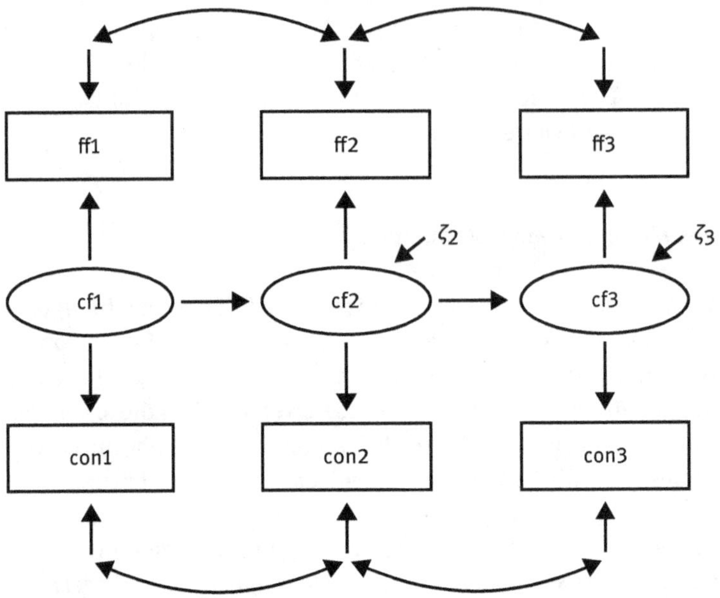

Abbildung 5.5: Beispielhafte Darstellung eines *Common-Factor*-Modells

```
cf1 BY con1 ff1;
cf2 BY con2 ff2;
cf3 BY con3 ff3;
```

Über das BY-Statement definieren wir zu jedem Messzeitpunkt den gemeinsamen Faktor durch die latenten Variablen Intergruppenkontakt und Fremdenfeindlichkeit des jeweiligen Messzeitpunkts. Inhaltlich wären die Ergebnisse des *Common-Factor*-Modells dann wie folgt zu interpretieren: Wenn das Modell zu den Daten passt, d. h. wenn Kontakthäufigkeit und Fremdenfeindlichkeit tatsächlich jeweils auf einen gemeinsamen Faktor laden, so hieße das, dass das *Cross-Lagged*-Modell falsch ist.

In unserem Fall kann aber bereits auf theoretischer Basis ein solches *Common-Factor*-Modell ausgeschlossen werden: Es ist recht plausibel, dass Intergruppenkontakt und Fremdenfeindlichkeit zwei unterschiedliche, wenn auch korrelierte Konstrukte darstellen. Daher verzichten wir an dieser Stelle auf eine weitere Besprechung des *Common-Factor*-Modells.

Weitaus relevanter für unser Beispiel ist das *Unmeasured-Variable*-Modell. Hierbei wird geprüft, ob die Beziehung zwischen den Merkmalen, in unserem Fall also Intergruppenkontakt und Fremdenfeindlichkeit, aufgrund ungemessener Drittvariablen zustande kommt oder nicht. Auch wenn diese Drittvariablen nicht gemessen wurden, können sie im Falle von Längsschnittdaten dennoch modelliert werden. In Abbildung 5.6 ist ein solches *Unmeasured-Variable*-Modell für den Beispieldatensatz dargestellt.

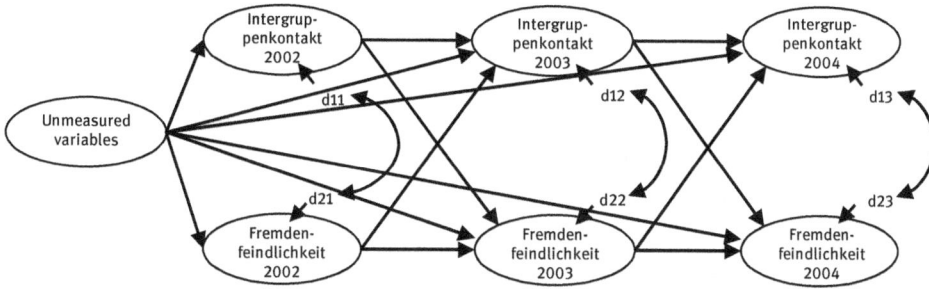

Abbildung 5.6: Das Unmeasured-Variable-Modell für Intergruppenkontakt und Fremdenfeindlichkeit. (Hinweis: Zur Vereinfachung der Darstellung sind die Indikatoren und die Autorkorrelationen zwischen den Residuen der Indikatoren nicht dargestellt.)

Die Annahme dieses Modells ist, dass die Beziehungen zwischen den Variablen (hier Intergruppenkontakt und Fremdenfeindlichkeit) möglicherweise durch nicht im Modell enthaltene Drittvariablen beeinflusst werden. Entsprechend wird im *Unmeasured-Variable*-Modell eine weitere latente Variable mit aufgenommen, die nicht gemessen wurde (für die also keine manifesten Indikatoren vorliegen), aber alle weiteren latenten Variablen über die Zeit beeinflusst (siehe latente Variable „Unmeasured Variables" in Abbildung 5.6). Sollten sich nach Aufnahme dieser weiteren latenten Variablen die *Cross-Lagged*-Beziehungen auf ein statistisch nicht mehr bedeutsames Maß verringern, so kann hieraus geschlossen werden, dass es sich bei den zuvor gefundenen *Cross-Lagged*-Beziehungen um fälschliche (*spurious*) Beziehungen handelt, die somit nicht als „kausale" Effekte interpretiert werden können. Der Mplus Input zu diesem Beispiel ist nachfolgend aufgeführt (Datei „LatentCL_UnmeasuredVariable.inp"):

```
TITLE:      Beispiel Unmeasured variable model - Test auf "Spuriousness"

DATA:       FILE IS GMF_Panel_020304.dat;

VARIABLE:   NAMES ARE qcp_ser
            con11 con12 con13 con21 con22 con23 con31 con32 con33
            ff11 ff12 ff13 ff21 ff22 ff23 ff31 ff32 ff33;

            USEVARIABLES ARE con11 con12 con13 con21 con22 con23
            con31 con32 con33 ff11 ff12 ff13 ff21 ff22 ff23 ff31 ff32 ff33;

            MISSING ARE all (99);

ANALYSIS:   ITERATIONS = 5000;

MODEL:      con1 BY con11
            con21 (1)
            con31 (2);
            con2 BY con12
            con22 (1)
            con32 (2);
```

```
con3 BY con13
con23 (1)
con33 (2);

ff1 BY ff11
ff21 (3)
ff31 (4);
ff2 BY ff12
ff22 (3)
ff32 (4);
ff3 BY ff13
ff23 (3)
ff33 (4);

con2 ON con1 (9)    ! Gleichheitsrestriktionen auf korrespondierende
ff1  (10);          ! Stabilitäts- und Cross-Lagged-Parameter
con3 ON con2 (9)
ff2  (10);
ff2 ON ff1   (11)
con1 (12);
ff3 ON ff2   (11)
con2 (12);

thirdvar BY con1*  ! Spezifikation der latenten Drittvariablen
con2               ! Die Ladung von con1 wird frei geschätzt
con3               ! Die Ladungen entsprechen in diesem Fall
ff1                ! Regressionsparametern
ff2
ff3 ;
thirdvar@1;        ! Varianz der latenten Drittvariablen wird aus
                   ! Identifikationszwecken auf 1 fixiert

ff1@0;             ! Die Residualvarianz von ff1 wurde auf null
                   ! fixiert, da sie negativ geschätzt wurde

con2 WITH ff2;

con11 WITH con12 con13;
con12 WITH con13;
con21 WITH con22 con23;
con22 WITH con23;
con31 WITH con32 con33;
con32 WITH con33;

ff11 WITH ff12 ff13;
ff12 WITH ff13;
ff21 WITH ff22 ff23;
ff22 WITH ff23;
ff31 WITH ff32 ff33;
ff32 WITH ff33;

[con11@0 con12@0 con13@0];
[con22 con23] (5);
```

```
         [con32 con33] (6);
         [ff11@0 ff12@0 ff13@0];
         [ff22 ff23] (7);
         [ff31 ff33] (8);

         [con1 con2 con3];
         [ff1 ff2 ff3];

OUTPUT:  STDYX;TECH4;
```

Die Spezifikation der Messmodelle wie der Autokorrelationen zwischen den jeweils korrespondierenden Residuen und der Indikatoren der latenten Variablen, sowie auch die Restriktionen der Intercepts entsprechen denen des autoregressiven Modells (Datei „LatentCL_KontaktFF_1.inp"). Zu beachten ist, dass das *Unmeasured-Variable*-Modell mindestens drei Erhebungswellen erfordert. Darüber hinaus müssen bei lediglich drei Erhebungswellen weitere Restriktionen vorgenommen werden, damit das Modell identifiziert ist (siehe Finkel, 1995). In unserem Fall haben wir alle korrespondierenden autoregressiven und *Cross-Lagged*-Beziehungen gleichgesetzt:

```
con2 ON con1   (9)   ! Gleichheitsrestriktionen auf korrespondierende
ff1 (10);            ! Stabilitäts- und Cross-Lagged-Parameter
con3 ON con2   (9)
ff2 (10);
ff2 ON ff1     (11)
con1 (12);
ff3 ON ff2     (11)
con2 (12);
```

Für die Spezifikation der latenten Drittvariablen (welche wir in unserem Beispiel sinnigerweise „thirdvar" genannt haben) stehen uns definitionsgemäß keine manifesten Indikatoren zur Verfügung. Diese Variable wird stattdessen über die latenten Variablen „con1" bis „con3" sowie „ff1" bis „ff3" definiert:

```
thirdvar BY con1*
con2
con3
ff1
ff2
ff3;
thirdvar@1;
```

Zu beachten ist, dass wir für die Regressionsparameter zur Vorhersage von Intergruppenkontakt und Fremdenfeindlichkeit durch die ungemessene Drittvariable statt des ON-Befehls ein BY-Statement verwenden. Hierdurch wird in Mplus eine latente Variable ohne eigene manifeste Indikatoren spezifiziert. Gleichzeitig stellen die Schätzer

der „Ladungen" der latenten Variablen von Intergruppenkontakt und Fremdenfeindlichkeit die Regressionsparameter dar, also den Einfluss der latenten Drittvariablen
auf die übrigen latenten Variablen.

Die Voreinstellungen in Mplus bewirken, dass die Ladung des jeweils ersten
Indikators auf einer latenten Variablen auf eins fixiert wird. Da aber zusätzlich der
Einfluss der Drittvariablen auf diese Variable geschätzt werden soll (hier „con1"),
muss diese Voreinstellung in Mplus überschrieben werden. Dazu wird direkt an den
entsprechenden Parameter ein Sternchen „*" angefügt, wodurch dieser Parameter
frei geschätzt wird. Die Skalierung der latenten Drittvariable haben wir entsprechend
durch eine Fixierung der Varianz auf eins (`thirdvar@1`) vorgenommen.

Die Schätzung dieses Modells zeigte, dass die Residualvarianz der latenten
Variablen „ff1" (also Fremdenfeindlichkeit zum ersten Messzeitpunkt) einen negativen Wert annahm. Daher haben wir diese Residualvarianz im Folgenden auf null
fixiert. Dies stellt eine übliche Lösung eines solchen Problems bei der Parameter-
schätzung dar (Brown, 2015). Die Schätzung der Modellparameter erfolgte daraufhin
ohne Probleme.

Der Modell-Fit ist gut (χ^2 = 169.43; df = 119; p = .002; CFI = 0.995; RMSEA = .023
(90 % CI = .014/.030); SRMR = .023). Nachfolgend sind die unstandardisierten Parameterschätzer für die Regressionsgewichte der ungemessenen Drittvariablen („thirdvar") sowie die autoregressiven und *Cross-Lagged*-Beziehungen aufgeführt.

```
MODEL RESULTS

                                                      Two-Tailed
              Estimate      S.E.      Est./S.E.       P-Value
THIRDVAR BY
   CON1       -0.249       0.021      -11.654          0.000
   CON2        0.068       0.037        1.849          0.065
   CON3        0.043       0.035        1.239          0.215
   FF1         0.782       0.027       29.411          0.000
   FF2         0.119       0.055        2.150          0.032
   FF3         0.138       0.051        2.695          0.007

CON2     ON
   CON1        0.924       0.021       43.101          0.000
   FF1        -0.073       0.045       -1.635          0.102

CON3     ON
   CON2        0.924       0.021       43.101          0.000
   FF2        -0.073       0.045       -1.635          0.102

FF2      ON
   FF1         0.675       0.066       10.262          0.000
   CON1       -0.106       0.032       -3.306          0.001

FF3      ON
   FF2         0.675       0.066       10.262          0.000
   CON2       -0.106       0.032       -3.306          0.001
```

Die Ergebnisse zeigen einen statistisch bedeutsamen Einfluss der ungemessenen Drittvariablen auf einen Teil der latenten Variablen (z. B. auf Intergruppenkontakt zum ersten Messzeitpunkt mit −.249, p < .001). Entscheidend ist, dass sich das Muster der Ergebnisse in Bezug auf die *Cross-Lagged*-Beziehungen im Vergleich zum ursprünglichen Modell nicht verändert hat. Während Fremdenfeindlichkeit weiterhin keinen Einfluss auf spätere Messungen von Intergruppenkontakt hat (−.073, p = .102), bleibt der Effekt von Intergruppenkontakt auf spätere Messungen von Fremdenfeindlichkeit bestehen (−.106, p = .001). Das *Unmeasured-Variable*-Modell liefert in diesem Anwendungsbeispiel also ein relativ gutes Argument gegen den Einwand, dass die zeitlichen Beziehungen zwischen den beiden Merkmalen Fremdenfeindlichkeit und Intergruppenkontakt durch ungemessene Drittvariablen zustande gekommen sind.

5.5 Das latente Wachstumskurvenmodell in Mplus

Auch für die Schätzung eines LGC in Mplus werden wir wieder auf den Beispieldatensatz „GMF_Panel_020304.dat" zurückgreifen. Davidov et al. (2011) haben das GMF-Panel zur Untersuchung längsschnittlicher Veränderungen im GMF-Syndrom genutzt. Basierend auf einer Reihe von LGC konnten die Autoren eine Veränderung in fünf von sechs Komponenten des GMF-Syndroms feststellen. Wir konzentrieren uns im Folgenden nur auf eine Komponente von GMF, nämlich „Fremdenfeindlichkeit". Mit der Verwendung des LGC möchten wir zwei Fragestellungen untersuchen: (1) Lässt sich über den Zeitraum von 2002 bis 2004 eine Veränderung in Fremdenfeindlichkeit feststellen und gibt es zwischen den befragten Personen Variabilität in der Veränderung über die Zeit? (2) Im Falle von bedeutsamer Variabilität in der Veränderung in Fremdenfeindlichkeit: Lässt sich diese Variabilität mit einem unterschiedlichen Ausmaß an Intergruppenkontakt in 2002 erklären? Für die erste Fragestellung werden wir ein unkonditionales LGC 2. Ordnung schätzen. Dies bedeutet, dass wir latente Indikatoren für den latenten Intercept- und Slope-Faktor verwenden werden. Für die zweite Fragestellung erweitern wir das LGC um Intergruppenkontakt als unabhängige, zeitkonstante Variable, die in 2002 gemessen wurde. Hierbei handelt es sich dann um ein konditionales LGC.

In Mplus gibt es eine Reihe von Voreinstellungen, die bei der Spezifikation von LGC Anwendung finden. Die Voreinstellungen bieten den Vorteil, dass sie den Anwenderinnen und Anwendern Arbeit bei der Spezifikation abnehmen. Im Manual von Mplus (Muthén & Muthén, 1998–2015) sind diese Voreinstellungen aufgelistet. Wir werden bei den von uns verwendeten Beispielen auf die entsprechenden Voreinstellungen hinweisen.

In Abbildung 5.7 ist das unkonditionale LGC 2. Ordnung dargestellt. Die Verwendung eines LGC 2. Ordnung hat eine Reihe von Vorteile. Zum einen kann das Messmodell unter Berücksichtigung des Messfehlers überprüft werden. Dieser Aspekt ist gerade bei der Schätzung der latenten Intercept- und Slope- Faktoren wichtig, da der Messfehler bei Verwendung latenter Indikatoren separiert wird.

Darüber hinaus lässt sich die Messinvarianz über die Zeit prüfen, da bei Anwendung von LGC (partielle) skalare Messinvarianz vorliegen sollte. Nur dann lassen sich die latenten Intercept- und Slope-Faktoren sinnvoll interpretieren. Der komplette Mplus Input für dieses Beispiel ist nachfolgend aufgeführt (Datei „LatentWK_KontaktFF_1.inp"):

```
TITLE:      Beispiel latentes Wachstumkurvenmodell (unkonditional)

DATA:       FILE IS GMF_Panel_020304.dat;

VARIABLE:   NAMES ARE qcp_ser con11 con12 con13 con21 con22 con23 con31
            con32
            con33 ff11 ff12 ff13 ff21 ff22 ff23 ff31 ff32 ff33;

            USEVARIABLES ARE ff11 ff12 ff13 ff21 ff22 ff23 ff31 ff32 ff33;

            MISSING ARE all (99);

MODEL:      ff1 BY ff11
            ff21 (1)             ! Gleichheitsrestriktion
                                 ! korrespondierender
            ff31 (2);            ! Faktorladungen über die Zeit
            ff2 BY ff12
            ff22 (1)
            ff32 (2);
            ff3 BY ff13
            ff23 (1)
            ff33 (2);

            i s | ff1@0 ff2@1    ! latente Wachstumsfaktoren
            ff3@2;
                                 ! Hier linearer Slope

            [i];    ! Mittelwert des latenten Intercept-Faktors

            [ff11@0 ff12@0 ff13@0];
            [ff22 ff23] (3);     ! Gleichheitsrestriktion
                                 ! korrespondierender Intercepts
            [ff31 ff33] (4);     ! orientiert an den Ergebnissen der Längs-
                                 ! schnitt-CFA
            ff11 WITH ff12 ff13;
            ff12 WITH ff13;
            ff21 WITH ff22 ff23;
            ff22 WITH ff23;
            ff31 WITH ff32 ff33;
            ff32 WITH ff33;

OUTPUT:     STDYX;

PLOT:       TYPE = PLOT3;
            SERIES = ff1 (s) ff2 (s) ff3 (s);
```

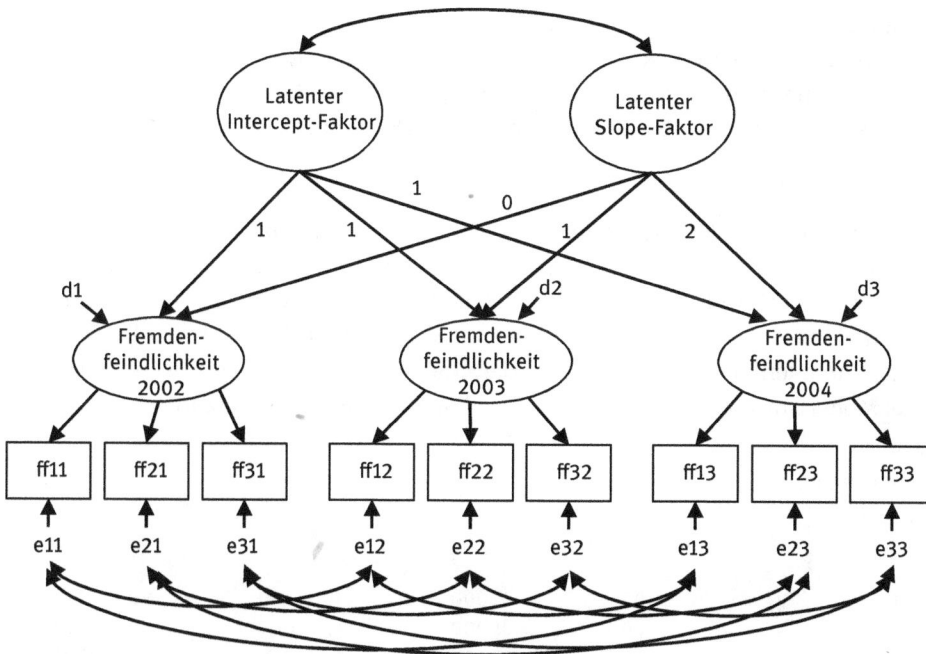

Abbildung 5.7: Unkonditionales latentes Wachstumskurvenmodell 2. Ordnung für Fremdenfeindlichkeit unter Annahme einer linearen Veränderung über die Zeit

Für die Spezifikation des LGC ist lediglich eine Befehlszeile im Block `MODEL` notwendig:
`i s | ff1@0 ff2@1 ff3@2;`
`i` und `s` repräsentieren den latenten Intercept- und Slope-Faktor, wobei die Benennung der beiden latenten Faktoren den Anwendern überlassen ist. Ein *random slope* wird in Mplus generell (siehe auch Kapitel 6) durch einen senkrechten Strich gekennzeichnet („ | “). Im Rahmen von LGC bedeutet dieser *random slope*, dass die Veränderung des Merkmals über die Zeit zwischen den Personen variiert (Varianz im latenten Slope-Faktor). Auch für den latenten Intercept-Faktor wird ein Varianz-Parameter geschätzt, der in diesem Fall Unterschiede zwischen den befragten Personen in den Ausgangswerten anzeigt.

Da wir latente Indikatoren zur Spezifikation des LGC verwenden („ff1", „ff2", „ff3"), handelt es sich in unserem Fall um ein LGC 2. Ordnung. In der Befehlszeile zur Spezifikation des LGC haben wir die Ladung der latenten Indikatoren auf dem Slope-Faktor mit Hilfe des `@`-Zeichens im Sinne eines linearen Wachstums fixiert: Die Ladung von „ff1" ist auf den Wert null fixiert, die Ladung von „ff2" auf den Wert eins und die Ladung von „ff3" auf den Wert zwei.

Durch die in Mplus implementierte Voreinstellung sind die Ladungen der drei Indikatoren auf dem Intercept-Faktor automatisch auf den Wert eins fixiert. Da die Ladung des latenten Indikators für Fremdenfeindlichkeit auf dem Slope-Faktor zum ersten Messzeitpunkt auf null fixiert wurde, zeigt der Schätzer für den Mittelwert des Intercept-Faktors den mittleren Ausgangswert der befragten Personen an. Eine weitere Voreinstellung in Mplus legt fest, dass der Mittelwert des latenten Intercept-Faktors auf null fixiert ist. Diese Einstellung haben wir mit der Befehlszeile

```
[i];
```

überschrieben. Der Mittelwert des Slope-Faktors wird automatisch geschätzt.

Der Fit des unkonditionalen LGC 2. Ordnung auf die Daten ist gut (χ^2 = 45.19; df = 22; p = .003; CFI = 0.996; RMSEA = .036 (90 % CI = .021/.051); SRMR = .021). Dies bedeutet, dass das LGC mit einem linearen Slope-Faktor die zeitlichen Veränderungen in Fremdenfeindlichkeit gut abbildet. Nachfolgend ist ein kleiner Ausschnitt aus dem Mplus Output aufgeführt (unstandardisierte Parameterschätzer):

```
MODEL RESULTS

                                                   Two-Tailed
                 Estimate      S.E.    Est./S.E.     P-Value
I        |
  FF1        1.000       0.000     999.000     999.000
  FF2        1.000       0.000     999.000     999.000
  FF3        1.000       0.000     999.000     999.000
```

Wir sehen zunächst die Ladungen der latenten Indikatoren auf dem latenten Intercept-Faktor. Diese wurden von Mplus automatisch auf eins fixiert. Danach folgen die Ladungen der latenten Indikatoren auf dem latenten Slope-Faktor. Diese wurden gemäß der Annahme einer linearen Veränderung von uns auf null, eins, und zwei fixiert (siehe Mplus-Input).

```
                                                   Two-Tailed
                 Estimate      S.E.    Est./S.E.     P-Value
S        |
  FF1        0.000       0.000     999.000     999.000
  FF2        1.000       0.000     999.000     999.000
  FF3        2.000       0.000     999.000     999.000
```

Etwas weiter unten findet sich im Output der unstandardisierter Schätzer für die Kovarianz zwischen dem latenten Intercept- und dem Slope-Faktor,

```
                                                   Two-Tailed
                 Estimate      S.E.    Est./S.E.     P-Value
S        WITH
  I         -0.044       0.016      -2.795       0.005
```

sowie die Schätzer für die Mittelwerte des latenten Intercept- und Slope-Faktors

	Estimate	S.E.	Est./S.E.	Two-Tailed P-Value
Means				
I	2.299	0.032	71.750	0.000
S	0.079	0.012	6.697	0.000

und deren Varianzen:

	Estimate	S.E.	Est./S.E.	Two-Tailed P-Value
Variances				
I	0.565	0.044	12.830	0.000
S	0.036	0.013	2.734	0.006

Der unstandardisierte Schätzer des latenten Ausgangswerts in Fremdenfeindlichkeit zum ersten Messzeitpunkt (2002) beträgt 2.299 und ist signifikant von null verschieden (p < .001). Dies ist allerdings nicht verwunderlich, da die Antwortskala für die einzelnen Indikatoren von eins bis vier reicht. Interessanter ist in diesem Fall die Varianz, die 0.565 beträgt und ebenfalls statistisch signifikant von null abweicht (p < .001). Die befragten Personen unterscheiden sich also in ihrem Ausmaß an Fremdenfeindlichkeit zum ersten Messzeitpunkt. Der Mittelwert für den latenten Slope-Faktor ist positiv (0.079; unstandardisierter Schätzer) und weicht ebenfalls signifikant von null ab (p < .001). Dies bedeutet, dass im Mittel eine Zunahme an Fremdenfeindlichkeit über die Zeit zu beobachten ist. Mit jedem Erhebungsjahr steigt der Mittelwert in Fremdenfeindlichkeit bei der gegebenen Metrik um geschätzt 0.079 Einheiten an. Weiterhin zeigt sich, dass es Variabilität in der Stärke der Veränderung über die Zeit gibt, da die Varianz des Slope-Faktors von 0.036 ebenfalls signifikant von null verschieden ist (p = .006). Beachtenswert ist auch die Kovarianz zwischen dem Intercept- und dem Slope-Faktor. Sie ist in unserem Fall negativ (–.044) und signifikant (p = .005). Personen mit höheren Fremdenfeindlichkeitswerten zum ersten Messzeitpunkt weisen somit eine geringere Veränderung über die Zeit auf, als Personen mit niedrigeren Fremdenfeindlichkeitswerten.

Mittels des Befehlsblocks PLOT können die Wachstumskurven in Mplus grafisch dargestellt werden. Hierzu hatten wir im Input geschrieben:

```
PLOT: TYPE IS PLOT3;
      SERIES IS ff1 (s) ff2 (s) ff3 (s);
```

Mit der Option TYPE lässt sich der Typ der Grafik auswählen. In diesem Fall haben wir PLOT3 gewählt, mit dem die beobachteten und geschätzten Werte der Variablen grafisch ausgegeben werden können. Mit der Option SERIES werden die Variablen spezifiziert, die grafisch ausgegeben werden sollen. In diesem Fall lassen wir uns die

Werte in den latenten Variablen als Funktion der Zeit ausgeben. Der eingeklammerte Name nach den Variablennamen bezieht sich auf den linearen latenten Slope-Faktor. Um die entsprechende Grafik anzeigen zu lassen, muss in der Menü-Zeile entweder auf die „View Graphs"-Schaltfläche geklickt werden. Alternativ kann auch die Tastenkombination „Alt+v" oder der Menüpunkt „Plot" → „View plots" verwendet werden. Im daraufhin erscheinenden Menü-Fenster „Select a plot to view" ist die Option „Estimated Means" zu wählen. Das resultierende Diagramm, welches wir noch etwas nachbearbeitet haben (u. a. Beschriftung und Skalierung der Achsen) ist in Abbildung 5.8 zu sehen.

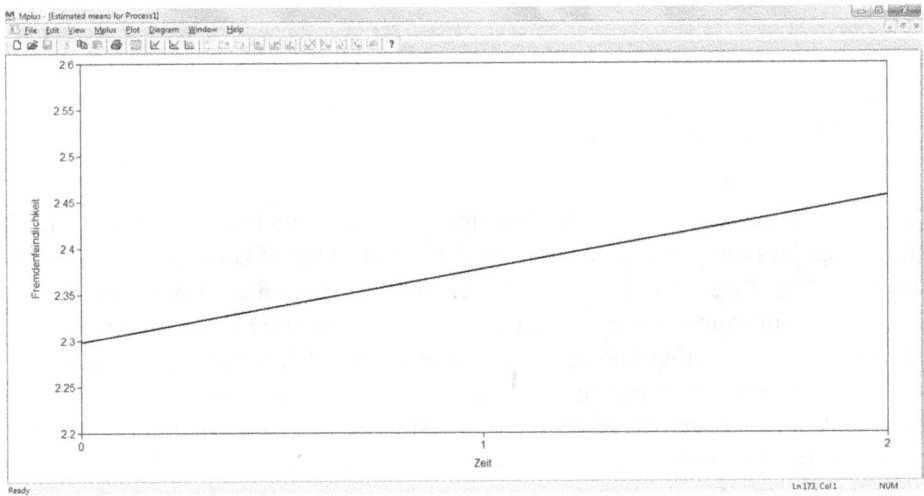

Abbildung 5.8: Plot der Wachstumskurve des unkonditionalen LGC für Fremdenfeindlichkeit

Das unkonditionale LGC 2. Ordnung kann durch das Hinzufügen von zeitstabilen sowie zeitvariablen unabhängigen Variablen erweitert werden. In unserem Beispiel schätzen wir nun ein konditionales LGC 2. Ordnung, in dem wir das Ausmaß an Intergruppenkontakt zum ersten Messzeitpunkt als zusätzliches zeitstabiles Merkmal aufnehmen. Dabei möchten wir prüfen, ob Intergruppenkontakt einen Effekt auf den latenten Intercept- und Slope-Faktor aufweist. Die Fragestellung ist, ob Intergruppenkontakt die Varianz im Intercept-Faktor erklären kann. Anzunehmen ist, dass Personen mit viel Intergruppenkontakt zum ersten Messzeitpunkt geringere Ausgangswerte in Fremdenfeindlichkeit aufweisen als Personen mit wenig Intergruppenkontakt. Weiterhin möchten wir untersuchen, ob das Ausmaß an Intergruppenkontakt einen Teil der Varianz im Slope-Faktor erklären kann. Eine mögliche Annahme ist, dass die Fremdenfeindlichkeitswerte für Personen mit einem höheren Kontaktausmaß zum ersten Messzeitpunkt in einem geringeren Ausmaß steigen, als die Fremdenfeindlichkeit von Personen mit niedrigeren Kontaktwerten. In diesem Fall prüfen wir, ob Intergruppenkontakt eine moderierende Funktion auf die Veränderung der Fremdenfeindlichkeit über die Zeit hat. Nachfolgend ist der Modell-Input für diese Erweiterung des LGC 2. Ordnung dargestellt (Datei „LatentWK_KontaktFF_2. inp"). Intergruppenkontakt wird wiederum als latente Variable verwendet.

```
TITLE:      Beispiel latentes Wachstumkurvenmodell (konditional)

DATA:       FILE IS GMF_Panel_020304.dat;

VARIABLE:   NAMES ARE qcp_ser
            con11 con12 con13 con21 con22 con23 con31 con32 con33
            ff11 ff12 ff13 ff21 ff22 ff23 ff31 ff32 ff33;

            USEVARIABLES ARE ff11 ff12 ff13 ff21 ff22 ff23 ff31 ff32 ff33
            con11 con21 con31;

            MISSING ARE all (99);

MODEL:      ff1 BY ff11
            ff21 (1)
            ff31 (2);
            ff2 BY ff12
            ff22 (1)
            ff32 (2);
            ff3 BY ff13
            ff23 (1)
            ff33 (2);

            i s | ff1@0 ff2@1 ff3@2;

            [i];

            con1 BY con11    ! Messmodell für Intergruppenkontakt
            con21            ! zum ersten Messzeitpunkt
            con31;

            i s ON con1;     ! Vorhersage des Intercept- und Slope-Faktors
                             ! durch Intergruppenkontakt

            [ff11@0 ff12@0 ff13@0];
            [ff22 ff23] (3);
            [ff31 ff33] (4);

            ff11 WITH ff12 ff13;
            ff12 WITH ff13;
            ff21 WITH ff22 ff23;
            ff22 WITH ff23;
            ff31 WITH ff32 ff33;
            ff32 WITH ff33;

OUTPUT:     STDYX;
```

Der Modell-Fit des konditionalen LGC 2. Ordnung ist gut (χ^2 = 82.04; df = 47; p = .001; CFI = 0.994; RMSEA = .030 (90 % CI = .019/.041); SRMR = .021). Ein Ausschnitt der Ergebnisse ist nachfolgend aufgeführt:

```
STANDARDIZED MODEL RESULTS

STDYX Standardization
                                                  Two-Tailed
            Estimate      S.E.      Est./S.E.      P-Value
I     ON
   CON1      -0.519       0.036      -14.389        0.000
S     ON
   CON1       0.062       0.062        0.995        0.320
```

Die Ergebnisse bezüglich der standardisierten Parameter zeigen, dass es einen signifikanten Zusammenhang zwischen Intergruppenkontakt im Jahr 2002 und dem Intercept-Faktor gibt (–.519, p < .001). Je höher das Ausmaß von Intergruppenkontakt im Jahr 2002, desto geringer das Ausmaß von Fremdenfeindlichkeit in 2002. Dagegen gibt es keinen bedeutsamen Zusammenhang zwischen Intergruppenkontakt und dem latenten Slope-Faktor (.062, p = .320). Die Veränderung in Fremdenfeindlichkeit über die Zeit wird also nicht durch den im Jahr 2002 gemessenen Intergruppenkontakt beeinflusst.

Latente Wachstumskurvenmodelle können in vielfältiger Weise erweitert werden. Neben weiteren zeitinvarianten Variablen können auch zeitvariante Variablen in das Modell mit aufgenommen werden. Interessierte Leserinnen und Leser verweisen wir hierzu auf die anschließend aufgeführte weiterführende und vertiefende Literatur.

5.6 Literaturhinweise

Im Folgenden möchten wir, wie bereits in den vorangegangen Kapiteln geschehen, einige aus unserer Sicht hilfreiche Texte über ARM und LGC auflisten und kommentieren.

Autoregressives Modell

Finkel, S. E. (1995). *Causal analysis with panel data*. Thousand Oaks, CA: Sage.
Eines der Standardwerke für autoregressive Modelle. Es bietet einen guten Überblick über Annahmen und Anwendungen des ARM und ist sehr empfehlenswert.

Little, T. D., Preacher, K. J., Selig, J. P., & Card, N. A. (2007). New developments in SEM panel analyses of longitudinal data. *International Journal of Behavioral Development, 31,* 357–365.
Neben einem Überblick über neue Entwicklungen in Panelanalysen mit Strukturgleichungsmodellen geht dieser Artikel auch auf die Längsschnitt-CFA und die damit verbundene Problematik von Messinvarianz ein.

Reinecke, J. (2014). *Strukturgleichungsmodelle in den Sozialwissenschaften*. München: Oldenbourg. *In einem der wenigen deutschsprachigen Lehrbüchern zu Strukturgleichungsmodellen wird auch das ARM behandelt.*

Latentes Wachstumskurvenmodell

Bollen, K. A., & Curran, P. J. (2006). *Latent curve models: A structural equation approach.* San Francisco, CA: Jossey-Bass.
Preacher, K. J., Wichman, A. L., MacCallum, R. C., & Briggs, N. E. (2008). *Latent growth curve modeling.* Thousand Oaks, CA: Sage.
Beide Bücher sind sehr empfehlenswerte Lehrbücher zu latenten Wachstumskurvenmodellen.

Reinecke, J. (2014). *Strukturgleichungsmodelle in den Sozialwissenschaften*. München: Oldenbourg. *Auch das LGC wir hier behandelt.*

6 Mehrebenenanalysen

Viele Fragestellungen in den Sozialwissenschaften beziehen sich auf Zusammenhänge zwischen Variablen, die im Rahmen hierarchischer Datenstrukturen gemessen
wurden. Mehrebenenanalysen ermöglichen die Bearbeitung solcher Fragestellungen, wobei die Verknüpfung von Mehrebenen- und Strukturgleichungsmodellen
eine besonders interessante Entwicklung darstellt. In diesem Kapitel veranschaulichen wir die Durchführung verschiedener Formen von Mehrebenenanalysen in
Mplus. Wir beginnen mit einem knappen Überblick zu den Basisannahmen und
grundlegenden Modellvarianten von Mehrebenenanalysen. Anschließend gehen
wir auf die Analyse von Kontexteffekten und die praktische Anwendung von Mehrebenen-Pfadanalysen ein. Im darauf folgenden Abschnitt demonstrieren wir die
Durchführung konfirmatorischer und explorativer Mehrebenen-Faktorenanalysen.
Schließlich demonstrieren wir noch die Anwendung von Mehrebenen-Strukturgleichungsmodellen in Mplus und kommen zum Abschluss des Kapitels noch einmal
auf das Thema multiple Gruppenvergleiche im Rahmen von Mehrebenenanalysen
zurück.

6.1 Überblick

Von einer Mehrebenenanalyse wird definitionsgemäß immer dann gesprochen, wenn
ineinander verschachtelte Untersuchungseinheiten unterschiedlicher Ebenen gleichzeitig zum Gegenstand der Analyse werden (Hummell, 1972, S. 13). Solche ineinander
verschachtelten Untersuchungseinheiten – wie z. B. Schüler innerhalb von Schulen,
Wahlberechtigte innerhalb von Wahlkreisen oder Befragte innerhalb von Ländern –
liegen in den Sozialwissenschaften sehr häufig vor. Im engeren Sinne handelt es
sich bei den oben genannten Beispielen um hierarchische Zweiebenen-Strukturen,
da alle Untersuchungseinheiten der untergeordneten Ebene jeweils genau einer
Untersuchungseinheit der übergeordneten Ebene zugeordnet sind (wie z. B. Befragte
geschachtelt innerhalb von Ländern).

Ein besonderes Kennzeichen hierarchisch strukturierter Daten liegt darin, dass
die Beobachtungen innerhalb der untergeordneten Analyseebenen oftmals nicht voneinander unabhängig sind. So sind sich Befragte aus dem gleichen Land hinsichtlich des Merkmals Fremdenfeindlichkeit möglicherweise untereinander ähnlicher als
Befragte aus verschiedenen Ländern. Eine solche Ähnlichkeit könnte z. B. dadurch
begründet sein, dass Befragte aus den gleichen Ländern ähnlichen Sozialisations-
einflüssen, einem übereinstimmenden Niveau an negativer politischer Propaganda
oder länderspezifischen Intergruppen-Normen ausgesetzt sind. Eine in statistischer
Hinsicht besonders bedeutsame Konsequenz solcher korrelierter Beobachtungen
ist, dass die für konventionelle inferenzstatistische Verfahren wie z. B. der OLS-
Regression (OLS = ordinary least squares) grundlegende Annahme unabhängiger

DOI 10.1515/9783486989458-006

Beobachtungen verletzt wird. Dies resultiert häufig in einer Überschätzung der effektiven Stichprobengröße, was umgekehrt zu einer Unterschätzung der Standardfehler und damit zu einem erhöhten Risiko für einen Fehler 1. Art – also der fälschlichen Annahme eines statistisch signifikanten Zusammenhangs – führt (Hox, 2010). Diese Besonderheit hierarchischer Datenstrukturen wird durch speziell entwickelte Mehrebenen-Regressionsmodelle statistisch angemessen berücksichtigt.

Das grundlegende Merkmal solcher Mehrebenen-Regressionsmodelle besteht darin, dass die Gesamtvarianz der interessierenden Variablen auf die unterschiedlichen Ebenen „aufgeteilt" und separat, aber simultan analysiert wird. Dabei eröffnen bereits die bekanntteren Varianten dieser Modelle eine Vielzahl von Analysemöglichkeiten, wie z. B. die Berücksichtigung von unabhängigen Variablen auf verschiedenen Untersuchungsebenen, Modellierung von Interaktionseffekten zwischen diesen Variablen, oder die Berechnung eigenständiger Effekte aggregierter Individualmerkmale. Mehrebenen-Pfadanalysen erweitern dieses Repertoire nochmals um die Analyse komplexer direkter und indirekter Zusammenhangstrukturen auf unterschiedlichen Untersuchungsebenen. Schließlich ermöglichen Mehrebenen-Strukturgleichungsmodelle messfehlerbereinigte Analysen auf den verschiedenen Untersuchungsebenen. Vereinfacht ausgedrückt basieren alle diese Varianten auf den Annahmen des als *hierarchical linear model* (HLM, Raudenbush & Bryk, 2002) bekannten Grundmodells der Mehrebenenanalyse. Hierbei können sowohl die Achsenabschnittsparameter der abhängigen Variablen (Intercepts) als auch die Regressionskoeffizienten der unabhängigen Variablen auf der unteren Ebene (Slopes) zwischen den Beobachtungseinheiten der oberen Ebene variieren (*random intercepts* bzw. *random slopes*).

Vor diesem Hintergrund beginnen wir zunächst mit einem kurzen Überblick zu den Grundannahmen von Mehrebenen-Regressionsmodellen. Der Schwerpunkt des Kapitels liegt jedoch auf der Veranschaulichung, wie Mehrebenenanalysen in Mplus praktisch durchgeführt werden; wir gehen deshalb nur auf wenige grundlegende Gleichungen ein. Vielmehr liegen bereits eine Reihe ausführlicher Lehrbücher zu den Grundlagen und Vertiefungen mehrebenenanalytischer Modelle vor, auf die wir an dieser Stelle verweisen (Hox, 2010; Kreft & de Leeuw, 1998; Raudenbush & Bryk, 2002; Snijders & Bosker, 2012).

6.2 Grundlegende Modelle der Mehrebenenanalyse

Zur Veranschaulichung unserer Ausführungen greifen wir auf eine von Wagner und van Dick (2001) durchgeführte Analyse zur Erklärung von Fremdenfeindlichkeit im internationalen Vergleich zurück. Die empirische Grundlage dieser Untersuchung bildeten Survey-Daten des Eurobarometers 47.1 (European Commission, 1997) von insgesamt 16154 Befragten aus 15 Ländern der Europäischen Union. Die hierarchische Datenstruktur ist in diesem Beispiel klar zu erkennen: Befragte (Individualebene) befinden sich geschachtelt in Ländern (Kontextebene). Zweifellos ist die Anzahl der

Beobachtungen auf der Kontextebene für die Durchführung von Mehrebenenanalysen in dieser Untersuchung vergleichsweise gering (Maas & Hox, 2005). Zu Gunsten der hier primär interessierenden Veranschaulichung des hierarchischen linearen Modells in Mplus soll dieser kritische Aspekt aber vernachlässigt werden.

Im Hintergrund der Studie von Wagner und van Dick (2001) stand die Annahme, dass ein höherer prozentualer Immigrantenanteil oftmals von negativer politischer Propaganda begleitet wird, die ihrerseits zu einem Anstieg fremdenfeindlicher Einstellungen führt. Positive Erfahrungen mit Immigranten im Rahmen von individuellem Intergruppenkontakt beugen einem so verursachten Anstieg fremdenfeindlicher Einstellungen jedoch erwartungsgemäß vor. Aus dieser Perspektive sollte sich der erwartete Unterschied in Fremdenfeindlichkeit zwischen Personen mit und ohne Intergruppenkontakt bei höherem prozentualem Immigrantenanteil verschärfen.

Zunächst interessiert die Frage, ob und in welchem Umfang auf der Kontextebene der Länder überhaupt bedeutsame Unterschiede im mittleren Ausmaß an Fremdenfeindlichkeit vorliegen, die dann im Rahmen von Mehrebenen-Regressionsmodellen näher analysiert werden können. Typischerweise wird zur Beantwortung dieser Fragestellung eine Varianzanalyse mit Zufallseffekten durchgeführt. Dieses sogenannte „Nullmodell" enthält keinerlei unabhängige Variablen, informiert aber über die Aufteilung der Gesamtvarianz der abhängigen Variablen in Varianz innerhalb und zwischen den Kontexteinheiten. Übertragen auf unser Ausgangsbeispiel können wir auf diese Weise den relativen Varianzanteil in Fremdenfeindlichkeit innerhalb und zwischen den Ländern – also auf der Individual- und der Kontextebene – bestimmen. Die allgemeine Darstellung dieses Modells für die Individualebene lautet:

$$Y_{ij} = \beta_{0j} + r_{ij} \tag{6.1}$$

In Worten: Der Wert für Variable Y_{ij} (hier: Fremdenfeindlichkeit) von Individuum i aus Kontexteinheit j ist eine Funktion des durch die Regressionskonstante β_{0j} erfassten Mittelwerts für Kontexteinheit j, sowie der durch das Residuum r_{ij} dargestellten individuellen Abweichung von diesem Mittelwert. Die Modellgleichung für die Kontextebene lautet:

$$\beta_{0j} = \gamma_{00} + u_{0j} \tag{6.2}$$

Die Regressionskonstante β_{0j} für Kontexteinheit j wird hier als Funktion des Stichprobenmittelwerts γ_{00} der abhängigen Variablen Y_{ij} sowie einer durch das Residuum u_{0j} dargestellten kontextspezifischen Abweichung spezifiziert. Durch diese Residuenstruktur ermöglicht das Model zufällige Variation in den Regressionskonstanten zwischen den verschiedenen Kontexteinheiten, und wird deshalb auch als *Random-Intercept*-Modell bezeichnet. Im Hinblick auf unser inhaltliches Beispiel bedeutet dies, dass Unterschiede in den mittleren Werten von Fremdenfeindlichkeit zwischen den Ländern explizit zugelassen werden. Die Varianz τ_{00} der Residuen u_{0j} auf der

Kontextebene und die Varianz σ^2 der Residuen r_{ij} auf der Individualebene ermöglicht dann die Berechnung des Intraklassen-Korrelationskoeffizienten (*intraclass correlation coefficient*, ICC):

$$ICC = \tau_{00}/(\tau_{00} + \sigma^2) \qquad (6.3)$$

Der ICC stellt den Anteil der Varianz auf der Kontextebene an der als Summe von Individual- und Kontextvarianz berechneten Gesamtvarianz dar. Folglich berechnet sich der ICC für Fremdenfeindlichkeit als Anteil der Varianz in Fremdenfeindlichkeit auf der Kontextebene an der Gesamtvarianz von Fremdenfeindlichkeit auf der Individual- und Kontextebene. Bei Vorliegen eines substanziell von null verschiedenen ICC können Mehrebenenanalysen sinnvoll angewendet werden (Hox, 2010, S. 243f.). Betrachten wir nun zunächst ein Mehrebenen-Modell, das durch eine unabhängige Variable auf der Individualebene erweitert wurde. Die Gleichung für die Individualebene lautet:

$$Y_{ij} = \beta_{0j} + \beta_{1j}X_{ij} + r_{ij} \qquad (6.4)$$

Unterschiede in der abhängigen Variablen Y_{ij} zwischen Individuen i innerhalb von Kontexteinheit j stellen demnach eine Funktion der Regressionskonstante β_{0j} für Kontexteinheit j, des Regressionskoeffizienten β_{1j} des Individualmerkmals X_{ij} sowie des Residuums r_{ij} dar. Durch das Ersetzen von X_{ij} durch den jeweiligen Wert für Intergruppenkontakt wird deutlich, dass Unterschiede in Fremdenfeindlichkeit zwischen Befragten innerhalb von Ländern durch Unterschiede in Intergruppenkontakt modelliert werden. Neu ist, dass zusätzlich zur Regressionskonstante β_{0j} nun auch der Regressionskoeffizient β_{1j}, also die Wirkung von Intergruppenkontakt auf Fremdenfeindlichkeit, zwischen den Kontexteinheiten variieren kann. Die entsprechenden Gleichungen für die Kontextebene lauten:

$$\beta_{0j} = \gamma_{00} + u_{0j} \qquad (6.5)$$

$$\beta_{1j} = \gamma_{10} + u_{1j} \qquad (6.6)$$

Analog zu der in Gleichung 6.5 dargestellten, zufällig variierenden Regressionskonstanten (*random intercept*) zeigt Gleichung 6.6, dass der zufällig variierende Regressionskoeffizient β_{1j} (*random slope*) als Funktion des mittleren Regressionskoeffizienten γ_{10} sowie einer durch das Residuum u_{1j} dargestellten kontextspezifischen Abweichung von diesem mittlerem Regressionskoeffizienten konzipiert ist. Übertragen auf unser Anwendungsbeispiel bedeutet dies, dass sich die Wirkung von Intergruppenkontakt je Land aus der durchschnittlichen Wirkung von Intergruppenkontakt plus einer länderspezifischen Abweichung zusammensetzt.

Allgemeines Ziel von Mehrebenenanalysen ist nun die statistische Erklärung der bislang als Zufallsvariation zwischen den Kontexteinheiten konzipierten Unterschiede der Regressionskonstanten bzw. der Regressionskoeffizienten auf der Individualebene. Aus dieser Perspektive stellen Regressionskonstante und Regressionskoeffizient nunmehr selbst abhängige Variablen dar, deren Variation durch unabhängige Variablen auf der Kontextebene statistisch erklärt werden kann. Auf der Individualebene bleibt die Modellgleichung im Vergleich zu (6.4) unverändert:

$$Y_{ij} = \beta_{0j} + \beta_{1j}X_{ij} + r_{ij} \tag{6.7}$$

Die entsprechenden Gleichungen auf der Kontextebene lauten:

$$\beta_{0j} = \gamma_{00} + \gamma_{01}W_j + u_{0j} \tag{6.8}$$

$$\beta_{1j} = \gamma_{10} + \gamma_{11}W_j + u_{1j} \tag{6.9}$$

γ_{00} bezeichnet nun den Stichprobenmittelwert der abhängigen Variablen für den Fall, dass W_j gleich null ist. Hierbei steht W_j für die Ausprägung der unabhängigen Variablen W für Kontexteinheit j. Der Einfluss von W_j auf die Ausprägung der Regressionskonstante β_{0j} wird durch den Regressionskoeffizient γ_{01} dargestellt. Verbleibende Abweichungen von den so vorhergesagten Werten erfasst das Residuum u_{0j}.

Die Modellierung der Unterschiede in den Regressionskoeffizienten einer auf der Individualebene gemessenen unabhängigen Variablen folgt diesem Prinzip. Hierbei bezeichnet γ_{10} den mittleren Regressionskoeffizienten in der Stichprobe für den Fall, dass W_j gleich null ist. Der Einfluss der unabhängigen Variablen W_j auf die Ausprägung des Regressionskoeffizienten β_{1j} des Individualmerkmals X_{ij} wird durch den Regressionskoeffizient γ_{11} dargestellt. Abweichungen von den so vorhergesagten Werten erfasst das Residuum u_{1j}.

Zur Veranschaulichung ersetzen wir nun W_j durch den prozentualen Immigrantenanteil auf Länderebene; ein solches Modell ermöglicht zum einen die Modellierung von Unterschieden in den mittleren Ausprägungen von Fremdenfeindlichkeit pro Land, also dem *random intercept*. Zum anderen kann hierdurch auch die Wirkung des Immigrantenanteils auf die potenzielle Varianz in der Wirkung von individuellem Intergruppenkontakt pro Land – also dem *random slope* – überprüft werden. Dies stellt ein anschauliches Beispiel für einen *Cross-Level*-Interaktionseffekt dar: Wie diese Bezeichnung bereits andeutet, wird durch Intergruppenkontakt Varianz in Fremdenfeindlichkeit auf der Individualebene modelliert, die Variation dieses Effekts zwischen den Kontexteinheiten wird aber durch den prozentualen Immigrantenanteil auf Länderebene erklärt.

Im folgenden Abschnitt demonstrieren wir die Schätzung eines solchen Mehrebenenmodells in Mplus. Dabei reduzieren wir im Vergleich zur Originalstudie von Wagner und van Dick (2001) aus Übersichtlichkeitsgründen die Variablenanzahl (Datei

„EB47_1_Twolevel.dat"). Die Variable „country" kodiert das Erhebungsland. Fremdenfeindlichkeit operationalisieren wir anhand eines aus zwei Indikatoren gebildeten Summenindexes zu Diskriminierungsintentionen gegenüber Immigranten (Variable „disc"). Genauer erfassen diese Indikatoren individuelle Einstellungen zum Ausschluss von Immigranten an der Teilhabe sozialer Rechte, wobei höhere Werte ein höheres Ausmaß an Fremdenfeindlichkeit darstellen. Intergruppenkontakt (Variable „contact") operationalisieren wir anhand eines ursprünglich in drei Kategorien gemessenen Einzelindikators zu interethnischen Freundschaften. Dieser Einzelindikator wurde hier dichotomisiert und nimmt den Wert null an, wenn die Befragten angaben, „keine" interethnische Freundschaften zu haben. Der Wert eins wird vergeben, wenn die Befragten angaben „einige" oder „viele" interethnische Freundschaften zu haben. Den prozentualen Immigrantenanteil (Variable „percent") erfassen wir anhand des prozentualen Anteils von Nicht-EU-Mitgliedern an der Gesamtbevölkerung (Eurostat, 1997).

Eine grafische Veranschaulichung des Modells zur Wirkung von Intergruppenkontakt und des prozentualen Immigrantenanteils auf Fremdenfeindlichkeit ist Abbildung 6.1 zu entnehmen. Hierbei orientieren wir uns an der im Mplus-Manual in Kapitel 9 vorgeschlagenen Darstellungsweise.

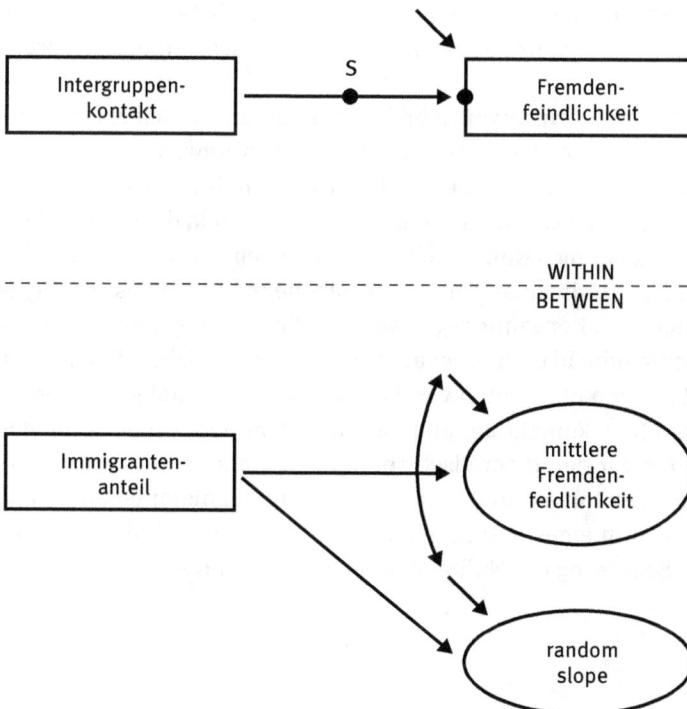

Abbildung 6.1: Intercept-and-Slope-as-Outcome-Modell für die Wirkung von Intergruppenkontakt und des prozentualen Immigrantenanteils auf Fremdenfeindlichkeit.

In der Abbildung sind Zusammenhänge innerhalb von Kontexten (WITHIN) – also auf der Individualebene – im oberen Abschnitt der Darstellung abgebildet. Zusammenhänge zwischen Kontexten (BETWEEN) – also auf der Kontextebene – sind im unteren Bereich dargestellt. Rechtecke stellen manifeste Variablen dar und gerichtete Pfeile von unabhängigen auf abhängige Variablen symbolisieren Regressionsbeziehungen. Kleine Pfeile markieren Residuen. Der schwarz gefärbte Kreis am Ende des gerichteten Pfeils von Intergruppenkontakt auf Fremdenfeindlichkeit zeigt, dass das mittlere Ausmaß von Fremdenfeindlichkeit annahmegemäß zwischen den Kontexten variiert. Ein solcher *random intercept* stellt in konzeptioneller Hinsicht eine latente Variable dar und wird deshalb durch eine Ellipse auf der im unteren Teil der Abbildung dargestellten Kontextebene veranschaulicht. Analog symbolisiert der mit der Bezeichnung „S" gekennzeichnete schwarz gefärbte Kreis in der Mitte des gerichteten Pfeils von Intergruppenkontakt auf Fremdenfeindlichkeit den annahmegemäß auf der Kontextebene variierenden Regressionskoeffizienten von Intergruppenkontakt auf Fremdenfeindlichkeit. Auch dieser *random slope* ist eine latente Variable und wird deshalb ebenfalls als Ellipse auf der Kontextebene abgebildet. Die beiden vom prozentualen Immigrantenanteil ausgehenden gerichteten Pfeile veranschaulichen den erwarteten Effekt auf das mittlere Ausmaß an Fremdenfeindlichkeit sowie den *Cross-Level*-Interaktionseffekt hinsichtlich der Wirkung von Intergruppenkontakt auf Fremdenfeindlichkeit. Schließlich kennzeichnet der Doppelpfeil die potenzielle Kovarianz zwischen den Residuen des *random intercepts* und des *random slopes*.

Bei der praktischen Durchführung von Mehrebenenanalysen hat sich ein sequenzielles Vorgehen bewährt (vgl. Hox, 2010, S. 54ff). In unserem Anwendungsbeispiel gehen wir somit folgendermaßen vor: Um einen Eindruck zum ICC der abhängigen Variable Fremdenfeindlichkeit zu gewinnen, schätzen wir im Vorfeld der eigentlichen Analysen zunächst ein sogenanntes Nullmodell. Wir berechnen dann die Effekte der unabhängigen Variablen auf Individual- und Kontextebene in Form eines *Intercept-as-outcome*-Modells (Model 1). Konventionsgemäß wird die Wirkung von Intergruppenkontakt auf Fremdenfeindlichkeit hierbei als *fixed effect* spezifiziert. Erst in den dann folgenden Berechnungen überprüfen wir das Vorliegen von Zufallsvariation in der Wirkung von Intergruppenkontakt anhand eines *Random-slope*-Modells (Model 2). Schließlich überprüfen wir den theoretisch vermuteten *Cross-Level*-Interaktionseffekt zwischen Intergruppenkontakt und dem prozentualen Immigrantenanteil auf Fremdenfeindlichkeit in Form eines *Intercept-and-slope-as-outcome*-Modells (Model 3). Der Mplus-Input zur Schätzung des Nullmodells ist nachfolgend aufgeführt (Datei „Twolevel_Basic.inp"):

```
TITLE:              Mehrebenenanalyse
                    Nullmodel

DATA:               FILE IS EB47_1_Twolevel.dat;
```

```
VARIABLE:              NAMES ARE country contact percent disc;
                       CLUSTER IS country;
                       USEVARIABLES IS disc;
                       MISSING ARE ALL (99);

ANALYSIS:              TYPE IS TWOLEVEL BASIC;
```

Die Zweiebenen-Struktur der Daten spezifizieren wir mit der Option CLUSTER im Befehlsblock VARIABLE. Wie erwähnt kodiert die Variable „country" das Herkunftsland der Befragten. Die Variable „country" wird in der eigentlichen Analyse nicht berücksichtigt und ist deshalb in der Option USEVARIABLES nicht aufgeführt. Grundsätzlich werden in Mplus Mehrebenenanalysen im Befehlsblock ANALYSIS mit der Option TYPE IS TWOLEVEL angefordert; in Kombination mit dem Befehl BASIC erhalten wir auf diese Weise die gewünschten Informationen zum ICC sowie einige zusätzliche deskriptive Statistiken der Variablen „disc". Für diesen ersten Schritt wird der Befehlsblock MODEL nicht benötigt. Betrachten wir die zentralen Bestandteile des Mplus-Outputs. Wir beginnen mit dem Block „Summary of Data"

```
SUMMARY OF DATA
   Number of missing data patterns       1
   Number of clusters                   15

   Size (s)        Cluster ID with Size s
     532           6
     701           8
     819           5
     822           12
     832           2
     835           15
     839           16
     850           11
     869           7
     876           14
     885           1
     910           3
     911           10
    1087           9
    1609           4

   Average cluster size          891.800

   Estimated Intraclass Correlations for the Y Variables

                   Intraclass
   Variable        Correlation

   DISC            0.090
```

Hier finden sich zunächst Angaben zur Anzahl der Kontexteinheiten („Number of clusters"); in unserem Beispiel sind dies die 15 in der Eurobarometer-Umfrage berücksichtigten Länder. Des Weiteren enthält der Output Angaben zur Anzahl der Beobachtungen pro Kontexteinheit („size") der Größe nach aufsteigend geordnet und zur mittleren Anzahl der Beobachtungen pro Kontexteinheit („Average cluster size"). So stehen pro Kontexteinheit durchschnittlich ca. 892 Beobachtungen zur Verfügung. Hiernach folgt die Darstellung des ICC für die zur Messung von Fremdenfeindlichkeit verwendeten Variable „disc". Darüber hinaus enthält der Mplus-Output Angaben zu den Varianzen von Fremdenfeindlichkeit auf der Individual- und Kontextebene.

```
ESTIMATED SAMPLE STATISTICS FOR WITHIN

          Covariances
            DISC
            ____
DISC        0.615

ESTIMATED SAMPLE STATISTICS FOR BETWEEN

          Covariances
            DISC
            ____
DISC        0.061
```

So beträgt die Varianz für Fremdenfeindlichkeit auf der Kontextebene τ_{00} = .061 und auf der Individualebene σ^2 = .615. Anhand dieser Werte könnten wir den ICC für Fremdenfeindlichkeit auch manuell ausrechnen: .061/(.061 + .615) = .09. Mit einem ICC = .09 können wir davon ausgehen, das bis zu 9 % der Gesamtvarianz in Fremdenfeindlichkeit auf Unterschiede zwischen den Ländern zurückgeführt werden können. Damit liegt auf der Kontextebene der Länder hinreichend Variation zur Durchführung einer Mehrebenenanalyse vor.

Im nächsten Schritt schätzen wir nun ein *Intercept-as-outcome*-Modell mit den unabhängigen Variablen „contact" auf der Individualebene und „percent" auf der Kontextebene. Wie bereits erwähnt konzipieren wir in diesem Modell den Parameter für Intergruppenkontakt als *fixed effect* ohne Zufallsvariation auf der Kontextebene. Der entsprechende Mplus-Input lautet (Datei „Twolevel_Intercept_as_outcome.inp"):

```
TITLE:      Mehrebenenanalyse
            Intercept-as-outcome-Modell

DATA:       FILE IS EB47_1_Twolevel.dat;

VARIABLE:   NAMES ARE country contact percent disc;
            MISSING ARE ALL (99);
            CLUSTER IS country;
            BETWEEN IS percent;
            WITHIN IS contact;
```

```
DEFINE:    CENTER percent (GRANDMEAN);

ANALYSIS:  TYPE IS TWOLEVEL;

MODEL:     %WITHIN%
           disc ON contact;

           %BETWEEN%
           disc ON percent;

OUTPUT:    STDY STDYX;
```

Wir führen hier mehrere neue Befehle ein: Die BETWEEN-Option im Block VARIA-BLE definiert eine Variable als reines Kontextmerkmal ohne Variation auf der Individualebene. Die Kennzeichnung einer ausschließlich auf der Kontextebene gemessenen Variablen mit Hilfe der BETWEEN-Option ist deswegen notwendig, da Mplus anderenfalls versuchen würde, die Gesamtvariation dieses Kontextmerkmals in Variation auf der Individual- und der Kontextebene zu zerlegen. Ohne Variation auf der Individualebene ist dies aber nicht möglich. Beispielsweise kann der durch die Variable „percent" erfasste prozentuale Immigrantenanteil je Land definitionsgemäß nur zwischen den Ländern, nicht aber innerhalb der Länder variieren. Die WITHIN-Option andererseits legt fest, dass eine auf der Individualebene gemessene Variable ausschließlich auf der Individualebene verwendet wird. In unserem Anwendungsbeispiel liegt genau dieser Fall vor: In Anlehnung an Wagner und van Dick (2001) untersuchen wir die Wirkung von Intergruppenkontakt auf Fremdenfeindlichkeit allein auf der Ebene der Befragten. Die WITHIN-Option ist ferner auch zu wählen, wenn eine auf der Individualebene gemessene unabhängige Variable nur extrem geringe oder keine Varianz auf der Kontextebene aufweist. Hierdurch können Probleme bei der Modellschätzung vermieden werden. Unabhängige Variablen auf der Individualebene, die nicht als WITHIN-Variablen definiert sind, können in aggregierter Form auch als unabhängige Variablen auf der Kontextebene dienen. Auf solche analytische Kontextvariablen gehen wir in Kapitel 6.3 genauer ein.

Als nächstes haben wir über den Befehlsblock DEFINE eine Zentrierung der Variablen „percent" angefordert:[15]

DEFINE: CENTER percent (GRANDMEAN);

Zentrierungen kommt unter anderem deswegen ein hoher Stellenwert zu, da sie zur Festlegung eines inhaltlich plausiblen Nullpunktes für unabhängige Variablen dienen. Für auf der Individualebene gemessene Variablen kann bei Mehrebenenanalysen eine Zentrierung am Gesamtmittelwert (*grandmean centering*) oder eine Zentrierung an den kontextspezifischen Mittelwerten der Variablen (*groupmean centering*) durchgeführt werden. In unserem Anwendungsbeispiel haben wir für die unabhängige Variable Intergruppenkontakt aufgrund des gut interpretierbaren Nullpunktes der Originalmetrik

---

15 Zu beachten ist, dass die CENTERING-Option im Block VARIABLE, welche wir in der ersten Auflage des Buchs verwendet hatten, seit Mplus Version 7 nicht mehr verfügbar ist.

(0 = kein Intergruppenkontakt, 1 = Intergruppenkontakt) und im Sinne einer weitgehenden Übereinstimmung mit der Originaluntersuchung (Wagner & van Dick, 2001) keine Zentrierung vorgenommen. Dennoch skizzieren wir an dieser Stelle kurz die wichtigsten Merkmale der beiden Zentrierungsformen (Enders & Tofighi, 2007). So würde bei einer *Grandmean*-Zentrierung der unabhängigen Variablen Intergruppenkontakt der Gesamtdurchschnittswert von Intergruppenkontakt von den individuellen Beobachtungswerten abgezogen. Hingegen würden bei einer *Groupmean*-Zentrierung von Intergruppenkontakt die kontextspezifischen Durchschnittswerte pro Land von den individuellen Beobachtungswerten abgezogen. Zu beachten sind die unterschiedlichen Implikationen von *Grandmean*- und *Groupmean*-Zentrierung für die Interpretation der Regressionskonstante und deren Varianz. Bei der *Grandmean*-Zentrierung stellt die Regressionskonstante den Erwartungswert der abhängigen Variablen für ein Individuum dar, dessen Wert in der unabhängigen Variable dem Stichprobenmittelwert dieser Variablen gleicht. Die Varianz der Regressionskonstante entspricht somit der Variation der um Kontextunterschiede in der unabhängigen Variablen adjustierten Mittelwerte. Bei der *Groupmean*-Zentrierung stellt die Regressionskonstante den Erwartungswert der abhängigen Variablen für ein Individuum dar, dessen Wert in der unabhängigen Variablen dem jeweiligen kontextspezifischen Mittelwert gleicht. Die Varianz der Regressionskonstante entspricht somit der Variation der einfachen Mittelwerte, die nicht um Kontextunterschiede in der unabhängigen Variablen adjustiert wurden. Auf die Interpretation der Regressionskoeffizienten für *Groupmean*-zentrierte Variablen gehen wir in Kapitel 6.3 näher ein. Von einer umfassenderen Erläuterung der Konsequenzen unterschiedlicher Zentrierungsformen für Individualvariablen sehen wir an dieser Stelle bewusst ab. Sehr gute Überblicksartikel hierzu finden sich bei Ditton (1998), Enders und Tofighi (2007) sowie Hofman und Gavin (1998).

Für unabhängige Variablen auf der Kontextebene kann definitionsgemäß nur eine *Grandmean*-Zentrierung durchgeführt werden (Enders & Tofighi, 2007). In unserem Anwendungsbeispiel führen wir zur einfacheren Interpretierbarkeit der Regressionskonstanten und der im Interaktionsmodell mitberücksichtigten Haupteffekte eine *Grandmean*-Zentrierung der Kontextvariablen „percent" durch. Dies bedeutet, dass von allen Beobachtungen auf der Kontextebene der arithmetische Gesamtmittelwert der Kontextvariablen „percent" abgezogen wird. Nach dieser Zentrierung entspricht die Regressionskonstante dem Wert der abhängigen Variablen Fremdenfeindlichkeit für Befragte ohne Intergruppenkontakt (Referenzkategorie = 0) in einem Land mit mittleren prozentualen Immigrantenanteil.

Im Befehlsblock `MODEL` werden die separaten Modelle auf der Individual- (`%WITHIN%`) und der Kontextebene (`%BETWEEN%`) definiert. Auf der Individualebene modellieren wir Unterschiede in Fremdenfeindlichkeit zwischen Personen innerhalb von Ländern. Der Syntaxbefehl für die Regression mit Intergruppenkontakt als unabhängige Variable und Fremdenfeindlichkeit als abhängige Variable lautet:

```
MODEL: %WITHIN%
        disc ON contact;
```

Auf der Kontextebene modellieren wir Unterschiede im mittleren Ausmaß an Fremdenfeindlichkeit zwischen den Ländern. Das entsprechende Regressionsmodell für den prozentualen Immigrantenanteil als unabhängige und Fremdenfeindlichkeit als abhängige Variable lautet:

```
MODEL: %BETWEEN%
       disc ON perc;
```

Bei `TYPE = TWOLEVEL`-Analysen verwendet Mplus in der hier beibehaltenen Standardeinstellung einen *Maximum-Likelihood*-Schätzer mit robusten Standardfehlern (MLR).

Wir betrachten zunächst die bei Mehrebenenanalysen häufig verwendeten unstandardisierten Parameterschätzer. Die in diesem Beispiel zusätzlich angeforderten standardisierten Parameterschätzer (siehe Abschnitt 1.1.7) nutzen wir weiter unten zur Bestimmung der Veränderung der abhängigen Variablen bei gegebener dichotomer (hier: Intergruppenkontakt) bzw. intervallskalierter Prädiktovariablen (hier: Ausländeranteil in Prozent). Des Weiteren informieren die standardisierten Lösungen auch über den Anteil statistisch aufgeklärter Varianz (R^2) auf der Individual- und der Kontextebene. Zunächst betrachten wir die unstandardisierten Ergebnisse:

```
MODEL RESULTS

                                                   Two-Tailed
                  Estimate      S.E.      Est./S.E   P-Value

Within Level

  DISC     ON
    CONTACT        -0.295      0.041      -7.203       0.000

  Residual Variances
    DISC            0.595      0.032      18.778       0.000

Between Level

  DISC     ON
    PERCENT         0.110      0.021       5.245       0.000

  Intercepts
    DISC            3.132      0.085      36.914       0.000

  Residual Variances
    DISC            0.027      0.009       2.826       0.005
```

Auf der Individualebene zeigen die Ergebnisse einen signifikant negativen Effekt von Intergruppenkontakt auf Fremdenfeindlichkeit (−.295, p < .001). Demnach weisen Befragte mit Intergruppenkontakt im Vergleich zu Befragten ohne Intergruppenkontakt ein um .295 Skaleneinheiten geringeres Ausmaß an Fremdenfeindlichkeit auf. Auf der Kontextebene wird für den prozentualen Immigrantenanteil ein signifikant positiver Effekt auf Fremdenfeindlichkeit ausgewiesen (.110, p < .001). Demzufolge geht eine Zunahme des prozentualen Immigrantenanteils um ein Prozent mit einer

Zunahme im mittleren Ausmaß an Fremdenfeindlichkeit um .11 Skaleneinheiten
einher. Es folgen die Ergebnisse der auf Grundlage des STDYX-Befehl berechneten
standardisierten Regressionsgewichte. Der Output zeigt, dass eine Zunahme in der
unabhängigen Variablen „percent" um eine Standardabweichungseinheit zu einer
Zunahme in der abhängigen Variablen „disc" um .775 Standardabweichungseinheiten führt.

```
STANDARDIZED MODEL RESULTS

STDYX Standardization
                                                            Two-Tailed
                     Estimate      S.E.      Est./S.E.      P-Value
Within Level

  DISC     ON
    CONTACT         −0.187        0.022      −8.443          0.000

  Residual Variances
    DISC             0.965        0.008      116.788         0.000

Between Level

  DISC     ON
    PERCENT          0.775        0.089       8.684          0.000

  Intercepts
    DISC            12.129        2.226       5.448          0.000

  Residual Variances
    DISC             0.400        0.138       2.895          0.004
```

Die anschließende Darstellung der Ergebnisse zur STDY-Standardisierung nutzen
wir, um den Effekt dichotomer Prädiktorvariablen zu standardisieren. Das Beispiel
zeigt: Personen mit Intergruppenkontakten im Vergleich zu Personen ohne Intergruppenkontakten erreichen einen um .376 Standardabweichungseinheiten geringeren
Wert auf der Fremdenfeindlichkeits-Skala.

```
STDY Standardization
                                                            Two-Tailed
                     Estimate      S.E.      Est./S.E.      P-Value
Within Level

  DISC     ON
    CONTACT         −0.376        0.045      −8.453          0.000

  Residual Variances
    DISC             0.965        0.008      116.788         0.000

Between Level

  DISC     ON
    PERCENT          0.425        0.060       7.084          0.000
```

```
Intercepts
   DISC            12.129        2.226         5.448         0.000

Residual Variances
   DISC             0.400        0.138         2.895         0.004
```

Abschließend betrachten wir den Anteil statistisch aufgeklärter Varianz (R^2) für die Individual- und Kontextebene:

```
R-SQUARE

Within Level

       Observed                                          Two-Tailed
       Variable      Estimate        S.E.      Est./S.E.    P-Value

       DISC             0.035        0.008         4.221       0.000

Between Level

       Observed                                          Two-Tailed
       Variable      Estimate        S.E.      Est./S.E.    P-Value

       DISC             0.600        0.138         4.342       0.000
```

Auf der Individualebene erklärt Intergruppenkontakt 3.5 % der Unterschiede zwischen Personen innerhalb von Ländern in Fremdenfeindlichkeit. Auf der Kontextebene erklärt der prozentuale Immigrantenanteil 60 % der Unterschiede im mittleren Ausmaß von Fremdenfeindlichkeit zwischen den Ländern. Bei der Bewertung dieser Ergebnisse sind die eingangs dargestellten Varianzanteile auf der Kontext- und der Individualebene zu beachten. Vereinfacht ausgedrückt können wir festhalten, dass durch den prozentualen Immigrantenanteil ein relativ hoher Anteil (60 %) von einem vergleichsweise geringen Anteil erklärbarer Varianz (9 %) aufgeklärt wird.

Im nächsten Model überprüfen wir, ob und in welchem Ausmaß der negative Effekt von Intergruppenkontakt auf Fremdenfeindlichkeit zwischen den Ländern variiert. Der entsprechende Mplus-Input ist nachfolgend dargestellt (Datei „Twolevel_random_slope.inp"):

```
TITLE:      Mehrebenenanalyse
            Random-slope-Modell

DATA:       FILE IS EB47_1_Twolevel.dat;

VARIABLE:   NAMES ARE country contact percent disc;
            MISSING ARE ALL (99);
            CLUSTER IS country;
            BETWEEN IS percent;
            WITHIN IS contact;

DEFINE:     CENTER percent (GRANDMEAN);
```

```
ANALYSIS:  TYPE IS TWOLEVEL RANDOM;

MODEL:     %WITHIN%
           s | disc ON contact;

           %BETWEEN%
           disc ON percent;

           s with disc;
```

Die zur Schätzung von *Random-slope*-Modellen in Mplus erforderliche TYPE IS TWO-LEVEL-Option muss zunächst um den Befehl RANDOM erweitert werden.

Den Syntaxbefehl zur Spezifikation des *random slopes* von Intergruppenkontakt formulieren wir im %WITHIN%-Abschnitt. Die entsprechende Befehlszeile lautet: MODEL: s | disc ON contact; *Random slopes* werden in Mplus generell durch einen senkrechten Strich („|") spezifiziert. Den *random slope* unseres Beispiels kennzeichnen wir durch den Buchstaben „s". Es können aber auch andere Benennungen gewählt werden (z. B. „slope_1"). Die Syntax im %BETWEEN%-Abschnitt bleibt im Vergleich zum vorherigen Modell unverändert, jedoch ermöglichen wir in diesem Modell zusätzlich eine Kovariation zwischen den auf der Kontextebene zufällig variierenden mittleren Werten von Fremdenfeindlichkeit (*random intercepts*) und Regressionskoeffizienten von Intergruppenkontakt (*random slopes*) (Hox, 2010, S. 18; Snijders & Bosker, 2012). Die entsprechende Befehlszeile lautet: MODEL: %BETWEEN% s WITH disc; Da in Mplus für die Option TWOLEVEL RANDOM keine standardisierten Lösungen erhältlich sind, entfernen wir die Optionen STDY und STDYX im Befehlsblock OUTPUT.

Die Modellergebnisse sind nachfolgend aufgeführt:

```
MODEL RESULTS
```

	Estimate	S.E.	Est./S.E	Two-Tailed P-Value
Within Level				
Residual Variances				
DISC	0.590	0.032	18.530	0.000
Between Level				
DISC ON				
PERCENT	0.058	0.019	3.037	0.002
S WITH				
DISC	−0.056	0.021	−2.666	0.008
Means				
S	−0.292	0.042	−6.927	0.000

Intercepts				
DISC	3.136	0.101	30.939	0.000
Variances				
S	0.024	0.009	2.680	0.007
Residual Variances				
DISC	0.147	0.055	2.661	0.008

Im %WITHIN%-Abschnitt des Outputs ist lediglich die Residualvarianz für die abhängige Variable Fremdenfeindlichkeit ausgewiesen. Alle übrigen Informationen sind im %BETWEEN%-Abschnitt aufgeführt. Hierbei wird der durchschnittliche Effekt von Intergruppenkontakt auf Fremdenfeindlichkeit unter „Means" aufgeführt. Wie im Vorgängermodell ist der Parameterschätzer für den Parameter „s" signifikant negativ (−.292, p < .001). Die in diesem Modell besonders interessierende Schätzung der Varianz dieses Effekts auf der Kontextebene findet sich im Output unter der Bezeichnung „Variances". Diese Varianz beträgt .024 und ist signifikant von null verschieden (p = .007); streng genommen wären hier die p-Werte eines einseitigen Signifikanztests vorzuziehen, da ein negativer Wertebereich für Varianzen bekanntermaßen empirisch nicht definiert ist. Für die Kovarianz zwischen dem *random intercept* von Fremdenfeindlichkeit und dem *random slope* von Intergruppenkontakt wird ein signifikant negativer Schätzer angezeigt (−.056, p = .008). Dies bedeutet, dass in Kontexten mit einem höheren Niveau an Fremdenfeindlichkeit im Durchschnitt ein stärkerer negativer Effekt von Intergruppenkontakt auf Fremdenfeindlichkeit vorliegt.

Ob die Variation in der Wirkung von Intergruppenkontakt auf Fremdenfeindlichkeit durch Unterschiede im prozentualen Immigrantenanteil zurückgeführt werden kann oder nicht, überprüfen wir im nächsten Modell (Datei „Twolevel_Intercept_slope_as_outcome.inp"). Die einzige Syntax-Modifikation im Vergleich zum vorangehenden Modell besteht darin, dass wir auf der %BETWEEN%-Ebene mittels der ON-Option zusätzlich noch die Regression zwischen der unabhängigen Kontextvariablen „percent" und dem *random slope* „s" als abhängige Variable spezifizieren:

```
MODEL:    %WITHIN%
          s | disc ON contact;

          %BETWEEN%
          s disc ON percent;
          s with disc;
```

Der durchschnittliche Effekt von Intergruppenkontakt auf Fremdenfeindlichkeit wird in den nachfolgend dargestellten Modellergebnissen unter der Überschrift „Intercepts" im %BETWEEN%-Abschnitt aufgeführt (Parameter „s"). Der uns weiterhin interessierende *Cross-Level*-Interaktionseffekt zwischen Intergruppenkontakt auf der Individualebene und dem prozentualen Immigrantenanteil auf der Kontextebene („s ON percent") ist in der ersten Zeile des %BETWEEN%-Abschnittes wiedergegeben.

```
MODEL RESULTS
                                                         Two-Tailed
                      Estimate      S.E.      Est./S.E.   P-Value
Within Level

  Residual Variances
    DISC               0.590       0.032       18.528      0.000

Between Level

  S           ON
    PERCENT            −0.061      0.015       −4.115      0.000

  DISC        ON
    PERCENT            0.195       0.040        4.818      0.000

  S           WITH
    DISC               −0.028      0.014       −1.977      0.048

  Intercepts
    DISC               3.133       0.079       39.820      0.000
    S                  −0.290      0.031       −9.229      0.000

  Residual Variances
    DISC               0.084       0.036        2.346      0.019
    S                  0.012       0.006        1.872      0.061
```

Der *Cross-Level*-Interaktionseffekt ist signifikant negativ (–.061, p < .001). Die statistische Relevanz dieses Effekts wird zudem dadurch unterstützt, dass die Varianz des *random slopes* „s" im Vergleich zum Vorgängermodell von .024 auf .012 reduziert wurde. Diese Werte können, wenn gewünscht, zur separaten Berechnung des Anteils statistisch aufgeklärter Varianz (R^2) für die Varianz des *random slopes* genutzt werden (Snijders & Bosker, 2012).

Besonders interessant ist der *Cross-Level*-Interaktionseffekt aus inhaltlicher Perspektive. Das negative Vorzeichen des Interaktionsterms bedeutet, dass der negative Effekt von Intergruppenkontakt auf Fremdenfeindlichkeit zunimmt, je höher der prozentuale Immigrantenanteil in einem Land ist. Steigt der prozentuale Immigrantenanteil um eine Einheit, verstärkt sich der negative Effekt von Intergruppenkontakt um –.061 Skaleneinheiten. Somit lässt sich festhalten, dass persönlicher Intergruppenkontakt eine effektive Strategie zur Vorbeugung der Zunahme fremdenfeindlicher Einstellungen darstellt (Wagner & van Dick, 2001).

6.3 Mehrebenenanalyse von Individual- und analytischen Aggregatvariablen

Intergruppenkontakt wurde im vorhergehenden Anwendungsbeispiel als unabhängige Variable auf der Individualebene spezifiziert (Wagner & van Dick, 2001). Generell ist im Rahmen von Mehrebenenanalysen jedoch zu beachten, dass bei einer auf der Individualebene gemessenen unabhängigen Variablen bedeutsame Anteile der Gesamtvarianz auf die Zugehörigkeit der Merkmalsträger zu verschiedenen Kontext-einheiten zurückgehen können. Aus diesem Grund kann ein vermeintlicher „Indivi-dualeffekt" dieser Variablen tatsächlich eine schwierig zu interpretierende Mischung aus Effekten innerhalb und zwischen den Kontexteinheiten darstellen (Ditton, 1998, S. 87; Raudenbush & Bryk, 2002, S. 139). Eine angemessene Schätzung der Effekte der unabhängigen Variablen innerhalb und zwischen den Kontexteinheiten ermöglicht hingegen die Zentrierung der Beobachtungen am Mittelwert $\bar{X}_{\bullet j}$ der jeweiligen Kon-texteinheit (*Groupmean*-Zentrierung). Hierbei wird von den individuellen Beobach-tungen der jeweilige arithmetische Mittelwert der Kontexteinheit abgezogen. In die Regressionsgleichung auf der Individualebene fließen dann die Abweichungen der individuellen Beobachtungen vom kontextspezifischen Mittelwert ein. Die entspre-chende Modellgleichung auf der Individualebene lautet:

$$Y_{ij} = \beta_{0j} + \beta_{1j}(X_{ij} - \bar{X}_{\bullet j}) + r_{ij} \tag{6.10}$$

Unterschiede in der abhängigen Variablen Y_{ij} zwischen den Individuen i in Kontext-einheit j stellen eine Funktion der Regressionskonstante β_{0j} für Kontexteinheit j, des Regressionskoeffizienten β_{1j} der unabhängigen Variablen X_{ij} sowie des Residuums r_{ij} dar. Die Beobachtungen für die unabhängige Variable X_{ij} werden jedoch nicht in der Originalmetrik verwendet, sondern am arithmetischen Mittelwert $\bar{X}_{\bullet j}$ der jeweiligen Kontexteinheit vor der eigentlichen Analyse zentriert. Für unser Anwendungsbei-spiel bedeutet dies, dass von den individuellen Beobachtungen der unabhängigen Variablen Intergruppenkontakt der jeweilige arithmetische Mittelwert pro Kontex-teinheit abgezogen wird. Die Aufnahme der Mittelwerte $\bar{X}_{\bullet j}$ in das Modell für die Kontextebene als sogenannte analytische Aggregatvariable (Lazarsfeld & Menzel, 1961) ermöglicht dann die Schätzung des Effekts der aggregierten Intergruppenkon-takte zwischen den Kontexteinheiten. Die entsprechende Modellgleichung auf der Kontextebene lautet:

$$\beta_{0j} = \gamma_{00} + \gamma_{01}\bar{X}_{\bullet j} + \gamma_{02}W_j + u_{0j} \tag{6.11}$$

$$\beta_{1j} = \gamma_{10} \tag{6.12}$$

Hierbei repräsentiert γ_{00} den Stichprobenmittelwert der abhängigen Variablen für den Fall, dass die unabhängigen Variablen auf der Kontextebene den Wert null aufweisen. Der Einfluss von $\bar{X}_{\bullet j}$ auf die Ausprägung der Regressionskonstanten β_{0j} wird durch den Regressionskoeffizienten γ_{01} dargestellt. W_j steht für eine auf der Kontextebene gemessene zusätzliche unabhängige Variable, deren Effekt auf die Regressionskons-tante durch den Regressionskoeffizienten γ_{02} erfasst wird. u_{0j} stellt das Residuum für kontextspezifische Abweichungen der Vorhersagewerte dar. Vereinfachend gehen wir davon aus, dass der Regressionskoeffizient β_{1j} zwischen den Kontexteinheiten nicht variiert und somit dem durchschnittlichen Effekt der unabhängigen Variablen entspricht. Diese Annahme ist jedoch von der hier dargestellten *Groupmean*-Zentrierung unabhängig.

Im folgenden Abschnitt demonstrieren wir, wie eine solche Effektzerlegung einer auf der Individualebene gemessenen unabhängigen Variablen bei Mehrebenenanalysen in Mplus unkompliziert in der Praxis durchgeführt wird. Zur Veranschaulichung greifen wir hierbei auf eine von Wagner, Christ, Pettigrew, Stellmacher und Wolf (2006) durchgeführte Studie zurück. Die empirische Grundlage dieser Studie bildeten Daten des GMF-Survey 2002 von insgesamt 2722 Mitgliedern der Deutschen Bevölkerung (Individualebene) aus den sozialräumlichen Einheiten von 418 Kreisen (Kontextebene). Auch in dieser Studie stand die Rolle von Intergruppenkontakt und des prozentualen Immigrantenanteils für die Erklärung von Fremdenfeindlichkeit im Mittelpunkt des Forschungsinteresses. Anders als in der Untersuchung von Wagner und van Dick (2001) wurde in dieser Studie jedoch explizit zwischen den Effekten von Intergruppenkontakt auf der Individual- und der Kontextebene unterschieden. An dieser Stelle sei angemerkt, dass ein solches Vorgehen keinesfalls immer von inhaltlichem Interesse oder statistisch erforderlich sein muss (Enders & Tofighi, 2007). Beispielsweise zeigen ergänzende Berechnungen, dass das Aggregatmaß von Intergruppenkontakt in der Untersuchung von Wagner und van Dick (2001) keinen statistisch signifikanten Effekt auf Fremdenfeindlichkeit ausübt, sodass auf eine Effektzerlegung verzichtet werden kann. Grundsätzlich eröffnet die Unterscheidung von Individual- und Aggregatwirkungen einer auf der Individualebene gemessenen unabhängigen Variablen jedoch zahlreiche interessante Analyseoptionen. Die in unserem Anwendungsbeispiel in Anlehnung an Wagner et al. (2006) untersuchten Variablenbeziehungen veranschaulicht Abbildung 6.2.

In diesem Anwendungsbeispiel wird auf der Individualebene (WITHIN) für Intergruppenkontakt eine negative Wirkung auf Fremdenfeindlichkeit erwartet. Auf der Kontextebene (BETWEEN) ermöglicht das durchschnittliche Niveau von Intergruppenkontakt als analytische Aggregatvariable die Beantwortung der Frage, ob auf der Kreisebene wie erwartet ein höheres mittleres Niveau an Intergruppenkontakt mit einem niedrigeren mittleren Niveau an Fremdenfeindlichkeit einhergeht oder nicht. Die Grafik zeigt, dass das mittlere Ausmaß von Intergruppenkontakt als latente unabhängige Variable geschätzt wird. Auf diese Besonderheit von Mplus gehen wir weiter unten noch genauer ein (Asparouhov & Muthén, 2006; Muthén & Asparouhov, 2011, S. 16f). Schließlich übt der prozentuale Immigrantenanteil nach Berücksichtigung des mittleren Ausmaßes an Intergruppenkontakt annahmegemäß keine direkte Wirkung auf das mittlere Ausmaß an Fremdenfeindlichkeit mehr aus, wird aber aus Anschauungsgründen im Modell beibehalten.

Für den empirischen Test dieses Modells verwenden wir den Datensatz „GMF02_Querschnitt_MLM.dat". Tabelle 6.1 gibt einen Überblick über die Namen und Bedeutungen der Variablen dieses Datensatzes.

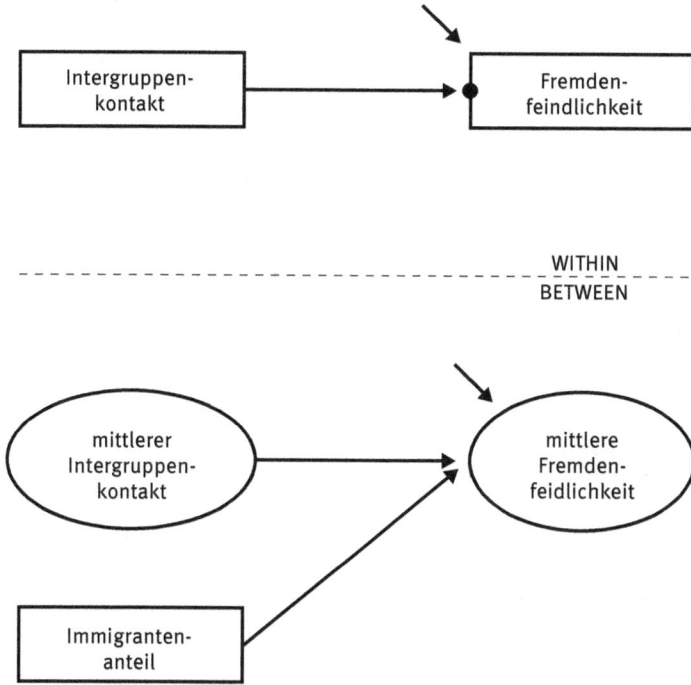

Abbildung 6.2: Intercept-as-outcome-Modell für die Wirkung von individuellem und aggregiertem Intergruppenkontakt und des prozentualen Immigrantenanteils auf Fremdenfeindlichkeit

Tabelle 6.1: Variablen des Datensatzes "GMF02_Querschnitt_MLM.dat"

Variablenname	Variablenlabel
qcp_ser	Id-Nr. des Datensatzes
kreis1	Id-Nr. des Kreises
ka03w1r	Ausländer als Freunde/Bekannte
aa01w1r	Wie oft hat Ihnen ein Ausländer geholfen?
aa03w1r	Interessantes Gespräch mit einem Ausländer geführt?
ff04d1r	Es leben zu viele Ausländer in Deutschland
ff08d1r	Ausländer nach Hause schicken, wenn Arbeitsplätze knapp
ff03d1r	Ausländer sind Belastung fürs soziale Netz
tab02_08	Anteil an Ausländern auf Kreisebene in Prozent
contact	Index aus ka03w1r, aa01w1r, aa03w1r
prej	Index aus ff03d1r, ff04d1r, ff08d1r

Die Variable „kreis1" kodiert, aus welchem Kreis die Befragten stammen. Die Variablen „ka03w1r", „aa01w1r" und „aa03w1r" messen individuellen Intergruppenkontakt mit in Deutschland lebenden Immigranten. Individuelle Fremdenfeindlichkeit wird durch die Variablen „ff03d1r", „ff04d1r" und „ff08d1r" erfasst. Alle Items wurden von den Befragten auf einer vierstufigen Antwortskala beantwortet, wobei höhere Werte einer höheren Zustimmung entsprechen. Für die folgenden Analysen wurden die beiden Variablengruppen jeweils zu Summenindizes zusammengefasst, die mit der Variablenanzahl gewichtet wurden. Die Variable „contact" repräsentiert hierbei den auf Grundlage der drei Variablen für Intergruppenkontakt gebildeten Index; die Variable „prej" („prejudice") stellt den Index aus den drei Variablen zur Messung von Fremdenfeindlichkeit dar. Das Kontextmerkmal des prozentualen Immigrantenanteils pro Kreis wird durch die Variable „tab02_08" repräsentiert.

Zu Beginn unserer Analysen informieren wir uns über die ICCs und einige deskriptive Kennwerte der Variablen „contact" und „prej". Der Input hierzu lautet (Datei „Twolevel_Basic2.inp")

```
TITLE:     Mehrebenenanalyse
           Intergruppenkontakt als Individual- und Kontextvariable
DATA:      FILE IS GMF02_Querschnitt_MLM.dat;
VARIABLE:  NAMES ARE qcp_ser kreis1 ka03w1r aa01w1r aa03w1r
           ff04d1r ff08d1r ff03d1r tab02_08 contact prej;
           USEVARIABLES ARE contact prej;
           MISSING ARE contact prej (99);
           CLUSTER IS kreis1;
ANALYSIS:  TYPE IS TWOLEVEL BASIC;
```

Die Ergebnisse dieser Analyse zeigen, dass bis zu 18.5 % der Gesamtvarianz von Intergruppenkontakt (ICC = 0.185) und bis zu 8 % der Gesamtvarianz von Fremdenfeindlichkeit (ICC = 0.081) auf Unterschiede zwischen den Kontexteinheiten zurückgeführt werden können:

```
Estimated Intraclass Correlations for the Y Variables

              Intraclass                 Intraclass
  Variable    Correlation    Variable    Correlation

  CONTACT       0.185        PREJ          0.081
```

Nachfolgend besprechen wir weitere interessante Aspekte des Mplus-Outputs: Durch die per Mplus-Standardeinstellung vorgenommene Zentrierung am Gruppenmittelwert sind die im WITHIN-Abschnitt dargestellten Mittelwerte der Variablen „contact" und „prej" gleich null:

```
ESTIMATED SAMPLE STATISTICS FOR WITHIN
           Means
           CONTACT          PREJ
           _____        _____
  1        0.000            0.000
```

Von besonderem Interesse sind die im WITHIN- und BETWEEN-Abschnitt des Outputs abgebildeten Korrelationen zwischen Intergruppenkontakt und Fremdenfeindlichkeit auf der Individualebene:

```
              Correlations
                 CONTACT          PREJ

                 _____       _____
  CONTACT          1.000
  PREJ            -0.355          1.000
```

und der Kontextebene:

```
              Correlations
                 CONTACT          PREJ

                 _____       _____
  CONTACT          1.000
  PREJ            -0.955          1.000
```

Der Output zeigt, dass die Korrelation zwischen Intergruppenkontakt und Fremdenfeindlichkeit auf der Individualebene einen sehr viel geringeren Wert annimmt (–.355) als die sehr starke negative Korrelation zwischen diesen Variablen auf der Kontextebene (–.955). Bereits diese deskriptiven Ergebnisse verweisen auf die differenzierten Schlussfolgerungen, die aus der separaten Analyse von Zusammenhängen auf der Individual- und Kontextebene resultieren können. Den simultanen Einfluss von Intergruppenkontakt als Individual- und Kontextmerkmal sowie des prozentualen Immigrantenanteils auf die Zielvariable Fremdenfeindlichkeit überprüfen wir nun anhand eines Mehrebenen-Regressionsmodells. Der Mplus-Input hierzu lautet (Datei „Twolevel_Regression.inp"):

```
TITLE:      Mehrebenenanalyse
            Intergruppenkontakt als Individual- und Kontextvariable
DATA:       FILE IS GMF02_Querschnitt_MLM.dat;
VARIABLE:   NAMES ARE qcp_ser kreis1 ka03w1r aa01w1r aa03w1r
            ff04d1r ff08d1r ff03d1r tab02_08 contact prej;
            USEVARIABLES ARE contact prej tab02_08;

            MISSING ARE contact prej (99);

            CLUSTER IS kreis1;

            BETWEEN IS tab02_08;
DEFINE:     CENTER tab02_08 (GRANDMEAN);
ANALYSIS:   TYPE IS TWOLEVEL;
MODEL:      %WITHIN%
            prej ON contact;          ! Modellspezifikation Individualebene
```

```
%BETWEEN%
prej ON contact tab02_08; ! Modellspezifikation Kontextebene
```

Im Unterschied zu dem in Kapitel 6.2 dargestellten Anwendungsbeispiel ist die Option WITHIN im Befehlsblock VARIABLE nun nicht mehr enthalten. Auf der Individualebene gemessene manifeste Variablen können hierdurch sowohl auf der Individualebene als auch auf der Kontextebene als unabhängige Variablen genutzt werden. Auf Grundlage der manifesten Variablen X_{ij} schätzt Mplus hierzu zwei latente Variablen X_{ijw} und X_{jb}. Vereinfacht ausgedrückt repräsentieren diese beiden latenten Variablen die individuenspezifischen (X_{ijw}) und kontextspezifischen (X_{jb}) Anteile von X_{ij}. Hierbei entspricht X_{ijw} einem „implicit latent group-mean centering" (Muthén & Muthén 1998–2015, S. 261; vgl. Muthén & Asparouhov, 2011, S. 16) der unabhängigen Variablen auf der Individualebene. Der besondere Vorteil dieses Vorgehens ist, dass potenziell verzerrende Einflüsse unterschiedlicher Stichprobengrößen der Kontexteinheiten auf die Zuverlässigkeit der aggregierten Werte von X_{ij} statistisch angemessen berücksichtigt und korrigiert werden (Lüdtke et al., 2008).

Dem obigen Input ist zu entnehmen, dass diese latenten Variablen zur Schätzung des Effekts von Intergruppenkontakt innerhalb und zwischen den Kontexten ohne besonderen Syntaxaufwand in das Modell mit aufgenommen werden können: Wie zuvor definieren wir im Befehlsblock MODEL die Regressionsbeziehungen auf der Individual- (%WITHIN%) und Kontextebene (%BETWEEN%). Auf der Individualebene legen wir über ein ON-Statement Intergruppenkontakt als unabhängige und Fremdenfeindlichkeit als abhängige Variable fest:

```
MODEL: %WITHIN%
        prej ON contact;
```

Diese Syntax nutzen wir auch auf der Kontextebene, um das mittlere Ausmaß an Intergruppenkontakt pro Kreis als unabhängige Variable und das mittlere Ausmaß an Fremdenfeindlichkeit als abhängige Variable zu definieren. Dabei erweitern wir die Modellgleichung auf der Kontextebene noch durch die unabhängige Variable des ausschließlich auf der Kontextebene variierenden prozentualen Immigrantenanteils:

```
MODEL: %BETWEEN%
        prej ON contact tab02_08;
```

Die Resultate der Modellschätzung sind nachfolgend wiedergegeben:

```
MODEL RESULTS

                                                        Two-Tailed
                       Estimate      S.E.    Est./S.E.    P-Value

Within Level

  PREJ        ON
    CONTACT          -0.418      0.022    -18.836       0.000

  Residual Variances
    PREJ              0.572      0.015     37.457       0.000
```

```
Between Level

  PREJ        ON
    CONTACT               -0.597      0.126      -4.736       0.000
    TAB02_08              -0.007      0.006      -1.082       0.279

  Intercepts
    PREJ                   3.581      0.270      13.265       0.000

  Residual Variances
    PREJ                   0.004      0.006       0.670       0.503
```

Auf der Individualebene beziehen sich die Ergebnisse auf die Vorhersage von Unterschiede in Fremdenfeindlichkeit zwischen Befragten innerhalb von Kreisen durch individuelle Unterschiede in Intergruppenkontakt. Der Zusammenhang zwischen Intergruppenkontakt und Fremdenfeindlichkeit wird hierbei als signifikant negativ ausgewiesen (–.418, p < .001). Dies bedeutet, dass eine Zunahme in individuellem Intergruppenkontakt um eine Skaleneinheit mit einer Verringerung in individueller Fremdenfeindlichkeit um .418 Skaleneinheiten einhergeht. Auf der Kontextebene beziehen sich die Ergebnisse auf die Vorhersage von Unterschieden im mittleren Ausmaß an Fremdenfeindlichkeit zwischen Kreisen durch Unterschiede im mittleren Ausmaß von Intergruppenkontakt und Unterschiede im prozentualen Immigrantenanteil. Hinsichtlich der Wirkung aggregierter Intergruppenkontakte zeigt sich ein signifikant negativer Zusammenhang (–.597, p < .001). Auf der Kontextebene der Kreise führt demnach eine Zunahme im mittleren Ausmaß an Intergruppenkontakt um eine Skaleneinheit demnach zu einer Verringerung um .597 Skaleneinheiten im mittleren Ausmaß an Fremdenfeindlichkeit. Der Einfluss des prozentualen Immigrantenanteils auf das mittlere Ausmaß an Fremdenfeindlichkeit erweist sich als nicht signifikant (–.007, p = .279).

6.4 Mehrebenenanalyse von Kontexteffekten

Die Analyse von Kontexteffekten – die in der Literatur synonym auch als „kompositionelle Effekte" bezeichnet werden (Raudenbush & Bryk, 2002, S. 139) – stellt eine interessante Erweiterung der zuvor dargestellten Unterscheidung von Individual- und Aggregateffekten im Rahmen von Mehrebenenanalysen dar. Definitionsgemäß liegt ein Kontexteffekt dann vor, wenn sich der Aggregateffekt einer auf der Individualebene gemessenen unabhängigen Variablen signifikant von dem Individualeffekt dieser Variablen unterscheidet (Marsh et al., 2009, S. 139; Raudenbush & Bryk, 2002, S. 139ff).

Wir veranschaulichen diese Überlegung anhand des vorherigen Beispiels zur Wirkung von Intergruppenkontakt auf Fremdenfeindlichkeit. Es wurde bereits gezeigt, dass individueller Intergruppenkontakt Unterschiede in Fremdenfeindlichkeit innerhalb von Kontexten erklärt, und dass das mittlere Ausmaß von Intergruppenkontakt

Unterschiede im mittleren Ausmaß von Fremdenfeindlichkeit zwischen Kontexteinheiten vorhersagt. Falls sich die Wirkung von Intergruppenkontakt zwischen den
Kontexteinheiten signifikant von der Wirkung von Intergruppenkontakt innerhalb
der Kontexteinheiten unterscheidet, ist im Sinne der oben dargestellten Definition
von einem Kontexteffekt auszugehen. Unter theoretischen Gesichtspunkten ist solch
ein Kontexteffekt von Intergruppenkontakt zum Beispiel aufgrund indirekter Kontakterfahrungen zu erwarten (Christ et al., 2014). Indirekte Kontakterfahrungen bedeutet
hier, dass die Befragten Personen kennen, die ihrerseits Kontakte mit Immigranten
haben. Dieser Kontexteffekt stellt dann den erwarteten Unterschied in Fremdenfeindlichkeit zwischen zwei Personen mit identischem Ausmaß an individuellem
Intergruppenkontakt dar, die aus zwei Kontexteinheiten stammen, deren mittleres
Ausmaß an Intergruppenkontakt sich um eine Einheit unterscheidet.

Zur statistischen Überprüfung von Kontexteffekten liegen in der Literatur verschiedene Vorschläge vor (Raudenbush & Bryk, 2002, S. 139ff). Wir beschränken
uns an dieser Stelle auf die in Gleichung 6.13 vorgestellte Variante, die auf der zuvor
erläuterten separaten Schätzung der Effekte innerhalb- und zwischen den Kontexten
aufbaut (Muthén & Asparouhov, 2011, S. 16f). Hierbei berechnet sich der Kontextef-
fekt β_c in technischer Hinsicht als Differenz der Parameterschätzer γ_{01} und γ_{10}, die
ihrerseits die Wirkung des aggregierten Individualmerkmals und des *groupmean*-zen-
trierten Individualmerkmals erfassen (siehe Gleichungen 6.11 und 6.12):

$$\beta_c = \gamma_{01} - \gamma_{10} \qquad\qquad (6.13)$$

Weicht diese Differenz statistisch signifikant von null ab, liegt ein Kontexteffekt vor
– eine eigenständige Wirkung des aggregierten Individualmerkmals auf die Zielvariable, die über die Wirkung des Individualmerkmals hinausreicht. Somit berechnet sich
β_c hinsichtlich unseres Anwendungsbeispiels als Differenz der Wirkung aggregierter
Intergruppenkontakte und der Wirkung von individuellem Intergruppenkontakt auf
Fremdenfeindlichkeit.

Nachfolgend ist die erforderliche Mplus-Syntax zur Überprüfung des Vorliegens
eines Kontexteffekts dargestellt (Datei „Twolevel_Contextual.inp"):

```
TITLE:     Mehrebenenanalyse / Test eines Kontexteffekts

DATA:      FILE IS GMF02_Querschnitt_MLM.dat;

VARIABLE:  NAMES ARE qcp_ser kreis1 ka03w1r aa01w1r aa03w1r
           ff04d1r ff08d1r ff03d1r tab02_08 contact prej;

           USEVARIABLES ARE contact prej;

           MISSING ARE contact prej (99);

           CLUSTER IS kreis1;

ANALYSIS:  TYPE IS TWOLEVEL;

MODEL:     %WITHIN%   ! Modellspezifikation auf der Individualebene
```

```
prej ON contact (gamma10); ! Kennzeichnung des Within-Schätzers
                           ! von Intergruppenkontakt
%BETWEEN%  ! Modellspezifikation auf der Kontextebene
prej ON contact (gamma01); ! Kennzeichnung des Between-Schätzers
                           ! von Intergruppenkontakt

MODEL CONSTRAINT:
NEW (beta_c);         ! Definition des neuen Parameters beta_c
beta_c = gamma01 - gamma10; ! Test des Kontexteffekts beta_c
```

Wir wollen die Syntax nun näher erläutern: Zunächst legen wir im Befehlsblock MODEL Intergruppenkontakt sowohl im %WITHIN%-, als auch im %BETWEEN%-Part als unabhängige Variable zur Vorhersage von Fremdenfeindlichkeit fest. Da wir auf die jeweiligen Parameterschätzer bei den späteren Berechnungen zurückgreifen wollen, vergeben wir für diese die Labels (gamma10) und (gamma01). Da der prozentuale Immigrantenanteil nach den Ergebnissen des vorhergehenden Beispiels (siehe Kapitel 6.3) keine signifikante Wirkung auf das mittlere Ausmaß an Fremdenfeindlichkeit ausübt, wurde diese Variable hier aus Übersichtlichkeitsgründen nicht weiter berücksichtigt. Für die Überprüfung der statistischen Signifikanz des vermuteten Kontexteffekts von Intergruppenkontakt müssen wir zunächst einen neuen Parameter definieren. Hierzu wählen wir unter der Option MODEL CONSTRAINT den Befehl NEW, und geben innerhalb der Klammern eine geeignete Bezeichnung für diesen neuen Parameter an, hier: („beta_c"). Im nächsten Schritt definieren wir („beta_c") als Differenz der Parameterschätzer für Intergruppenkontakt auf der Individual- und Kontextebene. Mplus führt dann automatisch den gewünschten Signifikanztest des Kontexteffekts durch. Nachfolgend sind die unstandardisierten Parameterschätzer aufgeführt:

```
MODEL RESULTS
```

	Estimate	S.E.	Est./S.E.	Two-Tailed P-Value
Within Level				
PREJ ON				
CONTACT	−0.415	0.023	−18.381	0.000
Residual Variances				
PREJ	0.572	0.015	37.786	0.000
Between Level				
PREJ ON				
CONTACT	−0.697	0.057	−12.306	0.000
Intercepts				
PREJ	3.796	0.124	30.574	0.000
Residual Variances				
PREJ	0.004	0.006	0.731	0.465
New/Additional Parameters				
BETA_C	−0.282	0.068	−4.176	0.000

Kurz zusammengefasst erweist sich der Effekt von Intergruppenkontakt auf Fremden-feindlichkeit sowohl auf der Individualebene ($-.415$, $p < .001$) als auch auf der Kontex-tebene ($-.697$, $p < .001$) erneut als signifikant negativ. Die Antwort auf die Frage, ob die Differenz zwischen γ_{10} und γ_{01} statistisch signifikant ist und somit ein Kontexteffekt vorliegt, findet sich unter der Überschrift „New/Additional Parameters". Der Kontext-effekt „beta_c" wird als signifikant negativ ausgewiesen ($-.282$, $p < .001$). Dies bedeu-tet: Steigt unter Kontrolle des Einflusses von individuellem Intergruppenkontakt das mittlere Ausmaß an Intergruppenkontakt auf der Kontextebene um eine Einheit, verringert sich das Ausmaß an Fremdenfeindlichkeit um $.282$ Skaleneinheiten. Im Rahmen dieses didaktischen Beispiels unterstützt dieser Befund die Annahme, dass Fremdenfeindlichkeit nicht nur durch individuellen Intergruppenkontakt, sondern zusätzlich durch das mittlere Ausmaß an Intergruppenkontakt pro Kontext reduziert wird.

6.5 Mehrebenen-Pfadanalyse

Bereits die bislang vorgestellten Beispiele demonstrieren die vielfältigen Anwen-dungsmöglichkeiten von Mehrebenenanalysen. Eine Einschränkung all dieser Vari-anten besteht allerdings darin, dass sie neben der Überprüfung direkter Effekte nur in sehr begrenztem Umfang die explizite Analyse indirekter Effekte im Sinne einer Mediation ermöglichen. Dabei stellt gerade die Untersuchung der Mechanismen, die die Wirkung von Kontextmerkmalen vermitteln, ein wichtiges Forschungsdesiderat dar (Blalock, 1984, S. 358ff; van den Eeden & Hüttner, 1982, S. 39). Ein gut geeigne-tes Verfahren für die Untersuchung direkter und indirekter Effekte auf verschiedenen Analyseebenen ist die auf manifesten Variablen basierende Mehrebenen-Pfadanalyse (Muthén & Asparouhov, 2011, S. 21f). Ein besonderer Vorteil der Nutzung von Mplus zur Durchführung von Mehrebenen-Pfadanalysen besteht darin, dass die statistische Signifikanz indirekter Effekte im Rahmen einer Mediationsanalyse (siehe Kapitel 3) explizit überprüft werden kann. Auch auf diesen Aspekt werden wir im Folgenden näher eingehen. Für einen allgemeinen Überblick zu Mediationsanalysen bei Mehr-ebenenmodellen verweisen wir auf Preacher, Zyphur und Zhang (2010). Auch die Anwendung von Mehrebenen-Pfadanalysen veranschaulichen wir anhand der ein-gangs skizzierten Studie von Wagner et al. (2006). Abbildung 6.3 stellt das zu unter-suchende Mehrebenen-Pfadmodell schematisch dar.

Auf der Individualebene (WITHIN) lautet die Erwartung, dass ein höheres indivi-duelles Ausmaß von Intergruppenkontakten mit einem niedrigeren Ausmaß an Frem-denfeindlichkeit einhergeht. Auf der Kontextebene (BETWEEN) führt ein höherer pro-zentualer Immigrantenanteil annahmegemäß zu einem höheren mittlerem Ausmaß an Intergruppenkontakt, das umgekehrt eine Verminderung von Fremdenfeindlich-keit bewirkt. Anders ausgedrückt wird in diesem Modell die Wirkung des prozentualen

Immigrantenanteils auf Fremdenfeindlichkeit durch Intergruppenkontakt mediiert. Die Syntax zur Durchführung dieses Mehrebenen-Pfadmodells in Mplus ist nachfolgend dargestellt (Datei „Twolevel_Pathanalysis.inp"):

```
TITLE:      Mehrebenen-Pfadanalyse

DATA:       FILE IS GMF02_Querschnitt_MLM.dat;

VARIABLE:   NAMES ARE qcp_ser kreis1 ka03w1r aa01w1r aa03w1r
            ff04d1r ff08d1r ff03d1r tab02_08 contact prej;

            USEVARIABLES ARE contact prej tab02_08;

            MISSING ARE contact prej (99);

            CLUSTER IS kreis1;

            BETWEEN IS tab02_08;

DEFINE:     CENTER tab02_08 (GRANDMEAN);

ANALYSIS:   TYPE IS TWOLEVEL;

MODEL:      %WITHIN%          ! Modellspezifikation auf der Individualebene
            prej ON contact;

            %BETWEEN%         ! Modellspezifikation auf der Kontextebene
            prej ON contact tab02_08;
            contact ON tab02_08;

            MODEL INDIRECT:  ! Prüfung des indirekten Effekts
            prej IND tab02_08;
```

Die unter dem `%WITHIN%`-Befehl spezifizierten Variablenbeziehungen auf der Individualebene bleiben im Vergleich zum in Kapitel 6.4 erläuterten Vorgängermodell unverändert. Auf der durch den `%BETWEEN%`-Befehl gekennzeichneten Kontextebene spezifizieren wir das in Abbildung 6.3 dargestellte Mediationsmodell:

```
MODEL: %BETWEEN%
       prej ON contact tab02_08;
       contact ON tab02_08;
```

Die erste Befehlszeile spezifiziert das mittlere Ausmaß an Intergruppenkontakt („contact") und den prozentualen Immigrantenanteil („tab02_08") als unabhängige Variablen zur Vorhersage des mittleren Ausmaßes an Fremdenfeindlichkeit („prej"). Neu ist, dass in der zweiten Befehlszeile der prozentuale Immigrantenanteil als unabhängige Variable zur Vorhersage des mittleren Ausmaßes an Intergruppenkontakt dient. Mit der Option `MODEL INDIRECT` können wir nun die statistische Signifikanz des indirekten Effekts der unabhängigen Variablen „tab02_08" über die Mediator-Variable „contact" auf die abhängige Variable „prej" überprüfen.

```
MODEL: MODEL INDIRECT:
       prej IND tab02_08;
```

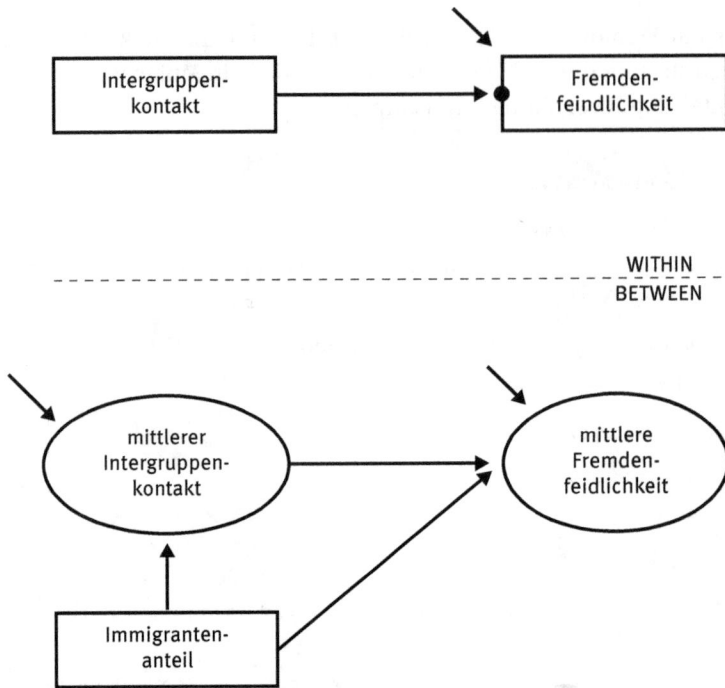

Abbildung 6.3: Mehrebenen-Pfadanalyse für die Wirkung von individuellem und aggregiertem Inter-gruppenkontakt und des prozentualen Immigrantenanteils auf Fremdenfeindlichkeit

Analog zum in Kapitel 3 beschriebenen Vorgehen wird mit dieser Option der Stan-dardfehler des indirekten Effekts anhand eines Sobel-Tests berechnet; alternativ kann auch das in Kapitel 3 besprochene Bootstrap-Verfahren angewendet werden, worauf wir an dieser Stelle nicht erneut eingehen. Die Ergebnisse des Mehrebenen-Pfadmo-dells (unstandardisierte Parameterschätzer) sind nachfolgend wiedergegeben:

```
MODEL RESULTS

                                                         Two-Tailed
                     Estimate      S.E.     Est./S.E.     P-Value

Within Level
  PREJ        ON
    CONTACT      -0.418        0.022      -18.872        0.000

  Variances
    CONTACT       0.479        0.013       36.305        0.000

  Residual Variances
    PREJ          0.572        0.015       37.455        0.000

Between Level

  PREJ        ON
```

CONTACT	−0.596	0.126	−4.713	0.000
TAB02_08	−0.007	0.006	−1.077	0.281
CONTACT ON				
TAB02_08	0.050	0.003	14.671	0.000
Intercepts				
CONTACT	2.144	0.017	125.923	0.000
PREJ	3.580	0.271	13.230	0.000
Residual Variances				
CONTACT	0.032	0.007	4.701	0.000
PREJ	0.004	0.006	0.671	0.502

Auf der Individualebene ist der Effekt von Intergruppenkontakt auf Fremdenfeind-lichkeit wie zuvor signifikant negativ (−.418, p < .001). Unser zentrales Interesse richtet sich aber auf die für die Kontextebene dargestellten Ergebnisse. Der direkte Effekt des prozentualen Immigrantenanteils auf das mittlere Ausmaß an Fremden-feindlichkeit erreicht auch in diesem Modell keine statistische Signifikanz (−.007, p = .281), während die Wirkung des prozentualen Immigrantenanteil auf das mittlere Ausmaß an Intergruppenkontakt als signifikant positiv ausgewiesen wird (.050, p < .001). Demnach geht ein höherer prozentualer Immigrantenanteil pro Kreis mit einem höheren mittleren Ausmaß an Intergruppenkontakt einher. Des Weiteren zeigt sich auf der Kontextebene für Intergruppenkontakt ein signifikant negativer Effekt auf Fremdenfeindlichkeit (−.596, p < .001). Dies bedeutet: Je höher das mittlere Ausmaß an Intergruppenkontakt, desto geringer ist das mittlere Ausmaß an Fremdenfeind-lichkeit. Ist auch der laut Mediationsmodell erwartete indirekte Effekt der Wirkung des Immigrantenanteils auf Fremdenfeindlichkeit statistisch von null verschieden? Die Antwort auf diese Frage zeigen die nachfolgend wiedergegebenen Ergebnisse.

```
TOTAL, TOTAL INDIRECT, SPECIFIC INDIRECT, AND DIRECT EFFECTS
```

	Estimate	S.E.	Est./S.E.	Two-Tailed P-Value
WITHIN				
BETWEEN				
Effects from TAB02_08 to PREJ				
Total	−0.037	0.003	−12.605	0.000
Total indirect	−0.030	0.007	−4.458	0.000
Specific indirect				
PREJ				
CONTACT				
TAB02_08	−0.030	0.007	−4.458	0.000
Direct				
PREJ				
TAB02_08	−0.007	0.006	−1.077	0.281

Der `WITHIN`-Abschnitt des Outputs enthält keine Informationen, da wir auf der Individualebene keinen indirekten Effekt spezifiziert haben. Die Ergebnisdarstellung im `BETWEEN`-Abschnitt erfolgt analog zu dem bereits in Kapitel 3 erläuterten Schema. Zunächst wird der totale Effekt des prozentualen Immigrantenanteils auf das mittlere Ausmaß an Fremdenfeindlichkeit angegeben („Total": −.037, p < .001). Der totale Effekt setzt sich zusammen aus dem indirekten Effekt („Total indirect": −.030, p < .001) und dem (nicht-signifikanten) direkten Effekt des prozentualen Immigrantenanteils auf das mittlere Niveau an Fremdenfeindlichkeit („Direct": −.007, p = .281). Der signifikant negative indirekte Effekt des prozentualen Immigrantenanteils auf das mittlere Ausmaß an Fremdenfeindlichkeit unterstützt somit die theoretische Annahme, der zufolge Intergruppenkontakt die Wirkung des prozentualen Immigrantenanteils auf das mittlere Ausmaß an Fremdenfeindlichkeit mediiert.

6.6 Konfirmatorische Mehrebenen-Faktorenanalyse

Bei allen bislang vorgestellten Mehrebenenanalysen wurde implizit von der dimensionalen und inhaltlichen Übereinstimmung der auf der Individual- und Kontextebene verwendeten Konstrukte ausgegangen. Beispielsweise wurde auf Grundlage multipler Indikatoren ein gewichteter Summenindex gebildet, der auf der Individual- und Kontextebene gleichermaßen zur Messung von Fremdenfeindlichkeit diente. Das für Mehrebenanalysen kennzeichnende Prinzip der Zerlegung der Gesamtvarianz von Beobachtungen in Varianz innerhalb und zwischen den Kontexteinheiten ermöglicht jedoch, die empirischen Beziehungen zwischen multiplen Indikatoren auf unterschiedlichen Analyseebenen explizit zu überprüfen. Aus inhaltlicher Perspektive ist hierbei besonders interessant, dass auf den verschiedenen Ebenen unterschiedliche faktorielle Strukturen vorliegen können (Lüdtke, Trautwein, Schnyder, & Niggli 2007; Muthén, 1994; Zyphur, Kaplan, & Christian, 2008). Ein besonders geeignetes Verfahren zur Überprüfung der dimensionalen Struktur von auf der Individualebene gemessenen Indikatoren stellt die konfirmatorische Mehrebenen-Faktorenanalyse dar (Hox, 2010; Muthén, 1991, 1994). Dieses Verfahren zeichnet sich zudem durch eine statistisch angemessene Berücksichtigung und Korrektur von Messfehlern in den Indikatoren auf den verschiedenen Analyseebenen aus. Der technische Ausgangspunkt der im Folgenden dargestellten konfirmatorischen Mehrebenen-Faktorenanalysen besteht darin, die Gesamtvarianz der manifesten Variablen in Varianz innerhalb und zwischen den Kontexteinheiten zu zerlegen. Vereinfacht ausgedrückt ermöglichen die resultierenden Kovarianzmatrizen dann die Bestimmung der faktoriellen Struktur der Variablen auf der Individual- und der Kontextebene. Die formale Darstellung einer konfirmatorischen Mehrebenen-Faktorenanalyse mit je einem Faktor auf der Individual- und der Kontextebene lautet (Muthén, 1994):

$$\gamma_{ij} = \nu_B + \Lambda_B \eta_{Bj} + \varepsilon_{Bj} + \Lambda_W \eta_{Wij} + \varepsilon_{Wij} \qquad (6.14)$$

Hierbei bezeichnet γ_{ij} den Vektor der annahmegemäß auf der Individual- und Kontextebene variierenden manifesten Variablen. Auf der Kontextebene kennzeichnet ν_B den Vektor der *random intercepts* der Variablen, Λ_B bezeichnet die Ladungsmatrix der Faktorladungen auf dem Faktor η_{Bj}, und ε_{Bj} stellt den Vektor der Residuen dar. Aufgrund der oftmals hohen Reliabilität aggregierter Beobachtungswerte erreichen die Residuen auf der Kontextebene häufig nur sehr geringe Werte (Muthén & Asparouhov, 2011, S. 25). Die Schätzung solcher Residuen kann sich als problematisch erweisen; unter anderem können hier negative Varianzen auftreten. In der Literatur wird deshalb empfohlen, die Residuen auf der Kontextebene gegebenenfalls auf null zu fixieren (Hox, 2002, S. 237). Auf der Individualebene bezeichnet Λ_W die Ladungsmatrix der Faktorladungen der manifesten Variablen auf dem Faktor η_{Wij}, und ε_{Wij} stellt den Vektor der Residuen dar. Zusammengefasst dient in diesem Beispiel der Faktor η_{Bj} zur Modellierung gemeinsamer Varianz der *random intercepts* auf der Kontextebene zwischen den Kontexteinheiten, während der Faktor η_{Wij} gemeinsame Varianz der manifesten Variablen auf der Individualebene innerhalb der Kontexteinheiten erfasst.

Wir veranschaulichen die Anwendung einer konfirmatorischen Mehrebenen-Faktorenanalyse mit Mplus anhand der von Wagner et al. (2006) durchgeführten Studie. In dieser Untersuchung wurde sowohl Intergruppenkontakt als auch Fremdenfeindlichkeit auf der Individualebene mit multiplen Indikatoren gemessen. Die in Kapitel 6.2 mit der Option `TYPE = TWOLEVEL BASIC` durchgeführten Berechnungen zeigten für diese Variablen ausreichende Varianz auf der Kontextebene und substanzielle Interkorrelationen innerhalb und zwischen den Kontexteinheiten. Aufbauend auf diesen Ergebnissen spezifizieren wir nun eine konfirmatorische Mehrebenen-Faktorenanalyse, in der die Kovarianz zwischen den manifesten Variablen zur Messung von Intergruppenkontakten und Fremdenfeindlichkeit sowohl innerhalb als auch zwischen den Kontexten durch zwei latente Faktoren statistisch erklärt wird. Das Messmodell dieser theoretischen Annahmen ist in Abbildung 6.4 dargestellt.

Auf der Individual- (WITHIN) und der Kontextebene (BETWEEN) werden latente Variablen konventionsgemäß durch Ellipsen gekennzeichnet. Ungerichtete Pfeile kennzeichnen eine Kovarianz (bzw. Korrelation) zwischen den Faktoren, gerichtete Pfeile stellen die Regressionspfade der Faktoren auf die Indikatorvariablen dar. Auf der Individualebene dienen Rechtecke zur Kennzeichnung der manifesten Variablen. Die schwarz gefärbten Kreise am Ende der gerichteten Pfeile zeigen an, dass die Durchschnittswerte der manifesten Variablen annahmegemäß zwischen den Kontexteinheiten variieren und somit *random intercepts* darstellen. Die kleinen Pfeile kennzeichnen die Residuen der manifesten Variablen. Auf der Kontextebene markieren gerichtete Pfeile die Regressionspfade der Faktoren auf die *random intercepts*, die selbst latente Variablen darstellen und somit durch Ellipsen veranschaulicht werden. Auch hier werden die Residuen durch kleine Pfeile symbolisiert. Die zur praktischen Durchführung einer konfirmatorischen Mehrebenen-Faktorenanalyse in Mplus erforderliche Syntax ist nachfolgend aufgeführt (Datei „Twolevel_CFA.inp"):

```
TITLE:      Konfirmatorische Mehrebenen-Faktorenanalyse

DATA:       FILE IS GMF02_Querschnitt_MLM.dat;

VARIABLE: NAMES ARE qcp_ser kreis1 ka03w1r aa01w1r aa03w1r
            ff04d1r ff08d1r ff03d1r tab02_08 contact prej;

            USEVARIABLES ARE ka03w1r aa01w1r aa03w1r
            ff04d1r ff08d1r ff03d1r;

            MISSING ARE ALL (99);
            CLUSTER IS kreis1;

ANALYSIS: TYPE IS TWOLEVEL;

MODEL:      %WITHIN%
            contactw BY ka03w1r aa01w1r aa03w1r; ! Messmodell für Intergruppen-
            prejw BY ff04d1r ff08d1r ff03d1r;    ! kontakt & Fremdenfeindlich-
                                                 ! keit auf der Individualebene

            %BETWEEN%
            contactb BY ka03w1r aa01w1r aa03w1r; ! Messmodell für Intergruppen-
            prejb BY ff04d1r ff08d1r ff03d1r;    ! kontakt & Fremdenfeindlich-
                                                 ! keit auf der Kontextebene

            ka03w1r-aa03w1r@0;                   ! Fixierung der Residuen auf
            ff04d1r-ff03d1r@0;                   ! null

OUTPUT:     STDYX;
```

Im Befehlsblock ANALYSIS geben wir zunächst den zur Durchführung von Mehrebenenanalysen in Mplus benötigten Befehl TYPE = TWOLEVEL ein. Analog zu den
in den vorangehenden Abschnitten vorgestellten Mehrebenenanalysen spezifizieren
wir im Befehlsblock MODEL durch die Optionen %WITHIN% und %BETWEEN% die Indi-
vidual- und Kontextebene. Für jede dieser Analyseebenen legen wir nun das theoretisch erwartete Messmodell mit Hilfe der BY-Option fest. Wie bei konventionellen
konfirmatorischen Faktorenanalysen (siehe Kapitel 2.3) restringiert Mplus die Ladung
des jeweils ersten Indikators der latenten Faktoren zu Identifikationszwecken automatisch auf den Wert eins.

Bei der Spézifikation der latenten Faktoren ist auf eindeutige Bezeichnungen zur
Unterscheidung der Individual- und Kontextebene zu achten. Beispielsweise nutzen
wir für die beiden den Intergruppenkontakt-Variablen zugeordneten Faktoren die
Bezeichnung „contactw" auf der Individualebene (WITHIN) und die Bezeichnung
„contactb" auf der Kontextebene (BETWEEN). Bei der Schätzung dieses Modells
zeigte sich für die Residualvarianz der Indikatorvariable „ka03w1r" auf der Kontextebene ein negativer Wert. Solche Schätzprobleme sind bei konfirmatorischen Mehrebenen-Faktorenanalysen aufgrund der oftmals hohen Reliabilität der Indikatoren
nicht unüblich. Deshalb haben wir zunächst die Residualvarianz von „ka03w1r" auf
null fixiert (Hox, 2002, S. 237). Die Schätzung der Modellparameter erfolgte daraufhin

ohne Probleme. Da die übrigen Residualvarianzen ebenfalls durchweg sehr geringe und z. T. nicht signifikante Werte aufwiesen, haben wir diese Residualvarianzen ebenfalls auf null fixiert (Muthén & Asparouhov, 2011). Die Ergebnisse dieser Modellschätzung belegen eine angemessene Anpassung an die Daten (χ^2 = 73.4; df = 22; p < .001; CFI = .99; RMSEA = .029). Dies zeigen auch die bei Mehrebenenanalysen in Mplus für die Individual- und Kontextebene separat angezeigten Werte des SRMR (SRMR$_{within}$ = 0.017; SRMR$_{between}$ = 0.088).

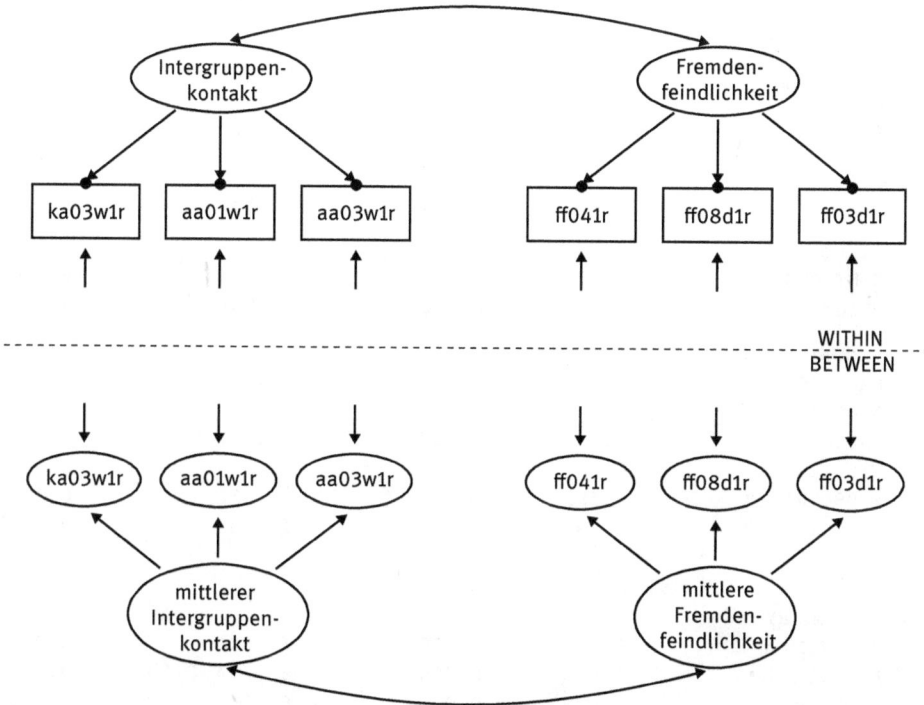

Abbildung 6.4: Konfirmatorische Mehrebenen-Faktorenanalyse für Intergruppenkontakt und Fremdenfeindlichkeit

Auf der Individualebene stellen Unterschiede zwischen Personen in den manifesten Variablen zur Messung von Intergruppenkontakt und Fremdenfeindlichkeit eine Funktion der von uns als „contactw" und „prejw" bezeichneten Faktoren dar. Die auf der Kontextebene gemessenen Unterschiede im mittleren Niveau der manifesten Variablen von Intergruppenkontakt und im mittleren Niveau der manifesten Variablen von Fremdenfeindlichkeit sind demgegenüber als Funktion zweier von uns als „contactb" und „prejb" bezeichneten Faktoren auf der Kontextebene zu verstehen. Nachfolgend sind die standardisierten Modellergebnisse aufgeführt:

STANDARDIZED MODEL RESULTS

STDYX Standardization

	Estimate	S.E.	Est./S.E.	Two-Tailed P-Value
Within Level				
CONTACTW BY				
KA03W1R	0.642	0.018	36.079	0.000
AA01W1R	0.640	0.019	33.437	0.000
AA03W1R	0.734	0.018	41.964	0.000
PREJW BY				
FF04D1R	0.845	0.013	64.006	0.000
FF08D1R	0.670	0.017	40.462	0.000
FF03D1R	0.778	0.013	58.867	0.000
PREJW WITH				
CONTACTW	−0.456	0.024	−18.637	0.000
Variances				
CONTACTW	1.000	0.000	999.000	999.000
PREJW	1.000	0.000	999.000	999.000
Residual Variances				
KA03W1R	0.588	0.023	25.694	0.000
AA01W1R	0.590	0.024	24.099	0.000
AA03W1R	0.461	0.026	17.921	0.000
FF04D1R	0.287	0.022	12.859	0.000
FF08D1R	0.551	0.022	24.850	0.000
FF03D1R	0.394	0.021	19.158	0.000
Between Level				
CONTACTB BY				
KA03W1R	0.999	0.000	10767.881	0.000
AA01W1R	1.000	0.000	23666.234	0.000
AA03W1R	1.000	0.000	14162.188	0.000
PREJB BY				
FF04D1R	0.999	0.000	2842.100	0.000
FF08D1R	0.999	0.000	4298.861	0.000
FF03D1R	0.999	0.000	9165.942	0.000
PREJB WITH				
CONTACTB	−0.986	0.041	−23.805	0.000
Intercepts				
KA03W1R	6.905	0.446	15.492	0.000
AA01W1R	5.308	0.349	15.228	0.000
AA03W1R	7.784	0.645	12.070	0.000
FF04D1R	12.056	1.817	6.634	0.000
FF08D1R	9.993	0.966	10.346	0.000
FF03D1R	8.525	0.671	12.699	0.000

```
Variances
  CONTACTB         1.000       0.000      999.000     999.000
  PREJB            1.000       0.000      999.000     999.000

Residual Variances
  KA03W1R          0.001       0.000        7.960       0.000
  AA01W1R          0.001       0.000        7.802       0.000
  AA03W1R          0.001       0.000        6.321       0.000
  FF04D1R          0.002       0.001        3.272       0.001
  FF08D1R          0.002       0.000        5.087       0.000
  FF03D1R          0.001       0.000        6.317       0.000
```

Für die zwei auf der Individualebene spezifizierten Faktoren zeigen sich durchgängig hohe Ladungen der Indikatorvariablen. Für die zwei auf der Kontextebene spezifizierten Faktoren erreichen die Faktorladungen der als Indikatorvariablen auf der Kontextebene dienenden *random intercepts* wie zu erwarten alle ungefähr den Wert eins, da wir die entsprechenden Residuen auf null restringiert haben. Die annahmegemäß negativen und signifikanten Korrelationen zwischen den Faktoren fallen auf der Kontextebene (−.986, $p < .001$) sehr viel stärker aus als auf der Individualebene (−.456, $p < .001$). Unter rein statistischen Gesichtspunkten könnte aufgrund der sehr hohen Korrelation zwischen „contactb" und „prejb" auf der Kontextebene auch eine einfaktorielle Lösung als angemessen erscheinen. In inhaltlicher Hinsicht erweist sich die Interpretation einer einfaktoriellen Struktur des mittleren Niveaus von Intergruppenkontakt und Fremdenfeindlichkeit jedoch als problematisch. Vor diesem Hintergrund bevorzugen wir das auch in der Beispielstudie von Wagner et al. (2006) favorisierte Messmodell einer zweifaktoriellen Lösung auf der Individual- und Kontextebene. Wir möchten an dieser Stelle aber erneut hervorheben, dass a priori keineswegs immer von parallelen Faktorstrukturen auf der Individual- und Kontextebene mit ähnlicher inhaltlicher Bedeutung ausgegangen werden kann (Lüdtke et al., 2007).

Vielmehr besteht eine angemessene Vorgehensweise darin, im Vorfeld der Hauptanalyse alternative Messmodelle zu entwickeln und zu überprüfen. Im vorliegenden Anwendungsbeispiel wurde unter theoretischen Gesichtspunkten davon ausgegangen, dass sich für Intergruppenkontakt und Fremdenfeindlichkeit auf der Individual- und der Kontextebene jeweils eine zweifaktorielle Struktur zeigt. Liegen jedoch keine oder nur wenige theoretische Vorannahmen zur faktoriellen Struktur der Indikatorvariablen auf der Individual- und Kontextebene vor, bietet sich die Durchführung explorativer Mehrebenen-Faktorenanalysen an, um einen ersten Eindruck von der dimensionalen Struktur der Indikatoren zu gewinnen. Dieses Verfahren steht im Mittelpunkt des folgenden Abschnittes.

6.7 Explorative Mehrebenen-Faktorenanalyse

Ziel von explorativen Mehrebenen-Faktorenanalysen ist die Untersuchung der Zusammenhangsstrukturen von Indikatorvariablen auf der Individual- und Kontextebene

(Muthén & Asparouhov, 2011, S. 24ff). Anders als bei konfirmatorischen Mehrebenen-Faktorenanalysen geht es hierbei nicht um die Überprüfung einer a priori spezifizierten Zugehörigkeit einzelner Indikatoren zu verschiedenen Faktoren. Vielmehr unterstützt dieses Verfahren die explorative Untersuchung der Dimensionalität von Konstrukten auf unterschiedlichen Analyseebenen und die Identifikation von geeigneten Indikatorvariablen. Auch hier werden die manifesten Variablen auf der Individualebene gemessen; die *random intercepts* dieser Variablen dienen als Indikatoren der entsprechenden Faktoren auf der Kontextebene. Nachfolgend stellen wir beispielhaft anhand des Datensatzes „GMF02_Querschnitt_MLM.dat" die für die Durchführung einer explorativen Mehrebenen-Faktorenanalyse erforderliche Mplus-Syntax vor (Datei „Twolevel_EFA.inp"):

```
TITLE:      Explorative Mehrebenen-Faktorenanalyse

DATA:       FILE IS GMF02_Querschnitt_MLM.dat;

VARIABLE:   NAMES ARE qcp_ser kreis1 ka03w1r aa01w1r aa03w1r
            ff04d1r ff08d1r ff03d1r tab02_08 contact prej;

            USEVARIABLES ARE ka03w1r aa01w1r aa03w1r
            ff04d1r ff08d1r ff03d1r;

            MISSING ARE ALL (99);

            CLUSTER IS kreis1;

ANALYSIS:   TYPE IS TWOLEVEL EFA 1 2 1 2;
```

Im Befehlsblock ANALYSIS kombinieren wir die beiden Optionen TYPE IS TWOLEVEL und TYPE IS EFA. Wie bei der Durchführung einer explorativen Faktorenanalyse auf einer Analyseebene (s. Kapitel 2) erfordert auch die explorative Mehrebenen-Faktorenanalyse die Festlegung der minimalen und maximalen Anzahl der zu extrahierenden Faktoren. Diese Spezifikation erfolgt jedoch sowohl für die Individual- als auch für die Kontextebene. Die nach der Option TYPE IS TWOLEVEL EFA folgenden ersten beiden Zahlen bestimmen die minimale und maximale Faktorenzahl auf der Individualebene. Analog legen die letzten beiden Zahlen die minimale und maximale Faktorenzahl auf der Kontextebene fest. In unserem Anwendungsbeispiel fordern wir also sowohl auf der Individual- als auch auf der Kontextebene jeweils eine ein- und eine zweifaktorielle Lösung an. Je nach Anwendung ist aber ebenfalls denkbar, dass auf den verschiedenen Ebenen unterschiedliche minimale und maximale Faktorlösungen vorgegeben werden. Alle potenziellen Faktorlösungen auf der Individual- und Kontextebene werden von Mplus in der Analyse kombiniert. In unserem Anwendungsbeispiel führt dies zur Schätzung von insgesamt vier verschiedenen Faktorlösungen: (a) 1 Faktor Individual- und 1 Faktor Kontextebene, (b) 2 Faktoren Individual- und 1 Faktor Kontextebene, (c) 1 Faktor Individual- und 2 Faktoren Kontextebene und (d) 2 Faktoren Individual- und 2 Faktoren Kontextebene. Darüber hinaus können auch unrestringierte Lösungen angefordert werden; hierbei wird lediglich eine Kovarianz zwischen den Variablen ohne Faktorextraktion zugelassen. Die entsprechende Syntax lautet:

```
ANALYSIS: TYPE IS TWOLEVEL EFA 1 2 UW* 1 2 UB*;
```
Hierbei wird die unrestringierte Lösung auf der Individual- bzw. Kontextebene durch die Befehle UW* („unrestricted within") bzw. UB* („unrestricted between") festgelegt. Auf diese wenig gebräuchliche Option gehen wir jedoch nicht weiter ein.

Betrachten wir stattdessen die Ergebnisse der explorativen Mehrebenen-Faktorenanalyse. Der Eigenwerteverlauf der Faktoren auf der Individual- und Kontextebene ist nachfolgend dargestellt:

```
RESULTS FOR EXPLORATORY FACTOR ANALYSIS

    EIGENVALUES FOR WITHIN LEVEL SAMPLE CORRELATION MATRIX
          1              2              3              4              5

1      2.774          1.305          0.588          0.510          0.494

    EIGENVALUES FOR WITHIN LEVEL SAMPLE CORRELATION MATRIX
          6

1      0.330

    EIGENVALUES FOR BETWEEN LEVEL SAMPLE CORRELATION MATRIX
          1              2              3              4              5

1      5.548          0.298          0.085          0.043          0.021
    EIGENVALUES FOR BETWEEN LEVEL SAMPLE CORRELATION MATRIX
          6

1      0.004
```

Auf der Individualebene zeigt der Eigenwerteverlauf („Eigenvalues for within level sample correlation matrix") zwei Hauptkomponenten (2.744, 1.305) mit Eigenwerten > 1 und legt somit eine zweifaktorielle Lösung nahe. Auf der Kontextebene („Eigenvalues for between level sample correlation matrix") wird nur für die erste Hauptkomponente (5.548) ein Eigenwert > 1 ausgewiesen. Dies lässt zunächst eine einfaktorielle Lösung als geeignet erscheinen. Im Mplus-Output werden die χ^2-Fitstatistiken für jedes Modell separat ausgewiesen. Zur vereinfachten Darstellung haben wir diese Werte für die hier berechneten Modelle (a), (b), (c) und (d) in Tabelle 6.2 zusammengefasst.

Tabelle 6.2: χ^2-Statistiken, Freiheitsgrade (df) und p-Werte unterschiedlicher Faktorlösungen auf der Individual- und Kontextebene

Modell	Individualebene	Kontextebene	χ^2	df	p
(a)	1 Faktor	1 Faktor	1043.114	118	< .001
(b)	2 Faktoren	1 Faktor	13.574	13	= .405
(c)	1 Faktor	2 Faktoren	1029.219	13	< .001
(d)	2 Faktoren	2 Faktoren	6.491	8	= .592

Hinsichtlich der faktoriellen Struktur auf der Individualebene erreichen die χ^2-Fitstatistiken sehr gute Werte für die zweifaktoriellen Lösungen (b) und (d). Der Modellfit der einfaktoriellen Lösungen (a) und (c) ist hingegen nicht zufriedenstellend. Für die faktorielle Struktur auf der Kontextebene zeigen die χ^2-Fitstatistiken ein differenzierteres Bild. Wird die zweifaktorielle Struktur auf der Individualebene vorläufig beibehalten, erreicht sowohl das einfaktorielle Modell (b) als auch das zweifaktorielle Modell (d) auf der Kontextebene eine gute Datenanpassung. Ein Vergleich des einfaktoriellen und zweifaktoriellen Modells anhand des χ^2-Differenztests ergibt zudem, dass die Modelle (b) und (d) sich nicht signifikant in der Datenanpassung unterscheiden ($\Delta\chi^2$ = 7.083, df = 5, p = .21). Betrachten wir nun das Ladungsmuster von Modell (b):

```
WITHIN LEVEL RESULTS

        GEOMIN ROTATED LOADINGS (* significant at 5% level)
                1               2


    KA03W1R     0.661*          0.022
    AA01W1R     0.625*         -0.038
    AA03W1R     0.735*         -0.001
    FF04D1R     0.030          0.875*
    FF08D1R    -0.070*         0.632*
    FF03D1R    -0.009*         0.769*


BETWEEN LEVEL RESULTS

        GEOMIN ROTATED LOADINGS (* significant at 5% level)
                1


    KA03W1R     0.987*
    AA01W1R     0.940*
    AA03W1R     0.988*
    FF04D1R    -0.868*
    FF08D1R    -0.992*
    FF03D1R    -0.984*
```

Auf der Individualebene ist das Ladungsmuster relativ eindeutig zu interpretieren. Auf den ersten Faktor laden alle Indikatoren für Intergruppenkontakt und weisen nur geringe Nebenladungen auf den zweiten Faktor auf. Auf diesen zweiten Faktor laden alle Indikatoren für Fremdenfeindlichkeit, wobei ebenfalls nur geringe Nebenladungen auf den ersten Faktor auftreten. Somit bestätigen sich auf der Individualebene die beiden theoretisch erwarteten Faktoren „Intergruppenkontakt" und „Fremdenfeindlichkeit".

Im Vergleich dazu ist das Ladungsmuster der Kontextebene für die zweifaktorielle Lösung von Modell (d) nicht eindeutig zu interpretieren:

```
WITHIN LEVEL RESULTS

        GEOMIN ROTATED LOADINGS (* significant at 5% level)
                   1             2
                _____      _____

    KA03W1R       0.655*        0.014
    AA01W1R       0.621*       -0.046
    AA03W1R       0.741*        0.000
    FF04D1R       0.029         0.872*
    FF08D1R      -0.071*        0.630*
    FF03D1R      -0.008*        0.770*


BETWEEN LEVEL RESULTS

        GEOMIN ROTATED LOADINGS (* significant at 5% level)
                   1             2
                _____      _____

    KA03W1R      -0.904*        0.215
    AA01W1R      -0.793*        0.414
    AA03W1R      -0.996*       -0.003
    FF04D1R       0.937*        0.140
    FF08D1R       1.001*        0.024
    FF03D1R       0.929*       -0.173
```

Alle Indikatoren laden hoch auf den ersten Faktor, auf den zweiten Faktor gibt es jedoch – mit Ausnahme der Variablen „aa01w1r" – keine substanziellen Ladungen. Aufgrund eines relativ hohen Standardfehlers von .305 ergibt sich für die Ladung der Variablen „aa01w1r" auf den zweiten Faktor auf dem 5 %-Niveau keine Signifikanz.

Zum Vergleich: Bei der einfaktoriellen Lösung weisen alle Indikatoren substanzielle Ladungen auf den Faktor auf. Zusammengenommen könnten diese Ergebnisse als empirische Argumente für die Akzeptanz von Modell (b) mit zwei Faktoren auf der Individualebene, aber nur einem Faktor auf der Kontextebene gewertet werden. Unabhängig von der guten Datenanpassung dieses Modells ist eine solche Lösung aber wie bereits erwähnt in inhaltlicher Hinsicht nur schwer zu interpretieren. Dies verdeutlicht die zentrale Rolle theoretischer Annahmen bei der Bestimmung der faktoriellen Struktur von Mehrebenendaten. Für diesen Zweck stellen konfirmatorische Mehrebenen-Faktorenanalyse oftmals das angemessene Verfahren dar. Wie in Kapitel 6.6 gezeigt, konnte auf Grundlage der Ergebnisse einer konfirmatorischen Mehrebenen-Faktorenanalyse die Annahme gestützt werden, der zufolge Unterschiede in Intergruppenkontakt und Fremdenfeindlichkeit auf der Individual- und Kontextebene auf jeweils zwei Faktoren basieren (Wagner et al., 2006).

6.8 Mehrebenen-Strukturgleichungsmodelle

Mehrebenen-Strukturgleichungsmodelle verknüpfen die Vorteile der zuvor dargestellten Pfadanalysen und konfirmatorischen Faktorenanalysen für Mehrebenendaten anhand separater Mess- und Strukturmodelle (Muthén & Asparouhov, 2011, S. 21ff.). Über die Schätzung gerichteter Zusammenhänge hinaus eröffnen Mehrebenen-Strukturgleichungsmodelle noch eine Vielzahl weiterer Untersuchungsmöglichkeiten, wie z. B. die Modellierung von *Cross-Level*-Interaktionseffekten und Kontexteffekten (Marsh et al., 2009). Wir beschränken uns in unserem Anwendungsbeispiel jedoch auf die zusätzliche Berücksichtigung des als manifeste Variable gemessenen prozentualen Immigrantenanteils und den Test eines indirekten Effekts. Wie zuvor illustrieren wir unser Vorgehen anhand der Studie von Wagner et al. (2006) zur Wirkung von individuellem und aggregiertem Intergruppenkontakt und des prozentualen Immigrantenanteils auf Fremdenfeindlichkeit. Abbildung 6.5 stellt das entsprechende Mehrebenen-Strukturgleichungsmodell grafisch dar.

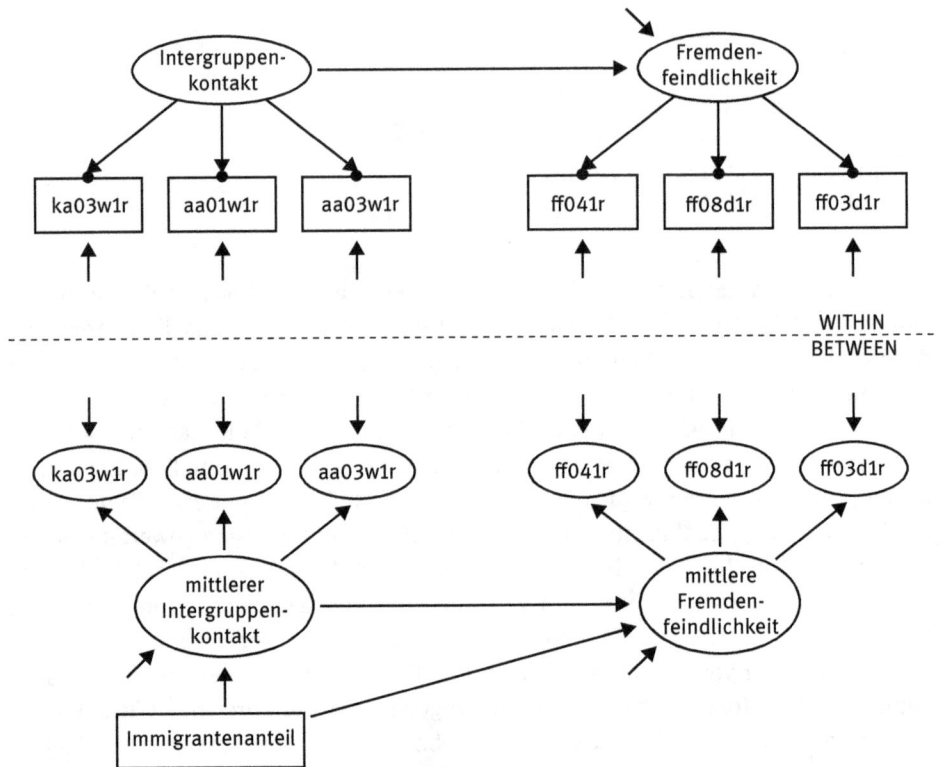

Abbildung 6.5: Mehrebenen-Strukturgleichungsmodell für die Wirkung von individuellem und aggregiertem Intergruppenkontakt und des prozentualen Immigrantenanteils auf Fremdenfeindlichkeit

Aufbauend auf den Ergebnissen der konfirmatorischen Mehrebenen-Faktorenanalyse (siehe Kapitel 6.6) spezifizieren wir zur Messung von Intergruppenkontakt und Fremdenfeindlichkeit sowohl auf der Individual- (WITHIN) als auch auf der Kontextebene (BETWEEN) je zwei Faktoren. Hierbei erfassen die Faktoren auf der Individualebene gemeinsame Varianz der jeweils zur Messung von Intergruppenkontakt bzw. Fremdenfeindlichkeit verwendeten manifesten Variablen. Die gemeinsame Varianz der random intercepts dieser manifesten Variablen wird durch die entsprechenden Faktoren auf der Kontextebene erfasst. Auf der Kontextebene nehmen wir zusätzlich das Merkmal des prozentualen Immigrantenanteils in das Modell auf. Die theoretisch erwarteten strukturellen Zusammenhänge zwischen diesen Konstrukten bleiben unverändert. Wie zuvor lautet die Annahme auf der Individualebene, dass ein höheres Maß an Intergruppenkontakt mit geringerer Fremdenfeindlichkeit einhergeht. Auf der Kontextebene lautet die Erwartung, dass ein höherer prozentualer Immigrantenanteil zu einem höheren mittleren Ausmaß an Intergruppenkontakt führt, und Intergruppenkontakt umgekehrt eine Reduktion des mittleren Ausmaßes an Fremdenfeindlichkeit bewirkt. Intergruppenkontakt nimmt somit auf der Kontextebene die Rolle eines Mediators ein. Die praktische Durchführung einer solchen Mehrebenen-Strukturgleichungsanalyse erfordert im Anschluss an die erfolgreiche Schätzung eines Messmodells die Festlegung der abhängigen und unabhängigen Variablen auf der Individual- und Kontextebene. Der Mehraufwand für die Spezifikation dieses Strukturmodells ist dabei häufig vergleichsweise gering. Tatsächlich wurden sämtliche hier benötigten Syntax-Optionen bereits in den vorhergehenden Abschnitten vorgestellt. Der Mplus-Input unseres Anwendungsbeispiels lautet (Datei „Twolevel_SEM.inp"):

```
TITLE:      Mehrebenen-SEM

DATA:       FILE IS GMF02_Querschnitt_MLM.dat;

VARIABLE:   NAMES ARE qcp_ser kreis1 ka03w1r aa01w1r aa03w1r
            ff04d1r ff08d1r ff03d1r tab02_08 contact prej;

            USEVARIABLES ARE ka03w1r aa01w1r aa03w1r
            ff04d1r ff08d1r ff03d1r tab02_08;

            MISSING ARE ALL (99);

            CLUSTER IS kreis1;

            BETWEEN IS tab02_08;

DEFINE:     CENTER tab02_08 (GRANDMEAN);

ANALYSIS:   TYPE IS TWOLEVEL;

MODEL:      %WITHIN%
            contactw BY ka03w1r aa01w1r aa03w1r;    ! Messmodell für Intergruppen-
            prejw BY ff04d1r ff08d1r ff03d1r;       ! kontakt und Fremdenfeindlich-
                                                    ! keit auf der Individualebene

            prejw ON contactw;                      ! Strukturmodell auf der
                                                    ! Individualebene
            %BETWEEN%
            contactb BY ka03w1r aa01w1r aa03w1r;    ! Messmodell für Intergruppen-
            prejb BY ff04d1r ff08d1r ff03d1r;       ! kontakt und Fremdenfeindlich-
                                                    ! keit auf der Kontextebene
```

```
ka03w1r-aa03w1r@0;                    ! Fixierung der Residuen auf
ff04d1r-ff03d1r@0;                    ! null

prejb ON contactb tab02_08;           ! Strukturmodell auf der
contactb ON tab02_08;                 ! Kontextebene

MODEL INDIRECT:                       ! indirekter Effekt
prejb IND tab02_08;

OUTPUT:     STDYX;
```

Zunächst fordern wir mit TYPE = TWOLEVEL eine Mehrebenenanalyse an. Unter %WITHIN% und %BETWEEN% spezifizieren wir jeweils die Modelle der Individual- und Kontextebene. Analog zur Vorgehensweise bei der konfirmatorischen Mehrebenen-Faktorenanalyse (siehe Kapitel 6.6) legen wir dann die Messmodelle für die Faktoren „contactw" und „prejw" bzw. „contactb" und „prejb" auf der Individual- und Kontextebene fest. Die Residuen der Indikatorvariablen auf der Kontextebene bleiben weiterhin auf null restringiert. Die Syntax zur Festlegung der auf den verschiedenen Ebenen folgenden Strukturmodelle stimmt mit den bereits bei den Mehrebenen-Pfadmodellen in diesem Kapitel genutzten Befehlen überein und soll deshalb nicht weiter kommentiert werden.

Betrachten wir die Ergebnisse: Insgesamt belegen die Fit-Indizes eine gute bis zufriedenstellende Datenanpassung des Mehrebenen-Strukturgleichungsmodells ($\chi^2 = 103.244$; df = 26; p < .001; CFI = .987; RMSEA = .033; $SRMR_{within}$ = 0.016; $SRMR_{between}$ = 0.091). Wie zu erwarten stimmen die Ergebnisse der Messmodelle auf der Individual- und Kontextebene weitgehend mit den in Kapitel 6.6 vorgestellten Resultaten überein. Welche Ergebnisse zeigen sich für die strukturellen Beziehungen zwischen den Variablen? Nachfolgend aufgeführt sind die standardisierten Modellergebnisse:

```
STANDARDIZED MODEL RESULTS

STDYX Standardization
```

	Estimate	S.E.	Est./S.E.	Two-Tailed P-Value
Within Level				
CONTACTW BY				
KA03W1R	0.640	0.018	35.969	0.000
AA01W1R	0.645	0.019	33.919	0.000
AA03W1R	0.737	0.017	43.094	0.000
PREJW BY				
FF04D1R	0.840	0.013	64.550	0.000
FF08D1R	0.674	0.016	41.145	0.000
FF03D1R	0.780	0.013	59.286	0.000
PREJW ON				
CONTACTW	−0.459	0.025	−18.552	0.000
Variances				
CONTACTW	1.000	0.000	999.000	999.000

Residual Variances

KA03W1R	0.590	0.023	25.863	0.000
AA01W1R	0.584	0.025	23.848	0.000
AA03W1R	0.457	0.025	18.171	0.000
FF04D1R	0.295	0.022	13.514	0.000
FF08D1R	0.546	0.022	24.710	0.000
FF03D1R	0.392	0.020	19.138	0.000
PREJW	0.790	0.023	34.795	0.000

Between Level

CONTACTB BY

KA03W1R	0.999	0.000	9619.948	0.000
AA01W1R	1.000	0.000	16813.516	0.000
AA03W1R	0.999	0.000	10314.583	0.000

PREJB BY

FF04D1R	0.999	0.000	3547.438	0.000
FF08D1R	0.998	0.000	2607.206	0.000
FF03D1R	0.999	0.000	7075.023	0.000

PREJB ON

CONTACTB	−0.820	0.188	−4.355	0.000

PREJB ON

TAB02_08	−0.178	0.184	−0.972	0.331

CONTACTB ON

TAB02_08	0.823	0.037	22.177	0.000

Intercepts

KA03W1R	7.156	0.458	15.625	0.000
AA01W1R	5.867	0.427	13.745	0.000
AA03W1R	8.440	0.777	10.856	0.000
FF04D1R	12.231	1.451	8.430	0.000
FF08D1R	11.645	1.400	8.316	0.000
FF03D1R	9.238	0.815	11.335	0.000

Residual Variances

KA03W1R	0.002	0.000	7.725	0.000
AA01W1R	0.001	0.000	6.866	0.000
AA03W1R	0.001	0.000	5.465	0.000
FF04D1R	0.002	0.001	4.167	0.000
FF08D1R	0.003	0.001	4.155	0.000
FF03D1R	0.002	0.000	5.663	0.000
CONTACTB	0.322	0.061	5.268	0.000
PREJB	0.054	0.101	0.536	0.592

Der Zusammenhang zwischen Intergruppenkontakt und Fremdenfeindlichkeit wird sowohl auf der Individual- (−.459, p < .001) wie auch auf der Kontextebene (−.820, p < .001) als signifikant negativ ausgewiesen. Der direkte Effekt des prozentualen Immigrantenanteils und dem mittleren Ausmaß an Fremdenfeindlichkeit erreicht auf der Kontextebene erneut keine statistische Signifikanz (−.178, p = .331).

Demgegenüber führt ein höherer prozentualer Immigrantenanteil zu einem Anstieg des mittleren Niveaus an Intergruppenkontakt (.823, p < .001). Auch für dieses Mehrebenen-Strukturgleichungsmodell testen wir den annahmegemäß über Intergruppenkontakt vermittelten indirekten negativen Effekt des Immigrantenanteils auf das mittlere Ausmaß an Fremdenfeindlichkeit. Die Berechnung des hierzu in Mplus durchgeführten Sobel-Tests basiert auf den (hier nicht abgebildeten) unstandardisierten Regressionskoeffizienten des prozentualen Immigrantenanteils (.042, p < .001) und des mittleren Niveaus von Intergruppenkontakt (−.678, p < .001).

```
TOTAL, TOTAL INDIRECT, SPECIFIC INDIRECT, AND DIRECT EFFECTS
                                                        Two-Tailed
                    Estimate       S.E.      Est./S.E.    P-Value

WITHIN

BETWEEN

Effects from TAB02_08 to PREJB

  Total             -0.036        0.004       -8.571       0.000
  Total indirect    -0.028        0.007       -3.819       0.000

  Specific indirect

    PREJB
    CONTACTB
    TAB02_08        -0.028        0.007       -3.819       0.000

  Direct
    PREJB
    TAB02_08        -0.007        0.008       -0.980       0.327
```

Die hier dargestellten Ergebnisse belegen die statistische Signifikanz dieses indirekten Effekts (.042 × −.678 = −.028, p < .001). Wie erwartet übt der prozentuale Immigrantenanteil somit einen indirekten negativen Effekt auf das mittlere Ausmaß an Fremdenfeindlichkeit aus, wobei dieser Effekt durch das mittlere Niveau von Intergruppenkontakt mediiert wird.

6.9 Multiple Gruppenvergleiche bei Mehrebenendaten

In Kapitel 4 hatten wir multiple Gruppenvergleiche bereits ausführlich behandelt. Wir wollen an dieser Stelle die Thematik im Kontext der Analyse von Mehrebenendatensätzen noch einmal aufgreifen.

Für die statistisch angemessene Durchführung von Mehrebenen-Analysen bzw. Mehrebenen-Strukturgleichungsmodellen bei Verwendung von Maximum-Likelihood-Schätzverfahren wird eine Stichprobengröße von mindestens 50

Kontexteinheiten empfohlen (Mass & Hox, 2005; Meuleman & Billiet, 2009). Im Falle komplexer Modelle und/oder von kleinen Effekten auf Level 2 ist eine deutlich größere Anzahl an Kontexteinheiten nötig (Meuleman & Billiet, 2009). Ist die Anzahl an Level-2-Units genügend groß, können diese in weitere diskrete Subgruppen eingeteilt werden. Zu denken ist hierbei z. B. an eine Gruppierung der in den GMF-Datensätzen genutzten administrativen Einheiten der Kreise bzw. kreisfreien Städte nach deren geografischer Lage in die Bereiche der alten oder neuen Bundesländer oder die Unterteilung einer Stichprobe von Befragten in Organisationen nach verschiedenen Organisationstypen.

Solche Gruppierungen eröffnen den Forschenden im Rahmen *multipler Gruppenvergleiche für Mehrebenenanalysen* (Asparouhov & Muthén, 2012) eine Vielzahl weiterführender Analyseperspektiven. So kann für latente Mehrebenen-Strukturgleichungsmodelle untersucht werden, inwieweit das Mehrebenen-Messmodell für verschiedene Subgruppen hinreichend gut an die Daten angepasst ist und somit konfigurale Invarianz erreicht wird, oder ob vielmehr gruppenspezifische Modifikationen in der Anzahl der Faktoren und deren Ladungsmuster vorzunehmen sind. Eine gruppenvergleichende Perspektive ermöglicht auch die Analyse metrischer Invarianz, also dem Vorliegen gleicher Faktorladungen für verschiedene Untersuchungsgruppen, was wiederum eine wichtige Voraussetzung für eine angemessene Untersuchung möglicher Unterschiede in den strukturellen Beziehungen der latenten Konstrukte innerhalb (Ebene 1) und zwischen den Kontexteinheiten (Ebene 2) darstellt.

Zur Veranschaulichung der Durchführung eines multiplen Gruppenvergleichs für Mehrebenenanalyen nutzen wir im Folgenden Daten des Deutschen Subsamples des CIVICS-Surveys aus dem Jahr 1999 (Schulz & Wibberns, 2004; vgl. Schlüter & Christ, 2011). Im Rahmen dieser Studie wurde von Schülerinnen und Schülern (Ebene 1) aus Schulen (Ebene 2) ein breites Spektrum politischer Einstellungen erhoben. Anhand dieser Daten weisen Schlüter und Christ (2011) nach, dass Schülerinnen und Schüler (Ebene 1) mit höher ausgeprägtem Nationalstolz (Faktor 1) auch höher ausgeprägte fremdenfeindliche Vorurteile (Faktor 2) zum Ausdruck bringen. Zwischen den Schulen (Ebene 2) zeigen die Ergebnisse, dass das durchschnittliche Ausmaß an Nationalstolz (Faktor 1) ebenfalls positiv mit dem durchschnittlichen Ausmaß fremdenfeindlicher Vorurteile kovariiert (Faktor 2). Vor diesem Hintergrund soll im Folgenden überprüft werden, ob die Messung von Nationalstolz und fremdenfeindlichen Vorurteilen innerhalb- und zwischen Schulen für Befragte aus Gymnasien (Gruppe 1) im Vergleich zu Befragten aus Real- oder Hauptschulen (Gruppe 2) angemessen ist. Mit anderen Worten untersuchen wir das Vorliegen konfiguraler und metrischer Messinvarianz des Mehrebenen-Messmodells für Nationalstolz und fremdenfeindlicher Vorurteile für unterschiedliche Schulformen.

Im Folgenden orientieren wir uns an der in Kapitel 4 dargestellten allgemeinen Vorgehensweise für multiple Gruppenvergleiche (vgl. Abschnitt 4.2). In einem ersten Schritt überprüfen wir das Vorliegen konfiguraler Invarianz des Mehrebenen-Messmodells für Nationalstolz und fremdenfeindliche Vorurteile. Mit Hilfe des

USEOBSERVATIONS-Befehls schätzen wir hierzu separat für Schüler und Schülerinnen aus Gymnasien (Gruppe 1, Datei „ML_MG_Group1.inp") und für Schülerinnen und Schüler aus Real- und Hauptschulen (Gruppe 2, Datei „ML_MG_Group2.inp") jeweils eine konfirmatorische Mehrebenen-Faktorenanalyse. Hierauf aufbauend berechnen wir im zweiten Schritt anhand der GROUPING-Funktion ein unrestringiertes *Baseline*-Model (Datei „ML_MG_Baseline.inp"), das wiederum die Grundlage für das im dritten Schritt geschätzte Modell zur Überprüfung metrischer Invarianz darstellt (Datei „ML_MG_Vergleichsmodell.inp").

Zunächst zu den Ergebnissen der separat durchgeführten konfirmatorischen Mehrebenen-Faktorenanalysen (Schritt 1). Nachfolgend führen wir exemplarisch den Input „ML_MG_Group1.inp" auf und erläutern diesen:

```
TITLE:      Multipler Gruppenvergleich für Mehrebenenanalysen,
            separates Modell Gruppe 1

DATA:       FILE IS civics99.dat;

VARIABLE:
            NAMES ARE
            Idschool
            bs4e3 bs4e7 bs4e10
            bs4h2 bs4h3 bs4h5 bs4h6
            bs4h2_r bs4h3_r bs4h5_r
            schtyp;

            USEVARIABLES ARE
            bs4h6 bs4h2_r bs4h3_r bs4h5_r
            bs4e3 bs4e7 bs4e10;

            MISSING ARE ALL (99);

            USEOBSERVATIONS IS (schtyp EQ 1);

            CLUSTER IS idschool;

            !GROUPING IS schtyp (1 = Gymnasium 2 = Real&Haupt);

ANALYSIS:
            TYPE IS TWOLEVEL;

MODEL:

%WITHIN%
            pride_w by bs4e10* bs4e7 bs4e3;
            ! Ladung des ersten Indikators wird frei geschätzt
            pride_w@1;                ! Fixierung der Varianz auf 1

            prej_w by bs4h2_r* bs4h3_r bs4h5_r bs4h6;
            prej_w@1;

%BETWEEN%
            pride_b by bs4e10* bs4e7 bs4e3;
            pride_b@1;
```

```
        prej_b by bs4h2_r* bs4h3_r bs4h5_r bs4h6;
        prej_b@1;

        BS4E10@0;
Output:   Modindices;
```

Nach dem Einlesen des Datensatzes „civics99.dat" in Mplus spezifizieren wir im Befehls-block VARIABLE die Liste der Variablennamen unseres Beispieldatensatzes. Unter USEVARIABLES führen wir die später im Block MODEL zur Modellspezifikation benötig-ten Variablen auf. In diesem Beispiel sind dies die drei Indikatoren der latenten Variablen Nationalstolz („bs4e3"–„bs4e10") sowie vier Indikatoren zur Messung der latenten Varia-ble fremdenfeindliche Vorurteile („bs4h2_r"–„ bs4h6"); alle Variablen wurde so codiert, dass höhere Werte eine größere Zustimmung ausdrücken. Der Missing-Data-Code ist 99. Die Befehlszeile cluster = idschool; definiert die als „idschool" bezeichnete Iden-tifikationsvariable der einzelnen Schulen als Clustervariable. Wie in den zuvor gezeigten Beispielen fordern wir zur Durchführung einer Mehrebenen-Analyse unter dem Block ANALYSIS die Option TYPE IS TWOLEVEL; an. Es folgen die Modelle der WITHIN- und BETWEEN-Ebene. Hier spezifizieren wir die Messmodelle für die latenten Variab-len Nationalstolz („pride_w" auf der WITHIN-Ebene und „pride_b" auf der BETWEEN-Ebene) und fremdenfeindliche Vorurteile (analog: „prej_w" und „prej_b").

Für beide Gruppen resultierte ein erster Modelltest jeweils in einer von Mplus stan-dardmäßig ausgegebenen Warnmeldung: WARNING: THE RESIDUAL COVARIANCE MATRIX (THETA) IS NOT POSITIVE DEFINITE. THIS COULD INDICATE A NEGATIVE VARIANCE/RESIDUAL VARIANCE FOR AN OBSERVED VARIA-BLE [...]. So zeigte der Output für die Gruppe "Gymnasium" auf der BETWEEN-Ebene eine negative Residualvarianz des Indikators „bs4e10". Für die Gruppe "Real& Haupt-schule" wiederum ergab sich ebenfalls auf der BETWEEN-Ebene eine negative Resi-dualvarianz für den Indikator „bs4e3". Statistisch beruhen solche Befunde bei konfir-matorischen Mehrebenen-Faktorenanalyse häufig lediglich auf einer extrem kleinen Residualvarianz der Indikatorvariablen, die nicht mehr angemessen geschätzt werden kann (Muthén, 1994). Ein weithin akzeptiertes Vorgehen zur Vermeidung solcher Schätzprobleme liegt in der Fixierung der entsprechenden Residualvarianzen auf den Wert null (Hox, 2010). Auch für die vorliegenden Anwendungsbeispiele wurden nach Fixierung aller nicht-signifikanten Residualvarianzen auf der BETWEEN-Ebene die Modelle problemlos und ohne weitere Warnungen oder Fehlermeldungen geschätzt. Die Fit-Indizes belegen für beide Gruppen eine gute Anpassung der konfirmatorischen Mehrebenen-Faktorenanalysen an die Daten (Gruppe „Gymnasium": χ^2 = 64.224; df = 27; p < .001; CFI = .985; RMSEA = .036; $SRMR_{within}$ = .022; $SRMR_{between}$ = .025; Gruppe „Real&Hauptschule": χ^2 = 37.034; df = 27; p = .094; CFI = .997; RMSEA = .017; $SRMR_{within}$ = .018; $SRMR_{between}$ = .050). Dieses Ergebnismuster interpretieren wir als Unter-stützung für das Vorliegen konfiguraler Messinvarianz.

Zur nun folgenden Schätzung des *Baseline*-Modells (Schritt 2) greifen wir im Befehlsblock Variable auf die GROUPING-Option zurück und spezifizieren hier die

beiden interessierenden Gruppen. Ähnlich wie bei dem in Kapitel 4 erläuterten Beispiel besteht auch hier das Ziel in der Schätzung eines Modells, dessen Faktorladungen für jede Untersuchungsgruppe frei geschätzt werden. Hierzu deaktivieren wir
die Mplus-Voreinstellung und lassen die Ladung des ersten Indikators der jeweiligen
latenten Variablen frei schätzen. In der Referenzgruppe fixieren wir stattdessen auf
der WITHIN- und BETWEEN-Ebene zur Identifikation der jeweiligen latenten Variablen deren Varianz auf den Wert eins. Dies ermöglicht für die Referenz- und die Vergleichsgruppe wie gewünscht die unrestringierte Schätzung der Faktorladungen aller
Indikatoren. Zusätzlich fordern wir für die Vergleichsgruppe noch die freie Schätzung
der *intercepts* auf der BETWEEN-Ebene an. Hierzu setzen wir analog zu dem in Kapitel
4 beschriebenen Vorgehen die Labels der Indikatoren in eckige Klammern. Schließlich fixieren wir zur Modellidentifikation die Mittelwerte der latenten Variablen in der
Vergleichsgruppe auf den Wert Null.

```
TITLE:  Multipler Gruppenvergleich für Mehrebenenanalysen, Baseline-Modell

DATA:   FILE IS civics99.dat;

VARIABLE:
        NAMES ARE
        idschool
        bs4e3 bs4e7 bs4e10
        bs4h2 bs4h3 bs4h5 bs4h6
        bs4h2_r bs4h3_r bs4h5_r
        schtyp;

        USEVARIABLES ARE
        bs4h6 bs4h2_r bs4h3_r bs4h5_r
        bs4e3 bs4e7 bs4e10;

        MISSING ARE ALL (99);
        !USEOBSERVATIONS IS (schtyp EQ 1);
        CLUSTER IS idschool;
        GROUPING IS schtyp (1 = Gymnasium 2 = Real&Haupt);

ANALYSIS:
        TYPE IS TWOLEVEL;

MODEL:

%WITHIN%

        pride_w by bs4e10* bs4e7 bs4e3;
        ! Ladung des ersten Indikators wird frei geschätzt
        pride_w@1;                  ! Fixierung der Varianz auf 1

        prej_w by bs4h2_r* bs4h3_r bs4h5_r bs4h6;
        prej_w@1;

%BETWEEN%

        pride_b by bs4e10* bs4e7 bs4e3;
```

```
        pride_b@1;

        prej_b by bs4h2_r* bs4h3_r bs4h5_r bs4h6;
        prej_b@1;

        BS4E10@0;

MODEL Real&Haupt:                ! Gruppenspezifischer Befehlsblock MODEL;
                                 ! Spezifikation möglicher Abweichungen

%WITHIN%

        pride_w by bs4e10* bs4e7 bs4e3;
        pride_w@1;

        prej_w by bs4h2_r* bs4h3_r bs4h5_r bs4h6;
        prej_w@1;

%BETWEEN%

        pride_b by bs4e10* bs4e7 bs4e3;
        pride_b@1;

        prej_b by bs4h2_r* bs4h3_r bs4h5_r bs4h6;
        prej_b@1;

        BS4E3@0;

Output: Modindices;
```

Die Ergebnisse des *Baseline*-Modells zeigen: Das Messmodell ist sowohl für Schülerinnen und Schüler innerhalb und zwischen Gymnasien (Referenzgruppe) wie auch für Schülerinnen und Schüler innerhalb und zwischen Real- und Hauptschulen (Vergleichsgruppe) gut an die Daten angepasst. Der Wert der χ^2-Statistik beträgt $\chi^2 = 111.700$; $df = 60$; $p < .001$ und setzt sich additiv zusammen aus dem Wert für die Gruppe „Gymnasium" von $\chi^2 = 66.19$ und dem Wert für die Gruppe „Real&Hauptschule" von $\chi^2 = 45.51$. Auch die Werte für den global ausgegebenen RMSEA = .027 und CFI = .991 fallen ebenso in den akzeptablen Bereich wie der SRMR auf der WITHIN- ($SRMR_{within}$ = .020) und der BETWEEN-Ebene ($SRMR_{between}$ = .043). Des Weiteren zeigt der Output, dass alle Indikatoren erwartungsgemäß und substanziell auf den ihnen theoretisch zugeordneten latenten Faktoren laden.

```
MODEL RESULTS
                       Estimate     S.E.     Est./S.E.     Two-Tailed
                                                            P-Value

Group GYMNASIUM

Within Level

  PRIDE_W    BY
    BS4E10               0.801      0.029      27.987        0.000
    BS4E7                0.562      0.029      19.364        0.000
    BS4E3                0.764      0.034      22.725        0.000
```

```
PREJ_W   BY
    BS4H2_R                 0.571     0.040      14.324        0.000
    BS4H3_R                 0.560     0.029      19.593        0.000
    BS4H5_R                 0.656     0.028      23.486        0.000
    BS4H6                   0.566     0.030      18.592        0.000

PREJ_W   WITH
    PRIDE_W                 0.324     0.051       6.346        0.000

Between Level

  PRIDE_B BY
    BS4E10                  0.370     0.039       9.421        0.000
    BS4E7                   0.288     0.049       5.835        0.000
    BS4E3                   0.363     0.041       8.770        0.000

  PREJ_B   BY
    BS4H2_R                 0.331     0.044       7.506        0.000
    BS4H3_R                 0.260     0.033       7.857        0.000
    BS4H5_R                 0.319     0.029      10.847        0.000
    BS4H6                   0.279     0.026      10.668        0.000

  PREJ_B   WITH
    PRIDE_B                 0.751     0.107       7.014        0.000

Group REAL&HAUPT

Within Level

  PRIDE_W BY
    BS4E10                  0.781     0.027      29.336        0.000
    BS4E7                   0.596     0.035      17.027        0.000
    BS4E3                   0.716     0.026      27.979        0.000

  PREJ_W   BY
    BS4H2_R                 0.657     0.034      19.563        0.000
    BS4H3_R                 0.648     0.031      20.655        0.000
    BS4H5_R                 0.722     0.027      26.302        0.000
    BS4H6                   0.486     0.035      14.071        0.000

  PREJ_W   WITH
    PRIDE_W                 0.312     0.045       7.000        0.000

Between Level

  PRIDE_B BY
    BS4E10                  0.305     0.048       6.316        0.000
    BS4E7                   0.307     0.047       6.519        0.000
    BS4E3                   0.321     0.044       7.281        0.000

  PREJ_B   BY
    BS4H2_R                 0.246     0.038       6.413        0.000
    BS4H3_R                 0.270     0.039       6.912        0.000
    BS4H5_R                 0.228     0.040       5.684        0.000
```

```
BS4H6            0.194    0.036      5.326      0.000

PREJ_B   WITH
   PRIDE_B       0.863    0.090      9.621      0.000
```

Bereits hier fällt auf, dass die Faktorladungen überwiegend nur relativ geringe Unterschiede zwischen den beiden Untersuchungsgruppen aufweisen. Diesen deskriptiven Befund zum Vorliegen metrischer Messinvarianz überprüfen wir im nun folgenden Modell auch formal (Schritt 3). Durch Einfügen von Ausrufezeichen vor die jeweiligen Befehlszeilen deaktivieren wir zunächst die Syntax zur freien Schätzung der Faktorladungen in der Referenzgruppe. Dies ermöglicht die Schätzung eines restriktiveren Modells, das identische Ladungsmuster zwischen den beiden Untersuchungsgruppen spezifiziert. Entsprechend zeigt der unten wiedergegebene Ausschnitt des Outputs, dass sich die unstandardisierten Faktorladungen für die Gruppe „Gymnasium" und die Gruppe „Real&Hauptschule" nun nicht mehr unterscheiden.

```
MODEL RESULTS

                                             Two-Tailed
                Estimate      S.E.    Est./S.E.    P-Value
Group GYMNASIUM

Within Level

  PRIDE_W BY
    BS4E10       0.790     0.019      40.527      0.000
    BS4E7        0.580     0.023      24.998      0.000
    BS4E3        0.738     0.021      35.071      0.000

  PREJ_W   BY
    BS4H2_R      0.618     0.027      23.127      0.000
    BS4H3_R      0.609     0.022      27.432      0.000
    BS4H5_R      0.691     0.020      34.936      0.000
    BS4H6        0.530     0.023      23.139      0.000

  PREJ_W   WITH
    PRIDE_W      0.328     0.050       6.620      0.000

Between Level

  PRIDE_B BY
    BS4E10       0.338     0.031      10.734      0.000
    BS4E7        0.303     0.034       8.809      0.000
    BS4E3        0.343     0.030      11.288      0.000

  PREJ_B   BY
    BS4H2_R      0.288     0.028      10.323      0.000
    BS4H3_R      0.257     0.023      11.090      0.000
    BS4H5_R      0.277     0.025      10.906      0.000
```

BS4H6	0.239	0.023	10.182	0.000

PREJ_B   WITH
| PRIDE_B | 0.732 | 0.116 | 6.327 | 0.000 |

Group REAL&HAUPT

Within Level

PRIDE_W BY
BS4E10	0.790	0.019	40.527	0.000
BS4E7	0.580	0.023	24.998	0.000
BS4E3	0.738	0.021	35.071	0.000

PREJ_W   BY
BS4H2_R	0.618	0.027	23.127	0.000
BS4H3_R	0.609	0.022	27.432	0.000
BS4H5_R	0.691	0.020	34.936	0.000
BS4H6	0.530	0.023	23.139	0.000

PREJ_W   WITH
| PRIDE_W | 0.305 | 0.043 | 7.065 | 0.000 |

Between Level

PRIDE_B BY
BS4E10	0.338	0.031	10.734	0.000
BS4E7	0.303	0.034	8.809	0.000
BS4E3	0.343	0.030	11.288	0.000

PREJ_B   BY
BS4H2_R	0.288	0.028	10.323	0.000
BS4H3_R	0.257	0.023	11.090	0.000
BS4H5_R	0.277	0.025	10.906	0.000
BS4H6	0.239	0.023	10.182	0.000

PREJ_B   WITH
| PRIDE_B | 0.884 | 0.068 | 12.904 | 0.000 |

Die Ergebnisse der Fit-Indizes zeigen, dass dieses Modell sehr gut an die Daten angepasst ist (χ^2 = 148.117; df = 74; p < .001; RMSEA = .029; CFI = .986; SRMR$_{within}$ = .025; SRMR$_{between}$ = .045). Ein formaler χ^2-Differenztest (Satorra & Bentler, 2001) weist zwar darauf hin, dass dieses Modell einen etwas weniger guten Fit aufweist als das vollständig unrestringierte geschätzte *Baseline*-Modell ($\Delta\chi^2$ = 36.41; Δdf = 14; p = 0.002). Genauere Erkenntnisse über die Ursachen dieser Diskrepanz könnten z. B. durch die sukzessive Freisetzung von Parametern und entsprechende Modellvergleiche erreicht werden, worauf wir an dieser Stelle aber verzichten (vgl. Kapitel 4).

6.10 Konfirmatorische Mehrebenen-Faktorenanalysen zur Schätzung messfehlerbereinigter Intraklassen-Korrelationskoeffizienten

Untersuchungen zur Messinvarianz im Rahmen konfirmatorischer Mehrebenen-Faktorenanalysen können unterschiedliche Zielsetzungen verfolgen. Der vorhergehende Abschnitt demonstrierte die Überprüfung von Messinvarianz hinsichtlich der Faktorenstrukturen (konfigurale Messinvarianz) und Faktorladungen (metrische Messinvarianz) zwischen verschiedenen Subgruppen von Kontexteinheiten. Es besteht aber auch die Möglichkeit, die auf der Individual- bzw. Kontextebene analysierten Faktorenstrukturen und deren Ladungsmuster vergleichend gegenüberzustellen. Zur Untersuchung von Faktorenstrukuren bei hierarchischen Mehrebenen-Daten hatten wir bereits die Verfahren der explorativen bzw. konfirmatorischen Mehrebenen-Faktorenanalyse vorgestellt (siehe Abschnitte 6.6 und 6.7). In diesem Abschnitt geht es um die Beantwortung der Frage, ob die Unterschiede in den Ladungen von Faktoren mit übereinstimmender Struktur auf der Individual- und Kontextebene statistisch bedeutsam sind oder nicht. Sind keine Unterschiede in den Ladungsmustern festzustellen liegt metrische Invarianz vor. Inhaltlich deutet dies darauf hin, dass die auf den verschiedenen Ebenen gemessenen latenten Faktoren sich jeweils auf identische Konstrukte beziehen. Dies ermöglicht die Berechnung messfehlerbereinigter Intraklassen-Korrelationskoeffizienten (*Intraclass Correlation Coefficient*, ICC) für die latenten Faktoren. Im Hintergrund steht hierbei die Argumentation von Muthén (1991), dass die konventionelle Berechnung eines ICC auf Grundlage manifester Indikatoren häufig zu einer Unterschätzung des ‚wahren' ICC führt, da insbesondere die Varianz auf der Individualebene neben der wahren Varianz auch Messfehlervarianz bindet. Wird diese Messfehlervarianz z. B. durch konfirmatorische Faktorenanalysen separat berechnet, erlaubt dies den Forschenden auf Ebene der latenten Konstrukte die Berechnung eines messfehlerbereinigten ICC, der eine angemessenere Schätzung der statistisch erklärbaren Varianzanteile ermöglicht. Hierzu wird die Varianz des latenten Faktors auf der Kontextebene zur Summe dessen Gesamtvarianz in Bezug gesetzt (s. Gleichung 6.3). Zur Veranschaulichung der Berechnung eines messfehlerbereinigten ICCs auf Grundlage konfirmatorischer Mehrebenen-Faktorenanalysen nutzen wir die im vorausgehenden Abschnitt bereits vorgestellten Mehrebenen-Daten zur Messung von Nationalstolz und Vorurteilen von Schülern und Schülerinnen, wobei Schulen die Kontexteinheiten darstellten (Schulz & Wibberns, 2004). Hierbei gehen wir so vor, dass wir für beide Konstrukte zunächst deren Intraklassen-Korrelation auf Grundlage manifester Variablen in Form einfacher Summenindizes berechnen. Dieser Schritt ist für die dann folgende Berechnung messfehlerbereinigter ICCs für latente Konstrukte zwar nicht notwendig, ermöglicht aber einen Vergleich des auf Basis manifester Variablen berechneten ICC und des messfehlerkorrigierten ICCs. Die Syntax zur manuellen Berechnung des ICC für manifeste Variablen in Mplus lautet (ICC_manifest.inp):

```
TITLE:      ICC manifeste Variablen

DATA:       FILE IS civics99.dat;

VARIABLE:
            NAMES ARE idschool bs4e3 bs4e7 bs4e10
            bs4h2 bs4h3 bs4h5 bs4h6
            bs4h2_r bs4h3_r bs4h5_r schtyp;

            MISSING ARE ALL (99);

            CLUSTER IS idschool;

            USEVARIABLES ARE prej pride;

DEFINE:
            pride = mean (bs4e3 bs4e7 bs4e10);
            prej = mean (bs4h2_r bs4h3_r bs4h5_r bs4h6);

ANALYSIS: TYPE IS TWOLEVEL;

MODEL:

%WITHIN%
            prej (prej_var_w);
            pride (pride_var_w);

%BETWEEN%
            prej (prej_var_b);
            pride(pride_var_b);

MODEL CONSTRAINT:

            NEW (ICC_prej ICC_pride);
            ICC_prej = prej_var_b /(prej_var_b + prej_var_w);
            ICC_pride = pride_var_b /(pride_var_b + pride_var_w);

OUTPUT:     CINTERVAL;
```

Der Input zeigt, dass wir vorab mit Hilfe der DEFINE-Option zwei neue Variablen zur Messung von Nationalstolz („pride") und fremdenfeindlichen Vorurteilen („prej") bilden. Diese Variablen basieren auf den anhand des MEAN-Befehls in Mplus gebildeten Mittelwerten der jeweiligen Items. Die auf der Individual- und Kontextebene in runden Klammern nach den Variablennamen wiedergegebenen Labels (z. B. prej_var_b) beziehen sich auf die Varianz der Variablen auf der entsprechenden Analyseebene. Diese Labels ermöglichen in Kombination mit der MODEL CONSTRAINT-Option die Berechnung des jeweiligen ICC. Entsprechend spezifizieren wir mit dem Befehl NEW die Formel zur Berechnung des ICC für die Variable „pride" und des ICC für die Variable „prej" (siehe Gleichung 6.3). Für die auf diese Weise manuell berechneten Intraklassenkorrelationen fordern wir in der

OUTPUT-Option mit dem Befehl CINTERVAL ergänzend noch Konfidenzintervalle an (Raykov, 2011).

```
MODEL RESULTS

                                                               Two-Tailed
                     Estimate        S.E        Est./S.E        P-Value
Within Level

  Variances
    PREJ              0.467         0.020         23.307          0.000
    PRIDE             0.616         0.018         34.058          0.000

Between Level

  Means
    PREJ              2.085         0.027         76.627          0.000
    PRIDE             2.726         0.035         78.323          0.000

  Variances
    PREJ              0.071         0.011          6.439          0.000
    PRIDE             0.125         0.019          6.511          0.000

New/Additional Parameters
    ICC_PREJ          0.132         0.018          7.210          0.000
    ICC_PRID          0.169         0.023          7.230          0.000
```

```
CONFIDENCE INTERVALS OF MODEL RESULTS
          Lower .5%   Lower 2.5%   Lower 5%   Estimate   Upper 5%   Upper 2.5%   Upper .5%
New/Additional Parameters
ICC_PREJ    0.085       0.096       0.102      0.132      0.162       0.168       0.179
ICC_PRID    0.109       0.123       0.131      0.169      0.208       0.215       0.229
```

Laut den Analyseergebnissen beträgt der Punktschätzer des ICC für die Variable „pride" etwa 17 % (ICC_PRIDE = 0.125 / (0.125 + 0.616) × 100). Hierbei umfasst das zugehörige 95 %-Konfidenzintervall den Bereich [.123; .215]. Analog entspricht der Punktschätzer des ICC für die Variable „prej" etwa 13 %. Hier lautet das zugehörige 95 %-Konfidenzintervall [.096; .168]. Auf diese Referenzwerte werden wir nach der nun folgenden Berechnung der messfehlerbereinigten ICCs zurückkommen.

Wie erwähnt setzt die Berechnung messfehlerbereinigter ICCs auf Ebene der latenten Konstrukte metrische *Cross-Level*-Invarianz voraus. Zur Überprüfung dieser Vorbedingung vergleichen wir den Fit eines unrestringierten *Baseline*-Modells (Datei „ICC_latent1.inp") mit dem Fit eines Modells mit Gleichheitsrestriktionen für die Faktorladungen. Aus Redundanzgründen verzichten wir an dieser Stelle auf die Erläuterung der Syntax des *Baseline*-Modells (siehe Abschnitt 6.9). Stattdessen betrachten wir direkt die nachfolgend dargestellte Syntax zur Schätzung des restringierten Modells (Datei „ICC_latent2.inp").

```
TITLE:    ICC für latente Variablen

DATA:     FILE IS civics99.dat;

VARIABLE:
          NAMES ARE idschool bs4e3 bs4e7 bs4e10 bs4h2 bs4h3 bs4h5 bs4h6
          bs4h2_r bs4h3_r bs4h5_r schtyp;

          MISSING ARE ALL (99);

          CLUSTER IS idschool;

          USEVARIABLES ARE bs4e3 bs4e7 bs4e10 bs4h2_r bs4h3_r bs4h5_r bs4h6;

ANALYSIS:
          TYPE IS TWOLEVEL;

MODEL:

%WITHIN%
          pride_w BY
          bs4e10
          bs4e7 (1) ! Gleichheitsrestriktionen für Faktorladungen
          bs4e3 (2);

          pride_w (pride_var_w);! Varianz des latenten Faktors "pride_w"

          prej_w BY
          bs4h2_r
          bs4h3_r (3)
          bs4h5_r (4)
          bs4h6 (5);

          prej_w (prej_var_w);! Varianz des latenten Faktors "prej_w"

%BETWEEN%
          pride_b BY
          bs4e10
          bs4e7 (1) ! Gleichheitsrestriktionen für Faktorladungen

          bs4e3 (2);

          pride_b (pride_var_b); ! Varianz des latenten Faktors "pride_b"

          prej_b BY
          bs4h2_r
          bs4h3_r (3)
          bs4h5_r (4)
          bs4h6 (5);

          prej_b (prej_var_b);! Varianz des latenten Faktors "prej_b"

MODEL CONSTRAINT:

          NEW (ICC_pride ICC_prej);
          ICC_pride = pride_var_b /(pride_var_b + pride_var_w);
          ICC_prej = prej_var_b /(prej_var_b + prej_var_w);
```

```
! Berechnung des ICC auf Basis der Varianzen der
! latenten Faktoren
OUTPUT:   CINTERVAL;
```

Der Input zeigt, dass wir zur Überprüfung der Datenanpassung eines Modells mit identischen Faktorladungen auf der Individual- und Kontextebene die schon aus verschiedenen vorangegangenen Beispielen bekannten Labels nutzen. Zu erkennen ist, dass wir diese Labels in runden Klammern nach den jeweiligen Indikatoren eingefügt haben. Identische Labels führen hierbei zur Schätzung eines Modells mit identischen Faktorladungen. Dabei haben wir in diesem Beispiel gemäß der Voreinstellung von Mplus zur Modellidentifikation den ersten Indikator des entsprechenden Faktors auf den Wert eins festgelegt. Die Varianz der latenten Faktoren wird jedoch frei geschätzt, so dass wir anhand der Option `Model Constraint` wie gewünscht die Intraklassenkorrelationen als Verhältnis der Kontextvarianz zur Gesamtvarianz schätzen können. Zunächst betrachten wir die Anpassungen der jeweiligen Modelle an die Daten: Die Fit-Indizes zeigen, dass sowohl das *Baseline-* wie auch das Modell mit Gleichheitsrestriktionen für die Faktorladungen auf den verschiedenen Analyseebenen sehr gut an die Daten angepasst sind (*Baseline*-Modell: $\chi^2 = 36.125$; df = 26; p = .092; RMSEA = .013; CFI = .998; $SRMR_{within} = .016$; $SRMR_{between} = .024$; restringiertes Modell: $\chi^2 = 44.549$; df = 31; p < .054; RMSEA = .013; CFI = .996; $SRMR_{within} = .015$; $SRMR_{between} = .035$). Zudem zeigt ein χ^2-Differenztest (Satorra & Bentler, 2001) keinen statistisch signifikanten Unterschied in der Anpassung der beiden Modelle an die Daten ($\Delta\chi^2 = 8.414$; $\Delta df = 5$; p = .143), so dass wir mit den Ergebnissen zur Berechnung der messfehlerbereinigten ICCs fortfahren:

```
MODEL RESULTS

                                                      Two-Tailed
                    Estimate      S.E.    Est./S.E.    P-Value
Within Level

  PRIDE_W BY
    BS4E10            1.000       0.000    999.000     999.000
    BS4E7             0.764       0.029     26.102       0.000
    BS4E3             0.959       0.027     35.142       0.000

  PREJ_W  BY
    BS4H2_R           1.000       0.000    999.000     999.000
    BS4H3_R           0.971       0.037     26.541       0.000
    BS4H5_R           1.080       0.034     31.723       0.000
    BS4H6             0.830       0.044     19.053       0.000

  PREJ_W WITH
    PRIDE_W           0.155       0.019      8.127       0.000
```

```
Variances
    PRIDE_W          0.602      0.028      21.477          0.000
    PREJ_W           0.397      0.031      12.772          0.000

Between Level

PRIDE_B BY
    BS4E10           1.000      0.000     999.000        999.000
    BS4E7            0.764      0.029      26.102          0.000
    BS4E3            0.959      0.027      35.142          0.000

PREJ_B  BY
    BS4H2_R          1.000      0.000     999.000        999.000
    BS4H3_R          0.971      0.037      26.541          0.000
    BS4H5_R          1.080      0.034      31.723          0.000
    BS4H6            0.830      0.044      19.053          0.000

PREJ_B  WITH
    PRIDE_B          0.082      0.014       5.780          0.000

Variances
    PRIDE_B          0.143      0.022       6.593          0.000
    PREJ_B           0.076      0.013       5.696          0.000

New/Additional Parameters
    ICC_PRID         0.192      0.027       7.219          0.000
    ICC_PREJ         0.162      0.022       7.397          0.000
```

```
CONFIDENCE INTERVALS OF MODEL RESULTS
           Lower .5%   Lower 2.5%   Lower 5%   Estimate   Upper 5%   Upper 2.5%   Upper .5%

New/Additional Parameters
ICC_PRID     0.123       0.140       0.148      0.192      0.236       0.244       0.260
ICC_PREJ     0.105       0.119       0.126      0.162      0.198       0.205       0.218
```

Von zentralem Interesse sind die im Abschnitt New/Additional Parameters dargestellten Informationen zur Berechnung der ICCs auf Grundlage der Varianzen der latenten Faktoren bzw. die Ergebnisse zur Schätzung der Konfindenzintervalle. Die Analyseergebnisse belegen, dass der messfehlerbereinigte Punktschätzer des ICC für die latent Variable „pride" = .192 beträgt und das zugehörige 95 %-Konfidenzintervall den Bereich [.140; .244] umfasst. Für die latente Variable „prej" wird der Punktschätzer des messfehlerbereinigten ICC mit .162 angegeben, und hier umschließt das 95 %-Konfidenzintervall den Bereich [.119; .205]. Im Vergleich zu den auf Grundlage der manifesten Variablen errechneten ICCs verweisen die messfehlerbereinigten ICCs für die latenten Konstrukte also auf substanziell höhere Anteile statistisch erklärbarer Varianz auf der Kontextebene.

6.11 Literaturhinweise

Auch zum Thema Mehrebenenanalysen wollen wir wieder einige Texte empfehlen:

Heck, R. H., & Thomas, S. L. (2015). *An introduction to multilevel modeling techniques*, MLM and SEM approaches using Mplus (3rd ed.). New York, NY: Routledge/Taylor & Francis.
Dieses Lehrbuch ist uneingeschränkt empfehlenswert und bietet neben Grundlagen von Mehrebenenanalysen auch anschauliche Beispiele zur Durchführung und Ergebnisinterpretation von Mehrebenen-Pfadmodellen, konfirmatorischen Mehrebenen-Faktorenanalysen und Mehrebenen-Strukturgleichungsmodellen in Mplus. Die dritte Auflage enthält zudem ein Kapitel über Mehrebenenmodelle mit drei hierarchischen Ebenen, sowie Abschnitte über die Problematik fehlender Werte und die Verwendung von Gewichten.

Hox, J. J. (2010). *Multilevel analysis. Techniques and applications* (2nd ed.). New York, NY: Routledge.
Dieses sehr ansprechende Überblickswerk mit einer großen Bandbreite unterschiedlicher Varianten von Mehrebenenanalysen enthält zudem sehr lesenswerte Kapitel zu Mehrebenen-Faktorenanalysen und Mehrebenen-Pfadanalysen, in denen auch die statistischen Grundlagen dieser Verfahren näher erläutert werden.

Raudenbush, S. W., & Bryk, A. S. (2002). *Hierarchical linear models: Applications and data analysis methods* (2nd ed.) Thousand Oaks, CA: Sage.
Snijders, T., & Bosker, R. (2012). *Multilevel analysis: An introduction to basic and advanced multilevel modelling* (2nd ed.). London: Sage.
Ein gemeinsames Merkmal dieser beiden Bücher ist die etwas deutlichere Akzentuierung der mathematisch-statistischen Hintergründe von Mehrebenen-Regressionsmodellen. Beide Quellen gelten zu Recht als gut verständliche und zugleich umfassende Lehrbücher für ein vertieftes Verständnis von Mehrebenen-Regressionsmodellen. Das Buch von Snijders und Bosker enthält wie das Buch von Heck und Thomas Abschnitte über fehlende Werte und die Verwendung von Gewichten.

Literaturverzeichnis

Asbrock, F., Christ, O., Duckitt, J., & Sibley, C. G. (2012). Differential effects of intergroup contact for authoritarians and social dominators. A dual process model perspective. *Personality and Social Psychology Bulletin, 38*, 477–490.

Asparouhov, T., & Muthén, B. (2006). *Constructing covariates in multilevel regression* [Mplus Web Note 11]. Retrieved from http://statmodel.com/download/webnotes/webnote11.pdf

Asparouhov, T., & Muthén, B. (2012). *Multiple group multilevel analysis* [Mplus Web Note 16]. Retrieved from https://www.statmodel.com/examples/webnotes/webnote16.pdf.

Asparouhov, T., & Muthén, B. (2014). Multiple-group factor analysis alignment. *Structural Equation Modeling: A Multidisciplinary Journal, 21*, 495–508. doi:10.1080/10705511.2014.919210

Aiken, L. S., & West, S. G. (1991). *Multiple regression: Testing and interpreting interactions.* Thousand Oaks, CA: Sage.

Blalock, H. M. (1984). Contextual-effects models. Theoretical and methodological issues. *Annual Review of Sociology, 10*, 353–372.

Bollen, K. A., & Curran, P. J. (2006). *Latent curve models: A structural equation perspective.* New York, NY: Wiley.

Brown, T. A. (2015). *Confirmatory factor analysis for applied research* (2nd ed.). New York, NY: Guilford.

Browne, M. W. (2001). An overview of analytic rotation in exploratory factor analysis. *Multivariate Behavioral Research, 36*, 111–150.

Byrne, B. M., Shavelson, R. J., & Muthén, B. O. (1989).Testing for the equivalence of factor covariance and mean structures: The issue of partial measurement invariance. *Psychological Bulletin, 105*, 456–466.

Christ, O., & Schlüter, E. (2007). Latent growth curve models. In G. Ritzer (Ed.), *The Blackwell Encyclopedia of Sociology* (pp. 2542–2546). Oxford: Blackwell.

Christ, O., Schmidt, P., Schlüter, E., & Wagner, U. (2006). Analyse von Prozessen und Veränderungen: Zur Anwendung autoregressiver latenter Wachstumskurvenmodelle (Themenheft „Methoden der Sozialpsychologie, Hrsg. Thorsten Meiser). *Zeitschrift für Sozialpsychologie, 37*, 173–184.

Christ, O., & Wagner, U. (2008). Interkulturelle Kontakte und Gruppenbezogene Menschenfeind-lichkeit: Die Wirkung von interkulturellen Kontakten auf eine Ideologie der Ungleichwertigkeit. In W. Heitmeyer (Hrsg.), *Deutsche Zustände.* Folge 6 (S. 154–168). Frankfurt/Main: Suhrkamp.

Christ, O., Schmid, K., Lolliot, S., Swart, H., Stolle, D., Tausch, N., . . . Hewstone, M. (2014). Contextual effect of positive intergroup contact on outgroup prejudice. *Proceedings of the National Academy of Sciences, 111*, 3996–4000.

Davidov, E., Thörner, S., Schmidt, P., Gosen, S., & Wolf, C. (2011). Level and change of group-focused enmity in Germany: Unconditional and conditional latent growth curve models with four panel waves. *Advances in Statistical Analysis, 95*, 481–500. doi:10.1007/s10182-011-0174-1

de Bondt, N., & van Petegem, P. (2015). Psychometric evaluation of the overexcitability questionnaire – Two applying Bayesian Structural Equation Modeling (BSEM) and multiple-group BSEM-based alignment with approximate measurement invariance. *Frontiers in Psychology, 6*. doi:10.3389/fpsyg.2015.01963

Ditton, H. (1998). *Mehrebenenen-Analyse.* Weinheim: Juventa.

Enders, C. K. (2010). *Applied missing data analysis.* New York, NY: Guilford.

Enders, C. K., & Tofighi, D. (2007). Centering predictor variables in cross-sectional multilevel models: A new look at an old issue. *Psychological Methods, 12*, 121–138.

European Commission (1997). Racism and Xenophobia, *Eurobarometer Opinion Poll no. 47.1.* European Commission, Brussels.

DOI 10.1515/9783486989458-007

Eurostat (1997). *Demographic Statistics 1997*. Luxembourg.

Fabrigar, L. R., Wegener, D. T., MacCallum, R. C., & Strahan, E. J. (1999). Evaluation of the use of exploratory factor analysis in psychological research. *Psychological Methods, 4*, 272–299.

Finkel, S. E. (1995). *Causal analysis with panel data*. Thousand Oaks, CA: Sage.

Hancock, G. R., & Samuelsen, K. M. (2008). *Advances in latent variable mixture models*. Charlotte, NC: Information Age Publishing.

Hayes, A. F. (2013). *Introduction to mediation, moderation, and conditional process analysis: A regression-based approach*. New York, NY: The Guilford Press.

Heck, R. H., & Thomas, S. L. (2015). *An introduction to multilevel modeling techniques*, MLM and SEM approaches using Mplus (3rd ed.). New York, NY: Routledge/Taylor & Francis.

Heitmeyer, W. (2002). *Deutsche Zustände*. Folge 1. Frankfurt: edition suhrkamp.

Heitmeyer, W. (2006). *Deutsche Zustände*. Folge 4. Frankfurt: edition suhrkamp.

Hofman, D. A., & Gavin, M. B. (1998). Centering decisions in hierarchical linear models: Implications for research in organizations. *Journal of Management, 24*, 623–641.

Hox, J. J. (2002). *Multilevel analysis: Techniques and applications* (1st ed.). Mahwah, NJ: Erlbaum.

Hox, J. J. (2010). *Multilevel analysis: Techniques and applications* (2nd ed.). New York, NY: Routledge.

Hu, L., & Bentler, P. M. (1999). Cutoff criteria for fit indexes in covariance structure analysis: Conventional criteria versus new alternatives. *Structural Equation Modeling, 6*, 1–55.

Hummell, H. J. (1972). *Probleme der Mehrebenenanalyse*. Stuttgart: Teubner.

Jöreskog, K. G. (1979). Statistical estimation of structural models in longitudinal development investigations. In J. R. Nesselroade & P. B. Baltes (Eds.), *Longitudinal research in the study of behavior and development* (pp. 303–352). New York, NY: Academic Press.

Kelava, A., Werner, C., Schermelleh-Engel, K., Moosbrugger, H., Zapf, D., Ma, Y., . . . West, S.G. (2011). Advanced nonlinear structural equation modeling: Theoretical properties and empirical application of the distribution-analytic LMS and QML estimators. *Structural Equation Modeling, 18*, 465–491.

Kenny, D. A. (1979). *Correlation and causality*. New York, NY: Wiley.

Kenny, D. A., & Judd, C. M. (1984). Estimating the nonlinear and interactive effects of latent variables. *Psychological Bulletin, 96*, 201–210.

Klein, A., & Moosbrugger, H. (2000). Maximum likelihood estimation of latent interaction effects with the LMS method. *Psychometrika, 65*, 457–474.

Kline R. B. (2015). *Principles and practice of structural equation modeling* (4th ed.). New York, NY: Guilford.

Kreft, I., & De Leeuw, J. (1998). *Introducing multilevel modelling*. Thousand Oakes, CA: Sage.

Lazarsfeld, P. F., & Menzel, H. (1961). On the relation between individual and collective properties. In Etzioni, A. (Ed.), *A sociological reader on complex organizations* (2nd ed.) (pp. 499–516). London: Holt, Rinehart & Winston.

Little, T. D., Preacher, K. J., Selig, J. P., & Card, N. A. (2007). New developments in SEM panel analyses of longitudinal data. *International Journal of Behavioral Development, 31*, 357–365.

Lüdtke, O., Marsh, H. W., Robitzsch, A., Trautwein, U., Asparouhov, T., & Muthén, B. O. (2008). The multilevel latent covariate model: A new, more reliable approach to group-level effects in contextual studies. *Psychological Methods, 13*, 203–229.

Lüdtke, O., Trautwein, U., Schnyder, I., & Niggli, A. (2007). Simultane Analysen auf Schüler- und Klassenebene: Eine Demonstration der konfirmatorischen Mehrebenen-Faktorenanalyse zur Analyse von Schülerwahrnehmungen am Beispiel der Hausaufgabenvergabe. *Zeitschrift für Entwicklungspsychologie und Pädagogische Psychologie, 39*, 1–11.

Maas, C. J. M., & Hox, J. J. (2005). Sufficient sample sizes for multilevel modeling. *Methodology, 1*, 86–92.

MacKinnon, D. P. (2008). *Introduction to statistical mediation analysis*. Mahwah, NJ: Erlbaum.

Marsh, H. W., & Grayson, D. (1994). Longitudinal confirmatory factor analysis: Common, time-specific, item-specific, and residual-error components of variance. *Structural Equation Modeling, 1*, 116–145.

Marsh, H.W., Hau, K.T., & Wen, Z., (2004). In search of golden rules: Comment on hypothesis testing approaches to setting cutoff values for fit indexes and dangers in overgeneralising Hu & Bentler's (1999) findings. *Structural Equation Modelling, 11*, 320–341.

Marsh, H. W., Lüdtke, O., Robitzsch, A., Trautwein, U., Asparouhov, T., Muthén, B. O., & Nagengast, B. (2009). Doubly-latent models of school contextual effects: Integrating multilevel and structural equation approaches to control measurement and sampling errors. *Multivariate Behavioral Research, 44*, 764–802.

Marsh, H.,Wen, Z., & Hau, K. (2004). Structural equation models of latent interactions: Evaluation of alternative estimation strategies and indicator construction. *Psychological Methods, 9*, 275–300.

McArdle, J. J., & Bell, R. Q. (2000). An introduction to latent growth curve models for developmental data analysis. In T. D. Little, K. U. Schnabel, & J. Baumert (Eds.), *Modeling longitudinal and multiple-group data: Practical issues, applied approaches, and scientific examples* (pp. 69–107). Mahwah, NJ: Erlbaum.

Meredith, W. (1993). Measurement invariance, factor analysis and factorial invariance. *Psychometrika, 58*, 525–543.

Meredith, W., & Tisak, J. (1990). Latent curve analysis. *Psychometrika, 55*, 107–122.

Meuleman, B., & Billiet, J. (2009). A Monte Carlo sample size study: How many countries are needed for accurate multilevel SEM? *Survey Research Methods, 3*, 45–58.

Muthén, B. O. (1991). Multilevel factor analysis of class and student achievement components. *Journal of Educational Measurement, 28*, 338–354.

Muthén, B. O. (1994). Multilevel covariance structure analysis. *Sociological Methods & Research, 22*, 376–398.

Muthén, B. O., & Asparouhov, T. (2011). Beyond multilevel regression modelling: Multilevel analysis in a general latent variable framework. In J. J. Hox & J. K. Roberts (Eds.), *Handbook of advanced multilevel analysis* (pp. 15–40). New York, NY: Routledge.

Muthén, B., & Asparouhov, T. (2013). *BSEM measurement invariance analysis [Mplus Web Note 17]*. Retrieved from https://www.statmodel.com/examples/webnotes/webnote17.pdf

Muthén, L. K., & Muthén, B. O. (1998–2015). *Mplus user's guide* (7th ed.). Los Angeles, CA: Muthén & Muthén.

Newsom, J. T. (2015). *Longitudinal structural equation modeling: A comprehensive introduction*. New York, NY: Routledge.

Pettigrew, T. F., & Tropp, L.R. (2006). A meta-analytic test of intergroup contact theory. *Journal of Personality and Social Psychology, 90*, 751–783.

Preacher, K. J., Curran, P. J., & Bauer, D. J. (2006). Computational tools for probing interaction effects in multiple linear regression, multilevel modeling, and latent curve analysis. *Journal of Educational and Behavioral Statistics, 31*, 437–448.

Preacher, K. J., & MacCallum, R. C. (2003). Repairing Tom Swift's electric factor analysis machine. *Understanding Statistics, 2*, 13–43.

Preacher, K. J., Rucker, D. D., & Hayes, A. F. (2007). Addressing moderated mediation hypotheses: Theory, methods, and prescriptions. *Multivariate Behavioral Research, 42*, 185–227.

Preacher, K. J., Wichman, A. L., MacCallum, R. C., & Briggs, N. E. (2008). *Latent growth curve modeling*. Thousand Oaks, CA: Sage.

Preacher, K. J., Zyphur, M. J., & Zhang, Z. (2010). A general multilevel SEM framework for assessing multilevel mediation. *Psychological Methods, 15*, 209–233.

Raudenbush, S. W., & Bryk, A. S. (2002). *Hierarchical linear models* (2nd ed.). Thousand Oaks, CA: Sage Publications.

Raykov, T. (2011). Intraclass correlation coefficients in hierarchical designs: Evaluation using latent variable modeling. *Structural Equation Modeling, 18*, 73–90.

Reinecke, J. (2014). *Strukturgleichungsmodelle in den Sozialwissenschaften* (2. Auflage). München: Oldenbourg.

Rogosa, D. (1980). A critique of cross-lagged correlation. *Psychological Bulletin, 88*, 245–258.

Sardeshmukh, S. R., & Vandenbergh, R. (2016). Integrating moderation and mediation: A structural equation modeling approach. *Organizational Research Methods. Advanced access*, doi:10.1177/1094428115621609

Satorra, A., & P.M. Bentler (2001). A scaled difference chi-square test statistic for moment structure analysis. *Psychometrika, 66*, 507–514.

Schlüter, E., & Christ, O. (2011). How national identification enhances anti-immigrant prejudice: Development and empirical test of individual-, contextual- and cross-level explanations. In E. Davidov, S. Salzborn, & J. Reinecke (Eds.), *Methods, theories and empirical applications in the social sciences* (pp. 291–302). Wiesbaden: Springer VS.

Schulz, H., & Wibberns, H. (2004). *IEA Civic Education Study: Technical Report*. Amsterdam: International Association for the Evaluation of Educational Achievement (IEA).

Shadish, W. R., Cook, T. D., & Campbell, D. T., (2002). *Experimental and quasi-experimental designs for generalized causal inference*. Boston, MA: Houghton-Mifflin.

Shrout, P. E., & Bolger, N. (2002). Mediation in experimental and nonexperimental studies: New procedures and recommendations. *Psychological Methods, 7*, 422–445.

Snijders, T., & Bosker, R. (2012). *Multilevel analysis: An introduction to basic and advanced multilevel modelling* (2nd ed.). London: Sage.

Spiegelhalter, D. J., Best, N. G., Carlin, B. P., & van der Linde, A. (2002). Bayesian measures of model complexity and fit (with discussion). *Journal of the Royal Statistical Society, Series B, 64*, 583–639.

Steinmetz, H. (2013). Analyzing observed composite differences across groups: Is partial measurement invariance enough? *Methodology, 9*, 1–12. doi:10.1027/1614–2241/a000049

van den Eeden, P., & Hüttner, H. J. M. (1982). Theories for explaining multil-level effects. *Current Sociology, 30*, 39–54.

van de Schoot, R., Kluytmans, A., Tummers, L. G., Lugtig, P., Hox, J., & Muthén, B. (2013). Facing off with Scylla and Charybdis: A comparison of scalar, partial, and the novel possibility of approximate measurement invariance. *Frontiers in Psychology, 4*(770), 1–15. doi:10.3389/fpsyg.2013.00770

Wagner, U., Christ, O., Pettigrew, T. F., Stellmacher, J., & Wolf, C. (2006). Prejudice and minority proportion: Contact instead of threat effects. *Social Psychology Quarterly, 69*, 380–390.

Wagner, U., & van Dick, R. (2001). Fremdenfeindlichkeit „in der Mitte der Gesellschaft": Phänomenbeschreibung, Ursachen, Gegenmaßnahmen. *Zeitschrift für Politische Psychologie, 9*, 41–54.

Weziak-Bialowolska, D. (2015). Differences in gender norms between countries: Are they valid? The issue of measurement invariance. *European Journal of Population, 31*, 51–76.

Zick, A., Wolf, C., Küpper, B., Davidov, E., Schmidt, P., & Heitmeyer, W. (2008). The syndrome of group-focused enmity: The interrelation of prejudices tested with multiple cross-sectional and panel data. *Journal of Social Issues, 64*, 363–383.

Zyphur, M. J., Kaplan, S. A., & Christian, M. S. (2008). Assumptions of cross-level measurement and structural invariance in the analysis of multilevel data: Problems and solutions. *Group Dynamics, 12*, 127–140.

Register

AIC 72
ALIGNMENT 101
ANALYSIS 7, 12, 16
ASCII-Format 8, 17, 19
Autokorrelationen 119
Autoregressives Modell (ARM) 111, 123
bcbootstrap 68, 76

BETWEEN 150
BIC 72
BOOTSTRAP 56, 57
BY 13, 16

CATEGORICAL 11, 16
CINTERVAL 15, 16, 56, 198
CLUSTER 151
common factor model 129
Comparative Fit Index (CFI) 38
CONFIGURAL 99
Covariance Coverage 28
Cross-Lagged-Beziehungen 111, 113, 123
Cross-Level-Interaktionseffekt 148, 150, 159

DATA 6–8, 16
DEFINE 7, 11, 60, 198
Diagrammer 17, 44

Ebene 144, 145, 159
ESTIMATOR 13, 16
Explorative Faktorenanalyse (EFA) 31, 34
Explorative Mehrebenen-Faktorenanalyse 179, 180

Faktorladung 13
Fehler 1. Art 145
FILE 7, 8, 16
Full Information Maximum Likelihood (FIML) 29

Gesamtmittelwert 153
Gleichheitsrestriktion 94, 121
Grandmean-Zentrierung 154
GROUPING 81, 86, 190
Groupmean-Zentrierung 154, 161

ICC 147, 152, 164
ICC (messfehlerbereinigt) 197

IND 54, 55, 172
Individualebene 145, 150, 184
Informationstheoretische Maße 39
INTEGRATION 71, 75
Intercept 114, 137, 146
Intercept-As-Outcome 150
Intercept-Faktor 114, 137
ITERATIONS 37

Johnson-Neyman-Diagramm 61, 64

konditionale indirekte Effekte 58, 66, 73, 106
Konfidenzintervall 15, 39, 56
Konfirmatorische Faktorenanalyse (CFA) 31, 33, 41, 80, 117
Konfirmatorische Mehrebenen-Faktoren-analyse 174
Kontextebene 145, 147, 150, 162, 174, 180
Kontexteffekte 167

Latentes Wachstumskurvenmodell (LGC) 113, 135
LISTWISE 25
LMS-Ansatz 70
LOOP 63

Mediation 53, 54, 170
Mediationsanalyse 53, 170
Mehrebenen-Analyse 146, 151
Mehrebenen-Pfadanalyse 144, 145, 170, 203
Mehrebenen-Regressionsmodelle 145, 203
Mehrebenen-Strukturgleichungsmodell 144, 145, 183, 202
Messinvarianz 78, 80, 98, 113, 116, 136, 143
METRIC 99
MODEL 6, 7, 13, 14, 16
MODEL CONSTRAINT 62, 63, 73, 75, 108, 109, 169, 198
MODEL INDIRECT 54, 57, 109, 172
MODEL-Option 98
Moderatorhypothese 59, 60, 69
MODINDICES 15, 16, 93
MONTECARLO 7, 8
Multipler Gruppenvergleich 78, 188

NAMES 9, 10, 16, 22
NOBSERVATIONS 9

ON 13, 14, 16, 25
OUTPUT 7, 14, 15, 16

PLOT 7, 8, 63, 68

R^2 155
random intercept 145, 147, 150, 158, 185
random slope 145, 147, 150, 158
Regressionskonstante 146
RESIDUAL 15, 16
Residuum 146
Root Mean Square Error of Approximation
    (RMSEA) 38
ROTATION 36

SAVEDATA 7, 8
SCALAR 99
Scaling Correction Factor 47
Simple-Slopes-Analyse 61, 72
Slope 114, 137
Slope-Faktor 114, 137
Sobel-Test 53, 54, 56, 172, 188
Standardized Root Mean Square Residual
    (SRMR) 38
Stationaritätsannahme 127
STDYX 15, 16

Strukturgleichungsmodelle (SEM) 49, 78, 111,
    144

TITLE 7, 8
Tucker Lewis Index (TLI) 38
TWOLEVEL 151, 175, 177, 186
TYPE 9, 16

unmeasured variable model 129, 130
USEOBSERVATIONS 10, 16, 83, 190
USEVARIABLES 10, 16

VARIABLE 6, 7, 9, 16, 22
Varianzanalyse 146
VIA 54
Voreinstellungen 13, 16, 24, 42, 86

WITH 13, 14, 16
WITHIN 150

XWITH 69, 75

Zentrierung 153, 161
χ^2-Differenztest 44, 46, 79, 92
χ^2-Statistik 13, 38, 46, 47, 100, 193